集人文社科之思　刊专业学术之声

集 刊 名：复旦马克思主义评论
主　　办：复旦大学马克思主义研究院
主　　编：李　冉

FUDAN MARXIST REVIEW

编辑委员会

主　编　李　冉

委　员（按姓氏笔画为序）

　　　尹汉宁（湖北省委原常委、宣传部部长）
　　　李君如（原中共中央党校副校长）
　　　吴晓明（复旦大学）
　　　陈锡喜（上海交通大学）
　　　周向军（山东大学）
　　　曹义恒（社会科学文献出版社）
　　　颜晓峰（天津大学）
　　　戴木才（清华大学）

编辑部

成　　　员　高　仁　张新宁　李　凌　刘伟兵　陈剑华
本期执行编辑　陈剑华

2024年第1辑　总第1辑

集刊序列号：PIJ-2023-489
集刊主页：www.jikan.com.cn/复旦马克思主义评论
集刊投约稿平台：www.iedol.cn

复旦马克思主义评论

FUDAN MARXIST REVIEW

2024年第1辑 总第1辑

复旦大学马克思主义研究院/主办
李 冉/主编

社会科学文献出版社
SOCIAL SCIENCES ACADEMIC PRESS (CHINA)

卷首语

这是一个需要理论而且一定能够产生理论的时代,这是一个需要思想而且一定能够产生思想的时代!当今之世界,离不开哲学社会科学的知识变革和思想先导;今日之中国,迫切需要在马克思主义指导下加快构建中国特色哲学社会科学,加快构建中国自主的知识体系。

我们感到,以马克思主义特别是习近平新时代中国特色社会主义思想为内核的马克思主义理论学科,具有多方面战略功能和独特优势:是中国特色哲学社会科学的最大交叉学科,是加快建构中国自主的知识体系的最大增量,是落实"时代新人铸魂工程"的最大支撑。

我们感到,当前,关于当代中国马克思主义的知识图谱建设、话语体系建设、研究范式建设到了紧要关头。未来5年乃至2035年,哲学社会科学,尤其是马克思主义理论研究与建设的中心任务和远景目标,就是为当代中国马克思主义构建起完备的学科体系、学术体系、话语体系、教材体系,为中国式现代化新征程提供国家意识形态支撑。

我们感到,学科是高校建设学术高地的基石和龙头。把马克思主义理论特别是习近平新时代中国特色社会主义思想创造性转化为中国自主知识体系,推动习近平新时代中国特色社会主义思想的学理化阐释、学术化表达、体系化构建,最大抓手就是"当代中国马克思主义的学科化与一流马克思主义学科群建设"。

我们感到,面对人类社会发展的重大人文科技问题愈来愈趋向综合化、复杂化的特质,多学科的联合攻关、跨学科的融合创新成为解决重大前沿问题行之有效的路径选择。交叉融合的创新型研究是马克思主义理论学科发展的历史必然,也是服务国家战略和社会发展的现实指向。

基于上述"时"与"势",我们提出创办《复旦马克思主义评论》,致力于开展马克思主义理论多学科、跨学科交叉融合创新,推动当代中国马克思主义的学科化与一流马克思主义学科群建设,加快构建当代中国马克思主义自主知识体系。

《复旦马克思主义评论》聚焦当代中国马克思主义、21世纪马克思主义重大理论和现实议题，从马克思主义学科群视角，围绕强国建设、民族复兴之主线，深耕马克思主义理论领域，守正创新，扎根中国大地，紧贴时代脉搏，光华日新。

本集刊将半年出版一辑，常设栏目有当代中国马克思主义研究、马克思主义基本原理研究、党史党建论苑、强国论坛、国外马克思主义研究、青年通讯等，也将依照来稿情况适时开设新栏。

竭诚欢迎国内外学者赐稿赐教，唯愿与广大学人携手前行，追望大道，共谱新篇！

《复旦马克思主义评论》编辑部
2024 年 1 月

目　录

特　稿
中国的现代化与中国式现代化 …………………………………… 李君如 / 3

当代中国马克思主义研究
人类现代化的科学社会主义大叙事 ……………………… 孙　力　姜　绳 / 21
中国式现代化与政治经济学：一个历史的沉思 ………… 周绍东　陈蔓茜 / 36
中国式现代化中的"科技—现代化"理论与实践创新 …………… 孙　贺 / 47
从"小康"到"大同"：政治经济学批判视域中的"新时代"
　　——驳"共产主义渺茫"论 …………………………………… 马拥军 / 59

马克思主义基本原理研究
马克思主义关于人类社会发展规律思想若干问题的再思考 ……… 陈锡喜 / 77
马克思世界历史理论的终极关怀 ………………………………… 吴宏政 / 89
马克思主义伦理学的自由概念及其三种用法 …………………… 李义天 / 101
守正与创新：恩格斯晚年对社会发展规律理论的思想贡献
　　…………………………………………………… 李国泉　邱友亮 / 111

党史党建论苑
论中共三大的历史地位与深远意义 ……………………………… 薛庆超 / 125

强国论坛
马克思科技创新思想的理论意蕴和当代价值 …………………… 张润坤 / 137

科技伦理的柔性治理：模式锚定、制度特征与实施路径
.... 李 凌 邝光耀 / 148
科技进步逻辑下该如何推进马克思主义时代化？
——对哈贝马斯科技观的批判 .... 刘伟兵 / 164
相对剩余价值的生产、国际分工体系和中国技术进步 .... 赵君夫 / 175

国外马克思主义研究

空间本性的实践哲学透视
——基于列斐伏尔空间思想的研究 .... 夏银平 赵 彤 / 191

青年通讯

理论传播与信仰铸就：建党前夕马克思主义在中国传播规律再审视
.... 葛世林 / 205
马克思恩格斯国家价值观探究 .... 张晶晶 / 216

Table of Contents & Abstracts .... / 229

征稿启事 .... / 238

CONTENTS

Special Manuscript

The Modernization of China and the Chinese Path to Modernization ...... Li Junru/ / 3

Research on Marxism In Contemporary China

The Grand Narrative of Scientific Socialism for Modernization
.... Sun Li　Jiang Sheng / 21
Chinese Modernization and Political Economy: A Historical Reflection
.... Zhou Shaodong　Chen Manqian / 36
The Theoretical and Practical Innovation of "Technology-Modernization"
 in Chinese Modernization .... Sun He / 47
From "Moderate Prosperity" to "Great Harmony": The "New Era"
 in the Critical Perspective of Political Economy
 — Refuting the Notion of "Dim Prospects for Communism" ... Ma Yongjun / 59

Research on the Basic Principles of Marxism

Rethinking Several Issues of Marxism on the Law of the Development of
 Human Society .... Chen Xixi / 77
The Ultimate Concern of Marx's Theory of World History ... Wu Hongzheng / 89
The Concept of Freedom in Marxist Ethics and its Three Usages ... Li Yitian / 101
Uphold Fundamental Principles and Break New Ground: Engels'
 Theoretical Contributions to the Law of the Development of Human Society
 in His Twilight Years .... Li Guoquan　Qiu Youliang / 111

Party History and Party Building Forum

On the Historical Position and Profound Significance of the Third National
 Congress of the Communist Party of China .... Xue Qingchao / 125

Great Country Forum

The Theoretical Connotations and Contemporary Relevance of
　Marx's Theory of Technological Innovation ·················· Zhang Runkun ／ 137

Flexible Governance of Science and Technology Ethics: Model Anchoring,
　Institutional Characteristics, and Implementation Pathways
　·· Li Ling　Kuang Guangyao ／ 148

How Should the Logic of Technological Progress Promote the Adaptation of
　Marxism to the Needs of Our Times?
　—A Critique of Habermas' View of Science and Technology ····· Liu Weibing ／ 164

The Production of Relative Surplus Value, International Division of Labor,
　and China's Technological Progress ··························· Zhao Junfu ／ 175

Research on Marxism Abroad

The Perspective of Practical Philosophy on the Nature of Space
　—A Study Based on the Thought of Lefebvre's Space
　·· Xia Yinping　Zhao Tong ／ 191

Youth Communication

Theory Dissemination and Conviction Formation: A re-Examination of the
　law of the Dissemination of Marxism in China on the Eve of the Founding
　of the Communist Party of China ···························· Ge Shilin ／ 205

The Exploration of Marx and Engels' Views on the State's Value
　··· Zhang Jingjing ／ 216

Table of Contents & Abstracts ································ ／ 229

Contributions Wanted ·· ／ 238

特 稿

中国的现代化与中国式现代化

李君如*

【摘　要】 党的十八大以来，中国共产党不断推进和拓展中国式现代化，初步构建中国式现代化的理论体系。中国式现代化理论与中国的现代化历史与现实存在紧密联系，中国的现代化探索始终与中华民族伟大复兴紧密交织，中国现代化求索的历史轨迹经历被动现代化、被动现代化转向主动现代化的思想论战以及主动现代化三个阶段，尤其包括新中国成立后主动现代化的三次高潮。"中国式现代化道路"的概念，正是在长期的中国现代化探索中生成发展的，经历过不等同于"欧化""西化"的现代化、"中国工业化的道路"、"中国式的现代化道路"以及"中国式现代化道路"四个阶段。我们要深化对中国为什么要推进中国式现代化的认识理解，就要梳理清楚和深刻把握中国式现代化的历史逻辑、实践逻辑和理论逻辑，由此才能进一步推进党的实践和理论创新，创造人类文明新形态。

【关键词】 现代化；民族复兴；中国式现代化

党的十八大以来，我们党不断实现理论和实践上的创新突破，成功推进和拓展了中国式现代化。一方面，我们在认识上不断深化，创立了习近平新时代中国特色社会主义思想，实现了马克思主义中国化时代化新的飞跃，为中国式现代化提供了根本遵循。另一方面，正如习近平总书记深刻而又精辟地指出的："我们进一步深化对中国式现代化的内涵和本质的认识，概括形成中国式现代化的中国特色、本质要求和重大原则，初步构建中国式现代化的理论体系，使中国式现代化更加清晰、更加科学、更加可感可行。"① 深入领会和把握中国式现代化理论，需要我们从历史与现实、理论与实践的紧密联系中，进一步研究中

---

* 李君如（1947~　），中共中央党校（国家行政学院）研究员、博士生导师，中央马克思主义理论研究和建设工程首席专家，主要研究方向为马克思主义中国化。
① 《习近平在学习贯彻党的二十大精神研讨班开班式上发表重要讲话强调 正确理解和大力推进中国式现代化》，《人民日报》2023年2月8日。

国式现代化的一些基本问题。这里，我们提出四个问题，和大家一起来研究。

一　民族复兴与现代化

党的二十大提出，要实现"两步走"战略，即"从二〇二〇年到二〇三五年基本实现社会主义现代化；从二〇三五年到本世纪中叶把我国建成富强民主文明和谐美丽的社会主义现代化强国"[①]，现阶段的中心任务是以中国式现代化全面推进中华民族伟大复兴。总体而言，民族复兴和现代化是一体两面的事情。中华民族伟大复兴问题之所以被提出，就是因为在1840年鸦片战争中，中国作为一个泱泱大国被英国一个小小的远征军打败了，并且由此拉开了在外敌面前接连失败的序幕。不过一开始并不被称为"民族复兴"，而是叫"自强运动"，后来的洋务运动就是以"自强"的名义来推动的。

这里，有一个问题要思考：为什么中国会被列强打败？用我们现在的话来说，就是四个字——"落后挨打"。中国是怎么落后的呢？鸦片战争中打败仗的是道光皇帝，而根源在于清王朝的康熙、雍正、乾隆皇帝错过了工业革命机会，错过了现代化的机会，错过了经济全球化的机会，即前人落后导致后人挨打。中央党校《学习时报》发表过一篇文章，叫《落日的辉煌》，讲的就是"康乾盛世"在几千年中国封建社会历史上很辉煌，但不是旭日升起时的辉煌，而是落日的辉煌，它迎来的不是白昼，而是黑夜。因为当时正是欧洲资产阶级革命和工业革命蓬勃兴起的时候，康雍乾三朝错过了这个机会。[②] 于是，在鸦片战争战败后，自强、现代化，就成了民族复兴的题中应有之义。民族复兴和现代化就这样成为一体两面的事情。因为"挨打"就要"民族复兴"；因为"落后"就要实现现代化。从鸦片战争到现在的180多年里，民族复兴和现代化这两件事一直交织在一起，实现现代化也由此成为实现中华民族伟大复兴的根本任务。

也正因为"落后挨打"的命运，把"中华民族伟大复兴"和"中国现代化"这两件事紧密地联系在一起，所以在中国现代化的探索之路上遇到了四个难以避免的问题：一是"被动"与"主动"，只能循着从"被动"到"主动"的轨迹探索中国现代化；二是"器物"、"制度"与"文化"，只能循着从"器物现代化"到"制度现代化"，再到"文化现代化"的轨迹探索中国现代化；三是"中学"与"西学"、"中国"与"世界"，只能循着在"中学"与"西学"之间徘徊和争论到"立足中国、学习世界"的轨迹探索中国现代化；四是

[①] 习近平：《高举中国特色社会主义伟大旗帜　为全面建设社会主义现代化国家而团结奋斗——在中国共产党第二十次全国代表大会上的报告》，人民出版社，2022，第24页。

[②] 本报编辑部：《落日的辉煌》，《学习时报》2000年6月19日。

"道"与"路",只能循着先走"路"再求"道"的轨迹探索中国现代化,寻找和选择"合道之路"。"道路"这个词,中国人特别喜欢用,英文不太好翻译。现在译为 Path,只有"路"的意思。而我们中华文化博大精深,"道"不仅仅是"路",还有"规律"的含义。"道路"不是"道"和"路"这两个同义词的重叠,而是"合道之路"。毛泽东讲"实事求是",求的就是"道"(规律性)。搞革命也好,搞现代化也好,总是先走"路",再求"道",最终是要找到"合道之路"。我们民族复兴之道究竟是什么?中国的现代化之道究竟是什么?这是我们要探索和回答的。令人高兴的是,中国人180多年的努力没有白费,最终找到了"中国式现代化"这一民族复兴、强国建设的康庄大道。

二 中国现代化求索的历史轨迹

如前所述,中国人从鸦片战争到现在,为实现现代化探索了180多年、奋斗了180多年,对这段历史,需要认真回顾和总结。在中华民族为实现现代化而奋斗的180多年中,经历了三个大的历史阶段。

第一个历史阶段:被动现代化阶段。这就是在落后挨打后兴起的洋务运动、戊戌变法和辛亥革命。这三次现代化尝试,从器物现代化到体制现代化,再到根本制度现代化,共同特点都是学西方,都失败了。

这三次现代化尝试,形成了两次高潮。洋务运动搞了近30年,在奕䜣亲王和在镇压太平天国运动中崛起的三位汉臣曾国藩、李鸿章、左宗棠的推动下,形成了一个现代化的高潮,建立了一些工业化基础,但以甲午中日战争失败为标志走向终结。戊戌变法只有103天,康有为等维新派希望通过学西方的政治体制推进现代化,光绪皇帝在100多天签发了100多道变法诏令,没有落地就失败了,也就无所谓高潮。辛亥革命用共和制取代君主专制,是根本制度的变革,但是由于民族资产阶级的软弱性,把政权拱手让给了北洋军阀,也失败了;但孙中山在辛亥革命失败后推动的实业计划,后来在民国时期也取得了一些成就,可以说形成了另一个现代化的高潮。解放前我们上海老的工业基础,大体上是在这两次现代化高潮中打下的。

第二个历史阶段:从被动现代化到主动现代化转变过程中的思想论战。中国的现代化是从被动现代化起步的。之所以被动,主要是因为思想不统一。第一次鸦片战争失败后,许多大臣还不以为然。第二次鸦片战争失败后,朝廷中的大多数人才感到岌岌可危,但顽固派依然认为西方只有物质文明,我们有精神文明,比它们更强大。洋务运动兴起后,这场争论一直没有中断过。洋务派思想家指出,西方的物质文明中也有精神文明,我们只要以"中学"为体、"西学"为用,就可以既不动摇我们的根基又实现自强。戊戌变法,也是强调

"托古改制"。到孙中山的"三民主义",虽然有了一点新思想,但对中国现代化究竟是以中国传统文化为本位,还是学西方,抑或探索走自己独特的道路,依然较为困惑。

在器物层面的洋务运动、体制层面的戊戌变法、根本制度层面的辛亥革命这三次变革一次又一次遭受失败的命运后,中国的出路究竟何在?中国现代化究竟应该走什么道路?彷徨和困惑一次又一次涌上中国人的心头。辛亥革命失败后,陈独秀在上海创办《新青年》杂志,新文化运动在全国兴起,这意味着中国的现代化探索推进到了文化、文明的层面。这样,从20世纪20年代新文化运动后到40年代,中国思想文化界围绕要不要现代化、怎么实现现代化,发生了一系列争论。这些争论说到底,就是中国现代化之路的选择之争,同时,也意味着中国要从被动现代化中走出来,转向主动现代化。

这场争论,长达二三十年,在三个方面展开。一是关于东西方文化的论战。这场论战,关乎中国现代化的方向。争论的问题涉及:是"中体西用"还是"中西调和"?"中西互补"还是"全盘西化"?"中国文化本位"还是"马克思主义中国化"?在中国,非常有意思的是,现代化的方向之争,是以文化取向之争表现出来的。直到马克思主义在中国广泛传播后,争论才有了新的选择、新的方向。这期间,各家各派都发表了各种观点,淋漓尽致又错综复杂,尽管也有人认为可以把"西化"和"中国化"都包含在"现代化"中,但在论战中各种观点相互对立,一直没有形成共识。一直到毛泽东的《新民主主义论》发表,才为这场思想文化论战作了一个历史性的总结。

1938年10月,毛泽东在党的扩大的六届六中全会上,针对党内长期存在的教条主义,提出了"马克思主义中国化"这一重要思想。在提出和论述这个重要思想的时候,毛泽东强调:"从孔夫子到孙中山,我们应当给以总结,承继这一份珍贵的遗产……使马克思主义在中国具体化,使之在其每一表现中带着必须有的中国的特性……"① 这个论断尽管是毛泽东在党内讲的,但针对的不只是党内存在的问题。不久,他就在整风文献中强调要反对党八股,认为五四运动期间对西方文化和中国传统文化肯定一切和否定一切都是形式主义的。在此基础上,他在1940年1月发表了《新民主主义论》,从政治、经济与文化的唯物辩证关系中阐述了中国和中国文化发展的方向,澄清了近代以来在如何对待中西文化关系上的种种错误观点和模糊认识,批判了"全盘西化"论和当时在国民党推动下泛起的复古论以及文化专制主义,强调要建设民族的科学的大众的新民主主义文化。

毛泽东在《新民主主义论》中既充分肯定了中华文明是老祖宗留给我们中

---

① 《毛泽东选集》第2卷,人民出版社,1991,第534页。

国共产党人的珍贵文化遗产,要发扬光大中华民族的优秀文化传统,又明确指出了科学和民主是我们在向世界学习中获得的宝贵思想财富,还明确指出了新民主主义文化是以共产主义思想为领导的。正如毛泽东所指出的:"在'五四'以前,中国文化战线上的斗争,是资产阶级的新文化和封建阶级的旧文化的斗争……在'五四'以后,中国产生了完全崭新的文化生力军,这就是中国共产党人所领导的共产主义的文化思想。"① 毛泽东提出的"民族的科学的大众的文化"②,成为中国共产党的文化革命和文化建设纲领。这里强调的"民族",针对的是崇洋媚外的"全盘西化"论和"西化"论;这里强调的"科学",针对的是国粹派维护的封建道统和复古论;这里强调的"大众",针对的是文化专制主义和脱离人民的倾向。尽管当时中国共产党还没有提出要推倒帝国主义、封建主义、官僚资本主义这"三座大山",但在文化建设上已经提出了和推倒这"三座大山"相对应的三大文化建设目标,即在反对帝国主义中建立"民族的文化",在反对封建主义中建立"科学的文化",在反对官僚资本主义中建立"大众的文化"。也就是说,建设"民族的科学的大众的文化",不仅回答了鸦片战争以来特别是五四运动以来关于夷夏、道器、体用、中西、古今之争,还提出了在马克思主义中国化指导下建设融中华文明同以科学和民主为特点的现代文明于一体的新文明,为在中国探索符合中国国情和历史文化特点的现代化之路指明了奋斗方向。

二是关于"以农立国"还是"以工立国"的论战。这场论战,关乎中国现代化的方针和重点。这个问题早在五四运动前后,就已经伴随中西文化之争产生了。所有反对新文化运动的国粹派、推动中西调和的学者以及极力改变农村教育文化落后面貌的知识分子,几乎都主张"以农立国",致力于推进乡村建设;所有新文化运动的干将、主张西化和全盘西化的学者,几乎都强调"以工立国",致力于推进中国工业化。由此可见,中西文化之争和"以农立国"还是"以工立国"之争之间,有很大的交互性。前者侧重于中国现代化的方向问题,探讨的主要是中国的现代化要不要学西方、现代化是不是西方化之类的复杂问题;后者更侧重于中国现代化的方针和重点,探讨的主要是中国的现代化要不要工业化、要不要复兴乡村之类的复杂问题。长期以来,有些学者认为,这场论战到1927年结束了。实际上,这场论战在20世纪三四十年代又爆发过两次。可见,这个问题对于中国现代化的方针选择和重点选择之重要性。

在这场论战中,有许多文章非常精彩。其中,中国共产党的著名经济学家许涤新1940年6月4日在《新华日报》上发表的《关于中国以何立国的问题》,

---

① 《毛泽东选集》第2卷,人民出版社,1991,第696~697页。
② 《毛泽东选集》第2卷,人民出版社,1991,第706页。

尤为令人信服。他针对杨开道的"以农立国"论,在阐述"中国能够'以农立国'吗"这一问题的时候,深刻指出以下三点。第一,过去的中国诚然是农业社会,但这并不是中国所特有的。在资本主义社会出现之前,现在被称为工业国家的英、法、德等国,无不经过这一阶段,把停留在封建社会的中国看作特异的东西来加以赞叹,从社会发展史看来,未免是阿Q式的精神胜利了。第二,从鸦片战争到第二次中日战争的近一百年间,中国处在半殖民地半封建社会的境况中。中国现在工业之不发达,乃是帝国主义和封建势力的阻压所形成的病态,并不是中国民族自己"立国"所"立"出来的。如果把这种半殖民地半封建社会沉滞的农业生产,看作"以农立国",那未免是把"腐朽"当"神奇"了。第三,"将来的中国还是要以农立国"的判断,更是成问题的。显然,这是违背社会发展的规律的。如果中国依然保持半殖民地的状态,中国的工业当然赶不上帝国主义国家。但是中国的民众是不容许这一状况继续下去的。将来的中国,一定会取得独立自由。在新中国的环境之下,生产力将会迈步发展,并将远超英国和日本①。与此同时,许涤新在文章中还在阐述"怎样以工去立国"这一问题时,深刻指出:中国"立国"的问题,从本质上来讲,并不是以农业为主或者以工业为主,而是摧毁帝国主义和封建残余之后,去建立一个独立自由幸福的新中国的问题。中国怎样工业化这个问题,并不是简单的技术问题,而是整个政治经济的问题。许涤新在文章最后引用了毛泽东在《新民主主义论》中的论述,用提示的方式简明扼要地阐述了"中国应走的道路",一是建立新民主主义的共和国,二是"节制资本"和"平均地权",为中国工业化和农业走上工业化创造前提。

经过20世纪20年代、30年代、40年代的三次论战,中国"以农立国"还是"以工立国"的现代化方针和现代化重点的选择问题,终于有了结论。这就是在毛泽东的《新民主主义论》《论联合政府》等文章中阐述的中国革命和中国现代化之路。其要义,一就是中国共产党一以贯之强调的,唯有通过新民主主义革命赢得民族独立和人民解放,才能为中国实现现代化创造必要的条件。二就是毛泽东代表中国共产党提出的:"中国工人阶级的任务,不但是为着建立新民主主义的国家而斗争,而且是为着中国的工业化和农业近代化而斗争。"②

三是关于走社会主义发展道路还是走资本主义发展道路的论战。这场论战,关乎中国现代化的道路。在中国,关于什么是现代化、怎么实现现代化的争论和选择,最为深刻的一点是,中国有许多有识之士,在马克思主义传播到中国以后,很快就认识到,要实现中国的现代化,关键在找到正确的道路。这就是

---

① 许涤新:《关于中国以何立国的问题》,《新华日报》1940年6月4日。
② 《毛泽东选集》第3卷,人民出版社,1991,第1081页。

中国走资本主义发展道路还是走社会主义发展道路的问题。这在1933年7月《申报月刊》组织的中国现代化问题征文中，比较集中地反映了出来。这次征文收到10篇短论和16篇专论，共计26篇文章。在26位作者中，关于中国现代化应该选择什么道路，主要有以下四种观点。

第一种观点，是选择社会主义发展道路。有学者在《论中国现代化》的开头写了一段对未来的展望："总有一个时候，中国的工人乘着汽车，农人会乘着农耕机器车，而且能取其所需，人必尽其所能。"① 他在文章中论述"怎样才能现代化和怎样现代化"的时候指出，第一，关于"怎样才能现代化"这一问题，"答案当然是须先消灭障碍中国前进的反动堡垒，把中国从帝国主义和封建势力的魔掌里夺回来"②。第二，关于"怎样现代化"这一问题，"直截了当的说，即社会制度之彻底改革，尤为重要"③。他认为资本主义日薄崦嵫，社会主义正走向胜利的前途。"何去何从？无论是谁，都该知所选择罢！"④

第二种观点，是选择非资本主义发展道路。有学者在《中国现代化的基本问题》中通过对中国社会的性质和中国经济的出路比较分析，认为"中国不是单纯的资本主义社会，可以不需要社会主义革命；它也不是单纯的封建主义社会，所以不需要欧美式的资本主义化；它仅是介于两者中间的复式社会，很可以而且需要采取非资本主义的路线"。最后，他指出："只要政治问题得到解决，我敢信非资本主义的经济改造与建设，是可以一帆风顺地进行的。"⑤

第三种观点，是选择受节制的资本主义。有学者在《中国现代化之前提与方式》中说："中国今日之现代化，宜急起直追，努力进行，决非私人资本所能办到。何况民穷财尽，私人资本寥寥无几呢？"⑥ "所以个人主义的方式，在我们的现代化之计划中，当然在摒弃之列，这是毫无疑问的。"⑦ "我以为中国现代化的方式，即是用政府的力量，行大规模的工业化，并对于私人企业随时节制。我们称之为受节制的资本主义固可。"⑧

第四种观点，是选择个人主义即私人资本主义。有学者在《中国生产之现代化应采个人主义》中说："社会主义，只适用于贫富不均之国家，而我国乃为生产落后之国家。"⑨ "财富之增加，非实行个人主义，殆无由达其目的也。"⑩

---

① 杨幸之：《论中国的现代化》，《申报月刊》1933年7月。
② 杨幸之：《论中国的现代化》，《申报月刊》1933年7月。
③ 杨幸之：《论中国的现代化》，《申报月刊》1933年7月。
④ 杨幸之：《论中国的现代化》，《申报月刊》1933年7月。
⑤ 董之学：《中国现代化的基本问题》，《申报月刊》1933年7月。
⑥ 张素民：《中国现代化之前提与方式》，《申报月刊》1933年7月。
⑦ 张素民：《中国现代化之前提与方式》，《申报月刊》1933年7月。
⑧ 张素民：《中国现代化之前提与方式》，《申报月刊》1933年7月。
⑨ 唐庆增：《中国生产之现代化应采取个人主义》，《申报月刊》1933年7月。
⑩ 唐庆增：《中国生产之现代化应采取个人主义》，《申报月刊》1933年7月。

"现时实施经济政策,不可好高骛远,专以摹仿苏俄为事也。"① "个人主义非恶名也。"他在文章的最后部分明确指出:"欲使中国现代化,以采用私人资本主义为宜。"②

要知道,那时的中国尚处于白色恐怖的年代,但在上海滩上发生的这场论战,我们可以注意到,尽管有许多学者只谈工业化、产业革命、国民经济改造、文化运动等具体问题而不触及发展道路,但是谈及发展道路问题,只有一人明确主张中国现代化应走资本主义发展道路,大多数作者主张中国现代化应走社会主义发展道路,或非资本主义发展道路,或有节制的资本主义发展道路。多数人强调,中国现代化的障碍不在别的,而在帝国主义和封建主义,只有把反帝反封建斗争作为中国现代化的组成部分,才能实现中国现代化。

综上所述,20 世纪 20~40 年代的一系列论战,争论的是中国现代化的方向、方针和重点、发展道路,这说明中国在经历被动现代化的失败后,开始思考怎么转向主动现代化。有一点值得高度重视,这就是在经历了被动"学西方"的一系列失败后,从新文化运动后开始的一次次此起彼伏的思想文化论战中,在中国人思考中华民族的前途命运和选择中国现代化之路时,"马克思主义""马克思主义中国化""社会主义道路"成为越来越多的中国人的首选;从论战骨干来看,我们注意到,在这些思想文化论战中,敢于挑战权威的,都是年轻人,其中事实讲得最清楚,说理也最透彻的,是刚刚掌握马克思主义思想武器的年轻人。正所谓长江后浪推前浪,江山代有才人出。这正是中国的希望所在。

第三个历史阶段:主动现代化阶段。新中国成立前,毛泽东就已经在党的七届二中全会上提出了两个转变问题:一是把中国从落后的农业国转变为先进的工业国;二是把中国从新民主革命转变到社会主义革命。在成立新中国的中国人民政治协商会议上,在毛泽东自豪地宣布"占人类总数四分之一的中国人从此站立起来"③ 的时候,他充满激情地说,我们"将创造自己的文明和幸福"④。他说:"人民民主专政和团结国际友人,将使我们的建设工作获得迅速的成功。"⑤ 他还说:"随着经济建设的高潮的到来,不可避免地将要出现一个文化建设的高潮。中国人被人认为不文明的时代已经过去了,我们将以一个具有高度文化的民族出现于世界。"⑥ 这标志着,中国的现代化开始从被动转为

---

① 唐庆增:《中国生产之现代化应采取个人主义》,《申报月刊》1933 年 7 月。
② 唐庆增:《中国生产之现代化应采取个人主义》,《申报月刊》1933 年 7 月。
③ 《毛泽东文集》第 5 卷,人民出版社,1996,第 343 页。
④ 《毛泽东文集》第 5 卷,人民出版社,1996,第 344 页。
⑤ 《毛泽东文集》第 5 卷,人民出版社,1996,第 345 页。
⑥ 《毛泽东文集》第 5 卷,人民出版社,1996,第 345 页。

主动。

当然，进入主动现代化阶段，并不意味着一切都会一帆风顺，没有任何挫折，只是讲主动权已经掌握在我们自己手中，我们可以不断总结经验，主动探索符合中国国情的现代化道路。在中国现代化历史上，真正推动中国走向现代化的，是新中国成立后的三次高潮。这三次高潮，是历史地发生和推进的。

第一次高潮，是新中国成立后实施第一个五年计划时期的现代化高潮，选择学习的主要是苏联的现代化经验。在过渡时期总路线的指引下，在实施第一个五年计划进程中，全国各族人民掀起了轰轰烈烈的社会主义建设热潮。电影《护士日记》及其主题曲《小燕子》，反映的就是第一个五年计划时期上海青年奔赴东北，投身工业建设火热生活的历史场景。与此同时，学苏联的工业化经验出现了许多水土不服的问题。我们很快就意识到"高潮"中的隐忧和不足，比如农业生产虽然也取得较大发展，但同工业相比有较大的差距。1956年，毛泽东在大规模的调查研究中发现了这些问题。他指出："重工业是我国建设的重点。必须优先发展生产资料的生产，这是已经定了的。但是决不可以因此忽视生活资料尤其是粮食的生产。"① "我们现在的问题，就是还要适当地调整重工业和农业、轻工业的投资比例，更多地发展农业、轻工业。"② 毛泽东先后发表了《论十大关系》《关于正确处理人民内部矛盾的问题》等著作，提出要探索符合中国国情的中国工业化的道路。

第二次高潮是1958年开始的。1960年3月，毛泽东提出："要安下心来，使我们可以建设我们国家现代化的工业、现代化的农业、现代化的科学文化和现代化的国防。"③ 后来，在1964年12月召开的第三届全国人民代表大会上，周恩来把毛泽东提出的这"四个现代化"目标写进了政府工作报告，向全世界宣布："要在不太长的历史时期内，把我国建设成为一个具有现代农业、现代工业、现代国防和现代科学技术的社会主义强国，赶上和超过世界先进水平。"④ 同时，他还确定了分两步走实现"四个现代化"的战略构想，即第一步，建立一个独立的比较完整的工业体系和国民经济体系；第二步，全面实现农业、工业、国防和科学技术的现代化，使我国经济走在世界前列。

第三次高潮，是从党的十一届三中全会把工作重点转移到社会主义现代化建设上来，到今天中国特色社会主义进入新时代，选择的是在立足中国又学习世界现代化经验进程中开辟的中国式现代化这一强国建设、民族复兴的康庄大道。在中国共产党领导的"主动现代化"进程中，"学苏联"虽然成就很大但

---

① 《毛泽东文集》第7卷，人民出版社，1999，第24页。
② 《毛泽东文集》第7卷，人民出版社，1999，第24页。
③ 《毛泽东文集》第8卷，人民出版社，1999，第162页．
④ 《建国以来重要文献选编》第19册，中央文献出版社，1997，第483页。

水土不服，自己搞"大跃进"和人民公社化运动又急于求成、违背规律，经历了这些之后，我们进入了既立足中国又学习借鉴世界各国有益文明成果的现代化建设新时期。显然，这是一个否定之否定的历史辩证法过程。

在这个既立足中国又学习借鉴世界各国有益文明成果的现代化建设新时期，以 1978 年底召开的党的十一届三中全会决定把全党工作重点转移到社会主义现代化建设上来为起点，经历了"进行改革开放和社会主义现代化建设"①和"开创中国特色社会主义新时代"②两个历史时期。

从党的十九届六中全会通过的《关于党的百年奋斗重大成就和历史经验的决议》对这两个历史时期的论述中，我们可以看出，这两个历史时期承担着既相互联系又互不相同的历史任务。在"进行改革开放和社会主义现代化建设"的历史时期，党面临的主要任务是，继续探索中国建设社会主义的正确道路，解放和发展社会生产力，使人民摆脱贫困、尽快富裕起来，为实现中华民族伟大复兴提供充满新的活力的体制保证和快速发展的物质条件。在"开创中国特色社会主义新时代"这一历史时期，党面临的主要任务是，实现中国现代化的第一个百年奋斗目标，开启实现第二个百年奋斗目标新征程，朝着实现中华民族伟大复兴的宏伟目标继续前进。也就是说，这两个历史时期各有自己要完成的主要任务，同时又有共同的主题、道路和目标，即主题都是实现中华民族伟大复兴，道路都是中国特色社会主义道路，目标都是建设社会主义现代化强国。因此，考察研究现代化的中国选择，我们既可以分别考察研究这两个历史时期的现代化经验，又可以把这两个历史时期探索和开辟中国式现代化道路作为一个统一的过程来考察研究。

在分别考察研究这两个历史时期的现代化经验时，我们注意到，在"进行改革开放和社会主义现代化建设"的历史时期，党领导人民从思想路线、政治路线、组织路线的选择开始，重新踏上现代化的历史征程，开辟中国特色社会主义道路，把一个贫穷落后的中国发展成为世界第二大经济体，并在不断深化的改革开放中摸索中国式现代化之路。在"开创中国特色社会主义新时代"这一历史时期，以习近平同志为核心的党中央面对世界百年未有之大变局，领导全国各族人民自觉肩负实现中华民族伟大复兴的历史使命，在推进中国特色社会主义事业全面发展的进程中，解决了许多长期想解决而没有解决的难题，办成了许多过去想办而没有办成的大事，推动党和国家事业发生了历史性变革，取得了改革开放和社会主义现代化建设的历史性成就。就是在这样创造性实践中，党不仅继续探索和选择用最佳的方式实现中国的现代化，而且在同世界各

---

① 《中共中央关于党的百年奋斗重大成就和历史经验的决议》，《人民日报》2021 年 11 月 17 日。
② 《中共中央关于党的百年奋斗重大成就和历史经验的决议》，《人民日报》2021 年 11 月 17 日。

国现代化的比较和对中华文明的发扬光大中赋予了中国现代化全新的内涵，开辟了中国式现代化这一强国建设、民族复兴的康庄大道，创造了人类文明新形态。

把这两个历史时期探索和开辟中国式现代化道路作为一个统一的过程来考察研究，我们注意到，这两个历史时期的现代化进程，到2023年已经有45年的历史。回眸党领导人民推进改革开放和社会主义现代化建设的这45年历史进程，我们看到的图景，是解放思想、拨乱反正，是总结经验、开创新路，是攻坚克难、创新发展，是承前启后、与时俱进，是踔厉奋发、勇毅前行。这45年里，我们经历了一次又一次历史性的考验，作出了一次又一次历史性的选择，取得了一个又一个前所未有的辉煌成就。可以说，这两个历史时期在中华民族为实现现代化而奋斗180多年的历史上，是最辉煌的45年。这45年，相比较前四次现代化高潮，创造的现代化含金量最高，是名副其实的现代化"高潮"。在这个创造历史的伟大进程中，中国共产党做了一件彪炳史册的大事。这就是：紧紧围绕实现中华民族伟大复兴这一主题，选择和开创了"中国式现代化"这一强国建设、民族复兴的康庄大道。

三 "中国式现代化道路"概念的生成

在对中国现代化求索轨迹的考察中，我们注意到，"中国式现代化道路"这个概念，是在长期的探索中生成和提出的。"现代化"这个概念，据著名学者罗荣渠在他主编的《从"西化"到现代化》一书的研究和介绍，"现代化"一词，在五四运动以后关于东西文化观的争论中，已偶尔出现。例如，在严既澄的文章中就出现过"近代化的孔家思想"的提法，在柳克述著《新土耳其》（1927年）一书中，将"现代化"与"西方化"并提。1927年，胡适在一篇文章中写道："新文化运动的根本意义是承认中国旧文化不适宜于现代的环境，而提倡充分接受世界的新文明。"[①] 在这里，新文化运动就是现代化运动的思想已呼之欲出。同年，他为英文《基督教年鉴》写的《文化的冲突》一文，正式使用了"一心一意的现代化"（Whole-hearted modernization）的提法。但"现代化"一词作为一个新的社会科学词汇在报刊上使用，是在20世纪30年代。1933年7月《申报月刊》为纪念创刊周年，发行特大号，刊出"中国现代化问题号"特辑，可以说是"现代化"这个新概念被推广运用的正式开端。

从那时到现在，经历了四个阶段，才形成"中国式现代化道路"这个概念。

第一阶段，提出不等于"欧化""西化"的"现代化"。20世纪30年代，

---

① 《胡适全集》第21卷，安徽教育出版社，2003，第438~440页。

中国学者普遍采用"现代化"这个概念，是因为那时许多学者已经认识到欧洲的现代化并不完美，不适合我们的需要。比如，张熙若（即张奚若）先生1935年4月在天津《国闻周报》发表的《全盘西化与中国本位》中，在指出"全盘西化论""极不妥当""要不得""中国本位文化建设运动就是独裁政制建设运动"的同时，明确指出："现代化可以包括西化，西化却不能包括现代化。这并不是斤斤于一个无谓的空洞名词，其中包含着许多性质不同的事实。"① 也就是说，中国人当年用"现代化"这一新概念取代"欧化""西化"时，就已经意识到"现代化"不等于"欧化""西化"。

第二阶段，提出"中国工业化的道路"。1956年，我们在总结第一个五年计划经验教训的时候，提出马克思主义要和中国社会主义建设的实际相结合。毛泽东在同音乐工作者的谈话中指出："'学'是指基本理论，这是中外一致的，不应该分中西。""要向外国学习，学来创作中国的东西。""应该越搞越中国化，而不是越搞越洋化。"② 他说："应该学习外国的长处，来整理中国的，创造出中国自己的、有独特的民族风格的东西。这样道理才能讲通，也才不会丧失民族信心。"③ 正是在这样的思路下，他从《论十大关系》到《关于正确处理人民内部矛盾的问题》，提出了"中国工业化的道路"这一新概念。这一概念，可以说是后来提出"中国式的现代化道路"的前奏。

第三阶段，提出"中国式的现代化道路"。党的十一届三中全会闭幕不久，邓小平就开始思考中国怎么实现四个现代化。1979年3月21日，他在会见英中友好协会执行委员会代表团时指出："我们定的目标是在本世纪末实现四个现代化。我们的概念与西方不同，我姑且用个新说法，叫做中国式的四个现代化。"④ 23日，他在中央政治局会议上讲话时说："我同外国人谈话，用了一个新名词：中国式的现代化。到本世纪末，我们大概只能达到发达国家七十年代的水平。"⑤ 他提出的"中国式的四个现代化"或"中国式的现代化"新说法、新名词，指的是"人均收入不可能很高""把标准放低一点"的现代化。同年3月30日在党的理论工作务虚会上，他进一步明确指出："过去搞民主革命，要适合中国情况，走毛泽东同志开辟的农村包围城市的道路。现在搞建设，也要适合中国情况，走出一条中国式的现代化道路。"⑥ 也就是说，中国式的现代化道路从形式上看是对标西方现代化"把标准放低一点"的现代化，而其实质还是"必须从中国的特点出发"的现代化。正是强调"必须从中国的特点出发"，

---

① 张奚若：《全盘西化与中国本位》，《国闻周报》第12卷第23期。
② 《毛泽东文集》第7卷，人民出版社，1999，第82页。
③ 《毛泽东文集》第7卷，人民出版社，1999，第83页。
④ 《邓小平思想年谱（一九七五——一九九七）》，中央文献出版社，1998，第111页。
⑤ 《邓小平思想年谱（一九七五——一九九七）》，中央文献出版社，1998，第112页。
⑥ 《邓小平文选》第2卷，人民出版社，1994，第163页。

我们最后走出了一条非西方化的"中国式现代化道路"。

第四阶段，提出"中国式现代化道路"，并强调这是我们强国建设、民族复兴唯一正确的道路。中国特色社会主义进入新时代后，我们在现代化的实践中进一步思考了这个问题。习近平总书记在庆祝中国共产党成立100周年大会上，正式提出："我们坚持和发展中国特色社会主义，推动物质文明、政治文明、精神文明、社会文明、生态文明协调发展，创造了中国式现代化新道路，创造了人类文明新形态。"① 这以后，"中国式现代化道路"成为大家普遍使用的概念，并被写进党的十九届六中全会通过的历史决议。可以说，这是自毛泽东提出"中国工业化的道路"、邓小平提出"中国式的现代化道路"以来的又一次转型。其核心思想同"中国工业化的道路""中国式的现代化道路"一脉相承，都强调现代化要适合中国国情；但和邓小平说的"把标准放低一点"的现代化不完全一样，是作为"人类文明新形态"的中国式现代化道路。正如习近平总书记强调的："一个国家走向现代化，既要遵循现代化一般规律，更要符合本国实际，具有本国特色。中国式现代化既有各国现代化的共同特征，更有基于自己国情的鲜明特色。"② 这条非西方化的现代化之路是我们强国建设、民族复兴唯一正确的道路。

通过这样的概念生成史的回顾，可以进一步体会为什么习近平总书记说党的二十大关于中国式现代化五个方面中国特色的概括和科学内涵的论述，"既是理论概括，也是实践要求"③。

四 为什么是"中国式现代化"？

习近平总书记已经对中国式现代化的中国特色、本质要求和应对风险挑战的重大原则，作了充分的论述。我们要深入学习领会，从历史与现实、理论与实践的结合中，深化对中国为什么要走中国式现代化的认识。

第一，我们是中国人，是具有中华文明传统的中国人，我们的现代化必须是中国式现代化。现代化就是现代化，为什么还要强调"中国式"？这是一些人感到困惑的地方。对于这样的思想困惑，我们只要读一读2014年5月4日习近平总书记同北京大学师生座谈时的讲话，就可以解疑释惑。他在同北京大学师生座谈时说："一个民族、一个国家，必须知道自己是谁，是从哪里来的，

---

① 习近平：《在庆祝中国共产党成立100周年大会上的讲话》，《求是》2021年第14期。
② 习近平：《中国式现代化是强国建设、民族复兴的康庄大道》，《求是》2023年第16期。
③ 习近平：《中国式现代化是强国建设、民族复兴的康庄大道》，《求是》2023年第16期。

要到哪里去,想明白了、想对了,就要坚定不移朝着目标前进。"① 这里提出的"我是谁,从哪里来,到哪里去?"是一个古老的哲学本体论命题。哲学,探究的是宇宙、生命、人是从哪里来的这三大终极问题。"我是谁,从哪里来,到哪里去",探究的就是"人的来源"这一终极问题。习近平总书记提出这个问题,讨论的显然是中国政治的"本体论"问题。也就是说,中国政治的本体,就是要搞清楚"我是谁,从哪里来,到哪里去"?关于"我是谁"?习近平总书记说:"我们生而为中国人,最根本的是我们有中国人的独特精神世界,有百姓日用而不觉的价值观。"② 这个问题不清楚,什么问题都搞不清楚。当年,毛泽东说我们中国共产党人是"成为伟大中华民族的一部分而和这个民族血肉相联的共产党员"③,王明就不懂得这个道理,不懂得"我是谁,从哪里来,到哪里去",就老唱"我们是国际主义者"的高调,老犯"洋八股"的错误。中国的现代化是中国人的现代化,而不是美国人的现代化,不是欧洲人的现代化。因此,我们在讨论什么是"中国式现代化"的时候,特别是在讨论为什么现代化要"中国式"的时候,必须牢记和懂得我们是"中国人"这一实践主体的基本特征。

第二,我们搞现代化要学习西方的现代化经验,但西方国家现代化进程中弊端不能学,要探索中国式现代化。现代化为什么必须是"中国式"的?除了因为我们是中国人,有中国人的独特精神世界,有中国老百姓日用而不觉的价值观,更重要的是,西方国家在现代化进程中尽管创造了许多令人刮目相看的成就,但同时也出现了许多不容忽视的问题和弊端,有的问题和弊端已经积重难返,被人们称为"现代社会病"。在罗马俱乐部的研究报告《增长的极限》中,在以哈贝马斯为代表的批判主义思想家对西方民主制度的批判中,在历史学家汤因比和日本池田大作的对话指出的西方国家存在的毛病中,等等,已经提出了许多值得我们深思的问题。对此,我们作为后发现代化国家,能够不认真对待吗?他们在现代化进程中给人类带来那些灾难性后果,难道我们还要重蹈覆辙吗?显然,这不仅是不行的,而且是十分愚蠢的。正如习近平总书记2023年3月15日在中国共产党与世界政党高层对话会上指出的:"人类社会发展进程曲折起伏,各国探索现代化道路的历程充满艰辛。当今世界,多重挑战和危机交织叠加,世界经济复苏艰难,发展鸿沟不断拉大,生态环境持续恶化,

---

① 习近平:《青年要自觉践行社会主义核心价值观——在北京大学师生座谈会上的讲话》,人民出版社,2014,第8页。
② 习近平:《青年要自觉践行社会主义核心价值观——在北京大学师生座谈会上的讲话》,人民出版社,2014,第8页。
③ 《毛泽东选集》第2卷,人民出版社,1991,第534页。

冷战思维阴魂不散,人类社会现代化进程又一次来到历史的十字路口。"[①] 他鲜明地提出:"两极分化还是共同富裕?物质至上还是物质精神协调发展?竭泽而渔还是人与自然和谐共生?零和博弈还是合作共赢?照抄照搬别国模式还是立足自身国情自主发展?我们究竟需要什么样的现代化?怎样才能实现现代化?"[②] 他还说:"面对这一系列的现代化之问,政党作为引领和推动现代化进程的重要力量,有责任作出回答。"[③] 因此,我们必须另辟蹊径,探究中国实现现代化的新路。我们在探究这条新路的进程中,可以在借鉴人类文明一切有益成果的同时,研究中华文明与现代化有哪些彼此相契合的地方,让源远流长的中华文明发挥其独特的优势,为解决和克服西方国家在现代化进程中出现的那些问题和弊端,提供实现中国现代化的新方案和新蓝图。

第三,发展中国家现代化的曲折也应该引起我们重视。第二次世界大战结束后,伴随着民族独立和解放运动的兴起,一批摆脱殖民统治枷锁的民族独立国家开启了现代化进程,产生了一批发展中国家,但其后有些国家不久就步入了一个个"陷阱"而走向衰退。这说明现代化仍在实践中、探索中,有许多矛盾和问题需要我们去破解,并没有一成不变的定律。其中,有一个重要的教训就是,这些后发现代化国家把自己作为西方国家的外围,依附西方国家来实现现代化。所以,发展中国家的现代化之路究竟怎么走,是一个世界性的课题。中国作为世界上最大的发展中国家,如果不重视这样的教训,一旦出问题就会出大问题。习近平总书记提出要破除"现代化=西方化"的迷思,是一个极其重要的论断。这也是我们中国搞现代化必须走"中国式现代化道路"的重要原因。正如习近平总书记在中国共产党与世界政党高层对话会上的重要讲话中强调的,作为致力于领导国家现代化事业的政党,一要坚守人民至上理念,二要秉持独立自主原则,三要树立守正创新意识,四要弘扬立己达人精神,五要保持奋发有为姿态。[④] 这是中国经验,也是所有后发现代化国家的共同经验。

第四,我们自己的经验更要珍惜。我们在长期的革命斗争中,积累了丰富的经验。我们在现代化实践中,学西方失败了,学苏联也水土不服,自己急于求成、违背客观规律搞"大跃进"又受挫折。正是有了这么多的经验教训,才认识到搞现代化要"立足中国,学习世界,走自己的路"。其中,最重要的经

---

① 习近平:《携手同行现代化之路——在中国共产党与世界政党高层对话会上的主旨讲话》,人民出版社,2023,第1~2页。
② 习近平:《携手同行现代化之路——在中国共产党与世界政党高层对话会上的主旨讲话》,人民出版社,2023,第2页。
③ 习近平:《携手同行现代化之路——在中国共产党与世界政党高层对话会上的主旨讲话》,人民出版社,2023,第2页。
④ 习近平:《携手同行现代化之路——在中国共产党与世界政党高层对话会上的主旨讲话》,人民出版社,2023,第2页。

验就是，理论要和实际相结合，学习外国经验要和本国实际相结合，中国的事情要靠中国人自己来解决。这就是毛泽东在《反对本本主义》《实践论》等著作和整风文献中反复强调的"实事求是"。邓小平把"实事求是"作为党的思想路线确立起来，为我们建设社会主义现代化国家奠定了根本的思想基础。与此同时，我们中华民族又是一个具有天下为公、民为邦本、厚德载物、天人合一、亲仁善邻等社会理想和治国理念的民族。我们只要按照习近平总书记提出的要求，坚持把马克思主义基本原理同中国具体实际相结合、同中华优秀传统文化相结合，就可以破解现代化实践中遇到的各种难题。

总之，我们要把中国式现代化道路的历史逻辑、理论逻辑和实践逻辑梳理清楚，深入学习和研究中国式现代化这一重大的理论问题，进一步推进党的实践创新和理论创新。对于我们中国共产党人来说，今天，能够在创造中国式现代化进程中，创造人类文明新形态，就是对世界作出的最好贡献。

当代中国
马克思主义
研究

人类现代化的科学社会主义大叙事

孙 力 姜 绳[*]

【摘　要】科学社会主义的兴起与人类现代化密切相关，其历史也是现代化进程的重要组成部分。马克思恩格斯把现代化思想寓于科学社会主义之中，列宁主义开始了社会主义国家的现代化叙事，科学社会主义的中国篇章则书写了社会主义现代化的中国贡献。党的二十大代表科学社会主义对人类现代化进行历史性总结，它宣告了社会主义现代化的基本形态和优越性，昭示体现人间正道的中国式现代化必然引导人类文明质的升华。

【关键词】马克思主义；科学社会主义；列宁主义；中国式现代化

人类进入近代社会最鲜明的特征，就是生产力爆发性地增长，由此展开了我们今天称之为现代化的历史进程。与此相适应的是，社会结构、社会矛盾发生前所未有的剧烈变化，即"它使阶级对立简单化了"，"整个社会日益分裂为两大敌对的阵营，分裂为两大相互直接对立的阶级：资产阶级和无产阶级"[①]。巨大的生产力一方面带来巨大的财富积累，另一方面也带来了贫困的不断累积，就像狄更斯感慨的："这是一个最好的时代，也是一个最坏的时代。"从根本上来说，这是同主导这一时代的生产关系、社会制度联系在一起的。资产阶级创造的生产关系的确带来了现代化，马克思恩格斯也毫不吝啬地称赞其"在历史上曾经起过非常革命的作用"[②]，但是，随着工业的快速发展，资产阶级维系生产和占有产品的基础本身也逐渐被这种发展所削弱。因此，"我们眼前又进行着类似的运动"[③]，即像过往的社会形态的变迁一样，要炸毁它的生产关系和社会制度了。科学社会主义运动由此而展开。

---

[*] 孙力（1955~　），法学博士，上海外国语大学贤达经济人文学院特聘教授，主要研究方向为马克思主义中国化；姜绳（1987~　），博士，上海外国语大学贤达经济人文学院副教授，主要研究方向为中国政治与国际政治。
① 《马克思恩格斯文集》第2卷，人民出版社，2009，第32页。
② 《马克思恩格斯选集》第1卷，人民出版社，2012，第402页。
③ 《马克思恩格斯文集》第2卷，人民出版社，2009，第37页。

很显然，马克思恩格斯认为，只有科学社会主义才能够健康推进人类现代化进程，从而完成这一伟大历史使命。可以说，科学社会主义展开的进程，也是马克思主义重塑人类现代化的进程，现代化必然是科学社会主义实质性的内容，不懂得这一点，就丢掉了历史唯物主义的根本。科学社会主义的大历史，也是现代化进程的大历史。社会主义从空想到科学的飞跃，也是人类现代化从自在的历史升华到把握历史规律、体现历史主动性的历史；社会主义从理论到现实的飞跃，也是人类现代化由旧的制度形态基础向新的制度形态基础的飞跃；社会主义从苏联模式到中国道路的飞跃，也是人类现代化道路实现跨越"卡夫丁峡谷"的飞跃，即由前资本主义的落后社会状态，通过社会主义的桥梁通向新型的现代化，创立人类文明的新形态。所以，科学社会主义不仅仅是革命和制度的变迁，更是在革命和制度变迁基础上创造美好的现代社会。

一 科学社会主义诞生也是人类现代化的大书写

人类现代化的大书写始于人类社会从传统农业社会向现代工业社会转变的过程。这一过程涉及经济、政治、文化、科技、教育等各个方面的发展和变革，是全球范围内的重大历史事件。

（一）现代化是人类近代历史考量最直观的视窗

人类现代化的源头可以追溯到15世纪欧洲的文艺复兴时期。随着市场的开拓和贸易活动的不断扩大，欧洲社会开始逐渐摆脱中世纪的封闭和落后状态，走向开放和进步。18世纪中叶，英国率先开始了工业革命，标志着人类社会进入一个新的历史阶段。工业革命带来了机器生产、大规模制造、城市化等生产和生活方式，为人类社会的现代化奠定了基础。而工业化则是人类现代化进程中的历史性特征，西欧的工业革命创造了人类社会前所未有的巨大生产力，马克思恩格斯说："新的工业的建立已经成为一切文明民族的生命攸关的问题。"[①]后来在《资本论》中进一步揭示其普遍的规律性："工业较发达的国家向工业较不发达的国家所显示的，只是后者未来的景象。"[②]

回眸人类现代化的进程，我们看到生产力对人类社会发展的巨大推动作用和深刻改变：现代化初期，市场拓展，商业革命引起工业革命，城市化初步发展，传统社会的阶级结构向现代阶级结构转型；进入工业化阶段后，经济快速发展，资产阶级和无产阶级两大现代阶级形成，他们之间的斗争成为现代社会

---

① 《马克思恩格斯选集》第1卷，人民出版社，2012，第404页。
② 《马克思恩格斯选集》第2卷，人民出版社，2012，第82页。

的主导；20 世纪以来，生产力高速发展，现代化迅速推进，经济结构发生了巨大的变化，两大阶级的斗争导致社会主义国家诞生，现代化开始有了制度的分野。

（二）马克思恩格斯对近代社会发展的深刻审视的两条线

马克思恩格斯的社会发展理论有两条线，可以理解为一条"明线"与一条"暗线"。作为马克思主义三个组成部分之一的"科学社会主义"，是行动中的马克思主义，集中体现了他们对当今人类社会发展的人间正道及其内在规律的论述，可以看成马克思社会发展理论的一条明线。但马克思恩格斯对资本主义和社会主义的论述，始终都是在人类文明的大历史场景中进行的，"主义"绝不是独立的社会发展向度，绝不是为讲"主义"而讲"主义"，它要回答的是整个人类现代社会发展的基本问题，所以，"现代化"是蕴藏在其中的，可以看成一条暗线，两条线是融为一体、不可分割的。

第一条明线：马克思对"科学社会主义"的理论阐述。《共产党宣言》作为马克思恩格斯的伟大著作，首次全面深入阐述了科学社会主义的原理，并"向全世界公开说明自己的观点、自己的目的、自己的意图"[①]。《共产党宣言》标志科学社会主义理论的诞生，揭示了资本主义必然灭亡、社会主义必然胜利的历史大趋势。由此而阐明了不同于资本主义的人类现代社会发展的新路，即创建社会主义的现代社会。从 1848 年《共产党宣言》的问世，到 1871 年巴黎公社革命的爆发；从 1917 年列宁领导的十月革命、第一个社会主义国家的诞生，到第二次世界大战后形成的社会主义阵营；从 1949 年中华人民共和国的成立，到 21 世纪中国特色社会主义及其现代化的崛起，科学社会主义运动已经深刻而广泛地改变了当今人类社会，包括深刻改变了资本主义。因此，不懂得科学社会主义，就不可能真正懂得今天的世界、今天的现代社会。

第二条暗线：马克思恩格斯对"现代化"先期的精辟阐释。不要以为马克思恩格斯没有讲过现代化，他们最早敏锐地阐述了现代化这一特殊的人类社会发展境况，非常典型的就是《共产党宣言》一开始就立足于生产力变迁的唯物史观分析："自然力的征服，机器的采用，化学在工业和农业中的应用，轮船的行驶，铁路的通行，电报的使用，整个大陆的开垦，河川的通航，仿佛用法术从地下呼唤出来的大量人口，——过去哪一个世纪料想到在社会劳动里蕴藏有这样的生产力呢？"[②] 同时，《共产党宣言》认为，资产阶级创立巨大的城市，使城市人口迅速增加，让农村人口流向城市，最终让农村屈服于城市的统治；

---

① 《马克思恩格斯全集》第 4 卷，人民出版社，1958，第 465 页。
② 《马克思恩格斯文集》第 2 卷，人民出版社，2009，第 36 页。

同时指出，资产阶级运用同样的手段让农业民族从属于"资产阶级的民族"，"使东方从属于西方"①。如此等等，非常敏锐和精彩地描绘了现代化早期的境况。尽管马克思恩格斯没有直接运用现代化的概念，但他们经常运用"市民社会""文明社会""现代社会"等概念，这当中不仅已经体现现代化的意蕴，更重要的是，我们后来所谈的现代化最基本的要义或者说现代化最基本的维度，已经被他们用唯物史观揭示出来。直到 20 世纪中期以后，才逐步形成了相对独立、系统的现代化理论。

（三）马克思恩格斯阐释人类现代化的三个基本维度

科学社会主义是对现代社会的立论，是"批判旧世界发现新世界"②的产物。马克思恩格斯对资本主义现代化的批判有三个基本维度。

第一，生产力的维度。唯物史观强调，现代社会的产生是建立在生产力发展基础之上的。随着新的生产力的提高，人们的生产方式也随之发生了改变，在这样的变化下社会关系也随之发生了变化。马克思生动地描述道："手推磨产生的是封建主的社会，蒸汽磨产生的是工业资本家的社会。"③现代社会得以支撑的关键在于其独特的现代生产力以一种前所未有的速度迅猛发展。正因如此，资产阶级在不到一百年的阶级统治期间创造的生产力，不仅超过了过去所有世代共同创造的总和，而且规模更为巨大。所以，马克思恩格斯用生产力定义了现代社会，也前瞻性地定义了现代化。

第二，社会变革的维度。马克思恩格斯认为，正是由于生产力十分迅速地发展，资产阶级需要通过对生产工具、生产关系以及整个社会关系的持续革命才能够维持其存在。这成为资本主义现代社会的鲜明特征：不断变革的生产，持续动荡的社会状况，永恒的不稳定和变动。"这就是资产阶级时代不同于过去一切时代的地方。"④马克思恩格斯的这一分析，对于认识今天现代化的变革，包括认识今天社会主义的发展为什么改革是基本动力、改革永远在路上等，都具有深刻的历史意义。

第三，世界历史的维度。马克思指出："资产阶级，由于开拓了世界市场，使一切国家的生产和消费都成为世界性的了。"⑤今天，我们把这个"世界市场"和"世界性"，称为"全球化"。更重要的在于，马克思论述了世界历史与无产阶级和社会主义的内在关联，同时把"世界市场""世界性""世界历史"

---

① 《马克思恩格斯文集》第 2 卷，人民出版社，2009，第 36 页。
② 《马克思恩格斯文集》第 10 卷，人民出版社，2009，第 7 页。
③ 《马克思恩格斯选集》第 1 卷，人民出版社，2012，第 222 页。
④ 《马克思恩格斯文集》第 2 卷，人民出版社，2009，第 34 页。
⑤ 《马克思恩格斯文集》第 2 卷，人民出版社，2009，第 35 页。

紧密地联系在一起，用科学社会主义的理念，为人类现代化的发展提供了一个全新的思路。从世界市场的角度看，资产阶级开拓了世界市场，促进了市场经济的发展，而现代化则是世界市场演进的历史必然，也是世界加速人类现代化转变的大势所趋。从世界历史的角度看，为我们提供了理解和解释现代化的宽广视角。世界历史的巨大变迁、世界性的扩展和文明的升华，为科学社会主义的产生夯实了历史的根基。

三个基本维度体现了唯物史观的基本分析方法，唯物史观的确立又奠基了科学社会主义的诞生。科学社会主义阐释的是现代社会发展的规律，就是要回答人类如何现代化的问题，尤其是如何避免现代化中的灾难的问题，是真正的人类现代化大叙事。

二 列宁主义开始了社会主义国家的现代化叙事

社会主义国家历史进程的重大意义，实际上不仅在于它是一种新"主义"的社会实践，而关键在于它对于社会发展、对于人类现代化的价值。马克思恩格斯对于资本主义现代化，从来都是高度肯定它对生产力的推动，批判的是它带来的社会灾难。他们明确指出，无产阶级在夺取政权以后，必须"尽可能快地增加生产力的总量"①。列宁在十月革命前所著的《国家与革命》中，重申和强调了马克思恩格斯的这一思想②，把社会主义的进程同人类现代化的进程紧密地融合在一起，当然，这已经不同于资本主义的现代化进程了。可以从三个维度来认识苏联所开启的社会主义现代化的鲜明的本质性特征。

（一）以新的社会主义制度为基础重塑人类现代化

十月革命完成了科学社会主义从理想到现实制度的飞跃，从此，人类社会有了两种不同制度属性的现代化。苏联社会主义对现代化的重塑，尤其集中体现在以下几个方面。

其一，它开创了先进政党领导现代化的历史进程。政党领导现代化是一个全新的进程，资产阶级的政党政治在现代化中倚仗的还是国家权力。无产阶级政党探索对现代化的领导并不是一帆风顺的。马克思恩格斯认为，未来社会应该是自由人的联合体，他们曾经谈道，未来社会将由人民自己管理自己的事务。布尔什维克也曾经设想，革命成功后应该主要由苏维埃来进行管理。列宁论述了人民群众直接参与管理的可能性："对这些事情的计算和监督已被资本主义简

---

① 《马克思恩格斯文集》第2卷，人民出版社，2009，第52页。
② 参见《列宁选集》第3卷，人民出版社，2012，第129页。

化到了极点，而成为非常简单、任何一个识字的人都能胜任的手续——进行监察和登记，算算加减乘除和发发有关的字据。"① 因此，在分析了经济条件之后，列宁认为，在推翻资本家和官吏之后的短时间内，由武装工人和广泛武装的人民迅速接管监督生产和分配，并进行劳动和产品的计算，这样的生产和分配方式是可以实现的。立足于此，列宁非常重视发挥工会在国家管理中的作用，强调："工会应当做到把作为统一经济整体的全部国民经济的全部管理切实地集中在自己手中。"②同时列宁强调，这样的集中，"不是各个工业部门的管理，也不是工业的管理，而是全部国民经济的管理，并且是作为统一经济整体的全部国民经济的管理"③。有学者将之称为"工会国家化"思想。

然而，实践证明这并不成功。列宁根据新的实践进行了新的总结，尤其是深入阐述了党领导和管理国家的客观基础。但是，列宁认为，劳动群众并没有真正参与到管理中来。出现这一情况的原因是，文化水平低是一个重要的限制因素，而文化水平并不能够通过法律强制来迅速提高。列宁发现，虽然苏维埃按照党的纲领规定，应该成为由劳动者管理的机构，但实际上却是由无产阶级先进阶层来代表劳动者进行管理，而不是广泛的劳动群众直接参与管理。进而，列宁确立了无产阶级政党领导国家和推动现代化的基本原则，这为后来社会主义国家的现代化建设提供了基本的范例。列宁指出："我们的党是一个执政党，党的代表大会所通过的决定，对于整个共和国都是必须遵守的；在这里，我们应当在原则上解决这个问题。"④

列宁还确立了党领导国家和现代化的基本方式，即实行"总的领导"。列宁在给莫洛托夫转交俄共（布）中央委员会的信中指出："必须十分明确地划分党（及其中央）和苏维埃政权的职责；提高苏维埃工作人员和苏维埃机关的责任心和独立负责精神，党的任务则是对所有国家机关的工作进行总的领导，不是像目前那样进行过分频繁的、不正常的、往往是琐碎的干预。"⑤处理好党政关系，是社会主义现代化建设中的重大命题，在列宁建议下，俄共（布）八大通过的决议提出："党应当通过苏维埃机关在苏维埃宪法的范围内来贯彻自己的决定。党努力领导苏维埃的工作，但不是代替苏维埃。"⑥列宁确立的这一基本方式为无产阶级政党领导现代化提供了基本遵循。

其二，它是以全体人民为主体的现代化。马克思恩格斯早就揭示，资本主

---

① 《列宁选集》第 3 卷，人民出版社，2012，第 202 页。
② 《列宁选集》第 4 卷，人民出版社，2012，第 427 页。
③ 《列宁选集》第 4 卷，人民出版社，2012，第 427 页。
④ 《列宁选集》第 4 卷，人民出版社，2012，第 449 页。
⑤ 《列宁全集》第 43 卷，人民出版社，2017，第 68 页。
⑥ 中共中央马克思恩格斯列宁斯大林著作编译局编译《苏联共产党代表大会、代表会议和中央全会决议汇编》第 1 分册，人民出版社，1964，第 571 页。

义的现代化，一边是财富的积累，另一边则是贫困的积累，带来的是社会的分裂，而不是人民的共同富裕。社会主义国家的诞生，也是全体人民共享的现代化的诞生。十月革命后，新生的苏俄政权首先制定了两个重要的法律，即《俄国各族人民权利宣言》和《被剥削劳动人民权利宣言》，奠定了人人平等和民族平等的法制基础。随后制定了第一个社会主义国家的宪法：《俄罗斯社会主义联邦苏维埃共和国宪法》。社会主义宪法一诞生，广大人民群众在权利的享有上就超越了资本主义国家。例如，这一宪法率先实现了普选权。而对于成年公民的平等选举权在美国直到20世纪60年代民权运动以后才实现，英国更是直到1970年才得以实现。此外，《俄罗斯社会主义联邦苏维埃共和国宪法》还在历史上第一次确立起劳动者的权利。

社会主义公有制的建立消灭了剥削现象，使人民群众能够真正享有社会发展的成果。1933年，斯大林在对第一个五年计划的总结中，就指出：集体农庄制度消灭了农村中的贫穷、困苦现象，几千万贫农变成了生活有保障的人。在工业中消灭了失业现象，在一些生产部门里保持八小时工作制，在绝大多数企业中已改为七小时工作制，在有害于健康的企业中规定了六小时工作制。[1]

识字率是公认的现代化重要指标。该宪法就规定："为保障劳动者能够真正获得知识，俄罗斯社会主义联邦苏维埃共和国的任务为给予工人与贫农各方面的完全的免费的教育。"十月革命以前俄罗斯成年居民文盲占总人口的70%以上，大大落后于当时世界的平均水平。十月革命后，这一状况得到迅速的改观，到1932年底，全苏8~11岁年龄段儿童的入学率已达98%。在1949~1950年，开始转向七年制普及教育[2]，展现了社会主义现代化的人民享有优势和重要成就。

其三，它是努力认识和把握社会主义发展规律的现代化。社会主义现代化是一个全新的历史进程，需要重新认识和探索其发展规律，苏联共产党的实践探索和理论总结为社会主义现代化提供了重要的借鉴。

经济发展是现代化的根基，斯大林最早明确提出"基本经济规律"的概念，并且认为在一个社会形态中只能存在一个基本经济规律。如果认为某个社会形态有几个基本经济规律，那么这本身就是与基本经济规律的概念相矛盾的。斯大林认为，基本经济规律是一个社会形态中生产和分配的基本原则，它决定了生产的目标和实现这些目标所必需的手段。这一规律展示了生产目的和实现手段之间的辩证关系，并构建了一个有机的统一体。因此，基本经济规律不仅定义了特定社会形态的生产目的，还规定了实现这些目的的主要任务。在此基

---

[1] 联共（布）中央特设委员会编《联共（布）党史简明教程》，人民出版社，1975，第350~351页。
[2] 〔苏〕基姆主编《社会主义时期苏联史》（1917~1957年），生活·读书·新知三联书店，1960，第805页。

础上，我们不能简单地将社会主义强调的国民经济有计划、按比例的发展视为其基本经济规律。尽管这种发展模式在社会主义中占据重要地位，但它并不能全面反映社会主义经济规律的核心和本质。而"这个任务是包含在社会主义的基本经济规律中"①。

斯大林在论述基本经济规律的基础上，进一步论述了社会主义基本经济规律。他认为，社会主义基本经济规律的主要特点和要求可以概括为："用在高度技术基础上使社会主义生产不断增长和不断完善的办法，来保证最大限度地满足整个社会经常增长的物质和文化的需要。"②斯大林还十分强调生产资料优先增长的原理，认为这是"对于一切社会形态……发生效力的再生产基本原理"③。在后来的苏联《政治经济学教科书（第三版）》中，相当突出地强调了生产资料优先增长原理，认为生产资料的第一部类在全部经济中起决定性作用，生产资料优先增长的规律在社会主义制度下比在资本主义制度下具有更大的意义。其明确提出"生产资料的优先增长意味着工业的增长快于农业"④。该教科书还阐述了社会主义下的生产、发展、分配规律等。从今天来看，这些探索和总结尽管存在明显的历史局限性，但毫无疑问，也发挥了重要的历史作用，卓有成效地推动了社会主义现代化的启航。

（二）列宁高度重视继承和借鉴资本主义现代化的文明成果

秉承马克思恩格斯的思想，列宁非常重视继承资本主义现代化的积极成果，在《苏维埃政权的当前任务》中，写下了一个著名的被称为社会主义的总公式，即"乐于吸取外国的好东西：苏维埃政权+普鲁士的铁路秩序+美国的技术和托拉斯组织+美国的国民教育等等等等++＝总和＝社会主义"⑤。

列宁从社会发展基本规律出发，论述了借鉴资本主义的必要性："既然我们还不能实现从小生产到社会主义的直接过渡，所以作为小生产和交换的自发产物的资本主义，在一定程度上是不可避免的，所以我们应该利用资本主义（特别是要把它纳入国家资本主义的轨道）作为小生产和社会主义之间的中间环节，作为提高生产力的手段、途径、方法和方式。"⑥

列宁努力纠正俄共党内存在的认为不需要学习资本主义的思想，他指出：

---

① 《斯大林选集》下卷，人民出版社，1979，第569页。
② 《斯大林选集》下卷，人民出版社，1979，第569页。
③ 《斯大林选集》下卷，人民出版社，1979，第600页。
④ 苏联科学院经济研究所编《政治经济学教科书（修订第三版）》下册，人民出版社，1959，第623页。
⑤ 《列宁全集》第34卷，人民出版社，1985，第520页。
⑥ 《列宁全集》第41卷，人民出版社，2017，第217页。

"不向资产阶级学习也可以建成社会主义,我认为,这是中非洲居民的心理。"①列宁认为,向资产阶级学习的目的,就在于振兴工业、农业,并且强调共产党员不要害怕去向商人、小资本家等资产阶级专家"学习"。"向他们学习,虽与我们过去向军事专家学习在形式上有所不同,但在实质上是一样的……多花点'学费'并不可惜;为了学习要不惜破费,只要能学到东西就行。"②列宁的这一思想为俄国迅速改变落后面貌、建成社会主义的工业化强国提供了重要的指导。

从20世纪20年代末到30年代初,苏联利用资本主义世界经济危机,大量进口机械设备,仅1931年间就进口世界机械设备总出口的1/3,1937年几乎达到1/2。③有研究指出,斯大林承认在30年代所有大工业企业中有2/3是在美国的帮助或技术援助下建立起来的。④

(三) 创造了前所未有的现代化成就

十月革命前的俄国是一个落后国家,1913年的人均国民收入为美国的1/8、法国的1/4,工业产值仅占世界工业产值的4%,主要机械工业产品靠进口,文盲占总人口的2/3。⑤

1926~1941年,苏联执行了三个五年计划,政府主导的发展战略取得了巨大成功。"一五"计划完成时,大工业在国民经济总产值中的比重就已达70%,"二五"计划和"三五"计划期间,工业生产依然以惊人的高速度发展。与1913年比,1940年苏联工业总产值增长7.5倍,重工业则增长14倍,机器制造业和金属加工工业增长40倍。到第二次世界大战前夕,苏联已成为世界上的工业化强国,工业生产总值居欧洲第一位,居世界第二位。⑥

苏联的现代化成就对社会主义产生了巨大影响,1955~1988年,在93个民族独立国家中共有55个民族独立国家的执政党提出要走社会主义道路,占民族独立国家总数的59%。⑦ 这对西方现代化产生了巨大的冲击,布热津斯基在《大失败》一书中感慨:"1917年以来主要限制在原沙俄帝国版图内的共产主义制度现在开始了突飞猛进的扩张。到1947年,中欧实际上已成了苏联的加盟共和国。"

实践证明,社会主义与现代化相互成就,从这个视野观察20世纪八十年代

---

① 《列宁全集》第27卷,人民出版社,1959,第285页。
② 《列宁选集》第4卷,人民出版社,2012,第525页。
③ 转引自吴际坤主编《对外贸易发展战略》,中国对外经济贸易出版社,1985,第352页。
④ 〔美〕西里尔·E. 布莱克等:《日本和俄国的现代化——一份进行比较的研究报告》,周师铭等译,商务印书馆,1983,第241页。
⑤ 陆南泉主编《苏联经济》,人民出版社,1991,第7页。
⑥ 金挥等主编《苏联经济概论》,中国财政经济出版社,1985,第11页。
⑦ 高放主编《科学社会主义的理论与实践(修订本)》,中国人民大学出版社,1994,第364页。

末九十年代初社会主义运动的重大挫折,可以清楚地看到苏联、东欧社会主义与现代化的脱节:从 20 世纪 60 年代起,苏联经济增长出现递减趋势。①

根据苏联官方公布的资料,1980 年苏联国民收入为美国的 67%,到 1988 年下降到 64%;而从国民生产总值来看,1990 年约为美国的 40%,只比十月革命前 1913 年的 39% 高一个百分点。根据联合国开发计划署 1990 年按购买力平价的计算,苏联的实际 GDP 为同年美国的 39.67%,人均 GDP 为 34.96%。②

同样从这个视野观察,我们可以认识到,中国之所以能够坚持走社会主义道路,终结西方的"历史终结论",是因为中国成功地走出了自己的现代化新路。

三 科学社会主义的中国篇章书写了现代化的中国贡献

科学社会主义的思想之光照亮了中国社会发展的前行之路。社会主义革命和建设在中国的展开,也是一种新的现代化进程在中国的启航。

(一) 中国社会发展道路的选择与跨越

中国式现代化的发展是在消灭了 2000 多年封建剥削压迫制度的基础上进行的。在完成新民主主义革命和社会主义革命的同时,中国也开始开辟现代化的新路。

其一,中国近代以来社会发展道路的选择具有双重意义。中国是后发现代化国家,对于中国生产力的提高,政治革命具有决定性意义。近代以来被动卷入现代化的中国,曾长期陷入半封建半殖民地的社会状态中。辛亥革命完全没有触动封建所有制,后来的北洋政府和国民党政府,同封建地主阶级血肉相连,不可能去解决中国的封建剥削问题,当然也不可能真正推动中国的现代化。中国之所以有新民主主义革命,就是因为除了中国共产党外,其他阶级及其领导力量已经不能够完成中国的民主革命从而奠定起现代化的政治和社会基础,即历史最终选择由中国共产党来领导中国的现代化。中国选择这样的发展道路具有双重意蕴:一方面它是社会主义的发展道路,由无产阶级先进政党领导,并且处在十月革命开创的新时代,它的社会主义属性是确凿不移的;另一方面,它是人类现代化的新路,即没有任何一个国家是在这样的历史前提和社会发展状况下,通过紧密相连的两大革命成功开辟了现代化的道路。

---

① 陆南泉等主编《苏联真相:对 101 个重要问题的思考》,新华出版社,2010,第 1279 页。
② 陆南泉等主编《苏联真相:对 101 个重要问题的思考》,新华出版社,2010,第 1279 页。

其二，开启"两个跨越"的文明进程。第一个是社会制度"卡夫丁峡谷"的跨越。中国不是在资本主义充分发展的基础上，经过无产阶级革命到社会主义，而是在半殖民地半封建社会的基础上，经过两大革命后跨越到社会主义社会。中国没有循着西方以资本主义制度取代封建制度进而推进现代化的路向前进，也不同于苏俄在资本主义得到发展的基础上进行社会主义革命，这一制度性的跨越成功地实现了马克思当年的设想。马克思在回答俄国革命者关于俄国古代村社土地公有制度能否实现向社会主义公有制直接跨越的问题时，提出了著名的跨越"卡夫丁峡谷"的设想，即"它可以不通过资本主义制度的卡夫丁峡谷，而占有资本主义制度所创造的一切积极的成果"①。在中国共产党之前，这一设想没有能够付诸实施，俄国的社会主义革命是建立在1905~1917年资产阶级民主革命基础之上的，资本主义彼时已经有了长足的发展，并不是制度的跨越。但中国则始终停留在半殖民地半封建社会，所以，中国共产党领导的两大革命，是真正实现了马克思"不通过资本主义制度"的设想，创造性地在落后国家建立起了社会主义的先进制度。

第二个是人类现代化"卡夫丁峡谷"的跨越。毋庸置疑，人类现代化是资本主义开拓的，资本主义通过长期的、残酷的原始积累，付出沉重的代价，造成巨大的灾难，才成就了其所谓的现代化。中国走的现代化新路，成功避免了资本主义现代化相生相伴的社会惨痛代价。例如，英国以血淋淋的圈地运动促进现代化的资本积累；又如，西方近代以来崛起的所有现代化强国，都离不开战争和侵略，把自己的现代化建立在奴役和掠夺其他民族的基础上，如此等等。毫无疑问，这是资本主义现代化的"卡夫丁峡谷"。中国式现代化避免了这样的历史性灾难，它创造了前所未有的和平发展的现代化；实现了西方没有也不可能做到的共同富裕的现代化；走出了人类社会第一条稳定、和谐发展的现代化道路。

其三，社会主义与现代化携手并进的崭新篇章。中国共产党推进中国的社会主义革命和建设，现代化是其中不可分割并且越来越清晰和被凸显的发展目标。在新中国成立前夕的党的七届二中全会上，毛泽东就明确指出，消除了封建的土地所有制，就"取得了或者即将取得使我们的农业和手工业逐步地向着现代化发展的可能性"②。这是目前所见毛泽东最早明确运用"现代化"概念的一段阐述。此前，即使在戎马倥偬的革命战争年代，中国共产党也对中国的现代化问题做过重要的探索。20世纪二三十年代，中国曾经就现代化问题进行过诸多的论争，其中一个聚焦点就是"以农业立国"和"走工业化道路"的对

---

① 《马克思恩格斯文集》第3卷，人民出版社，2009，第587页。
② 《毛泽东选集》第4卷，人民出版社，1991，第1430页。

崎。恽代英是党内批驳章士钊等人"以农立国"并提出走社会主义工业化道路的先行代表。他将工业发展同无产阶级成长联系起来，认为"国家发达交通与各种大工业"是在"为无产阶级势力植根基"，明确断言"中国亦必化为工业国然后乃可以自存"①。此后，瞿秋白、杨明斋等中国共产党人继续从理论上批驳农业立国论，论述走工业化道路的必然性。

1944 年，毛泽东在致博古的信中对新民主主义社会的基础进行深入分析，并明确表示，新民主主义社会的基础并非体现在分散的个体经济上。在封建社会中，分散的个体经济是其基础，而这并不适用于构建新民主主义社会，也不适用于构建社会主义社会。这一观点凸显了马克思主义与民粹主义的本质差异。毛泽东进一步强调了我们革命的任务，是从农业基础向工业基础的转变。党的七届二中全会上，毛泽东继续强调中国由农业国转变为工业国的基本问题。这一时期，中国共产党形成了以工业化为中心的现代化理论。新中国成立后，又进一步确立了以工业化为中心的"四个现代化"的社会发展目标。1954 年，基于毛泽东在第一届全国人大第一次会议开幕词中的理念，周恩来在《政府工作报告》中首次提出了我国的四个现代化目标。10 年后的 1964 年，第三届全国人大第一次会议完整提出了实现四个现代化的任务。接着在 1975 年，周恩来再次强调了分两步走、全面实现四个现代化的战略规划。这一系列措施明显标志着中国迈向现代化目标的坚实步伐，清晰地展现中国特色社会主义道路和中国式现代化道路的探索紧密地融为一体的鲜明特色。

（二）中国特色社会主义与中国式现代化的历史性融合

改革开放开启了中国特色社会主义的新进程，同时也开启了中国式现代化的新进程。1979 年 2 月，邓小平就明确提出："我们要实现的四个现代化，是中国式的四个现代化。"②同期，邓小平又在党的十二大上宣告："把马克思主义的普遍真理同我国的具体实际结合起来，走自己的道路，建设有中国特色的社会主义。"③这两个"式"或者说两个"特色"的相伴随行绝不是偶然的。中国特色社会主义命题的确立，是世界社会主义运动的重大创新。它宣告了完全不同于过去"一锅煮"模式的发展进程，把社会主义的根深深扎在本民族的历史和文化之中；中国式现代化的确立，对人类现代化具有极为重要的意义，它不仅强调了现代化的民族特色，更区分了现代化的制度属性，丰富了现代化的理论和实践，展现了社会主义现代化的优越性。

这两个"式"或"特色"的历史性会面，对于马克思主义的社会发展理论

---

① 《恽代英文集》上卷，人民出版社，1984，第 129 页。
② 《邓小平文选》第 2 卷，人民出版社，1994，第 237 页。
③ 《邓小平文选》第 3 卷，人民出版社，1993，第 3 页。

来说，就是开始把现代化这条"暗线"鲜明地呈现出来。社会主义以现代化为坐标体系，标注它在人类文明中的走向和进程；现代化以社会主义为根基，展现它以人民为中心的新质。可以解读将二者融合的历史性贡献。

第一，中国特色社会主义的现代化是对马克思恩格斯"世界历史"思想的重大创新。现代化是世界历史的进程，社会主义也是。如前所述，马克思恩格斯明确指出过，社会主义只有在世界历史意义上才能存在。与列宁之后的苏联现代化相比，中国强调社会主义现代化的世界历史维度。斯大林曾在《苏联社会主义经济问题》中提出"两个市场"的观点，宣告社会主义是脱离资本主义世界市场的发展。[1] 1955年苏联同西方工业国的贸易只占其全部贸易的5%。[2]中国的对外开放，是科学社会主义对与人类现代文明的关系的再一次重置。邓小平强调："关起门来搞建设是不能成功的，中国的发展离不开世界。"[3]加入世贸组织，使中国经济更进一步融入国际经济大循环中，彻底改变了以苏联模式为代表的社会主义的封闭半封闭状态，展现了世界历史对社会主义的意义，以及社会主义对世界历史的价值。

第二，中国特色社会主义的现代化是对马克思恩格斯生产力基本观点的继承和重大创新。马克思恩格斯最早是以生产力的巨大发展来阐释现代化现象的，体现了唯物史观的基本逻辑。中国特色社会主义在建构自己的现代化时，以生产力作为中轴，把社会主义同现代化连为一体，不仅重视现代化的国际比较、现代化的重要发展指标，论述"发展是硬道理"等生产力标准的核心要素，也以同样的逻辑来进一步重新认识什么是社会主义，强调"贫穷不是社会主义"。随后，对社会主义的本质又作了解释："解放生产力、发展生产力、消灭剥削，消除两极分化，最终达到共同富裕。"[4]打通两者的逻辑就是：离开了先进生产力，就无所谓现代化，也无所谓今天的社会主义。

第三，中国特色社会主义的现代化是扬弃资本主义现代化成果的新阶段。从马克思、恩格斯到列宁，都非常重视对资本主义文明成果的借鉴，但实际上这并不是一个轻松的使命。如科学技术一类的成果是比较容易鉴别后加以肯定性的学习继承的，但资本主义的文明成果并不仅仅止于此。马克思恩格斯曾说："资产阶级的这种发展的每一个阶段，都伴随着相应的政治上的进展。"[5]实践证明，要把可借鉴的特别是具有社会发展重要价值的文明成果从资本主义社会中剥离出来，是社会主义现代化能否实现超越的前提条件，也是马克思论述跨越

---

[1] 参见斯大林《苏联社会主义经济问题》，人民出版社，1952，第27页。
[2] 〔美〕西里尔·E.布莱克等：《日本和俄国的现代化——一份进行比较的研究报告》，周师铭等译，商务印书馆，1983，第386页。
[3] 《邓小平文选》第3卷，人民出版社，1993，第64、78页。
[4] 《邓小平文选》第3卷，人民出版社，1993，第373页。
[5] 《马克思恩格斯文集》第2卷，人民出版社，2009，第33页。

"卡夫丁峡谷"时强调的。中国特色社会主义的现代化，创造了前所未有的借鉴成就。此前社会主义对资本主义文明成果的借鉴主要集中在自然科学领域以及具体的管理运行层面，中国特色社会主义展开了对资本主义经济、政治、文化等几乎各个文明领域的全面对话，也开始了对资本主义现代化全方位的赶超，开创了全新的世界历史。其中最具有伟大创新的是社会主义市场经济的横空出世。市场经济在科学社会主义理论谱系中一直被认为是具有资本主义属性的体制机制，将其剥离出来移植到社会主义的制度体系中，培育出社会主义市场经济这一既能够优化资源配置又兼顾社会公平的经济体制，由此实现了社会发展的中国奇迹，创造了人类现代化最为强劲和公正的动力机制，也谱写了科学社会主义的崭新篇章。

（三）中国特色社会主义新时代与人类现代化新时代并行

值得指出的是，中国特色社会主义进入新时代，还昭示人类现代化也在开始进入新时代。由于现实的社会主义国家都是在经济社会发展比较落后的状态下起步，长期以来与资本主义现代化国家有相当大的差距，在人类现代化的版图上处于被遮蔽的状态。由于中国特色社会主义现代化取得的辉煌成就，这一局面开始发生根本性的转化。经济发展速度是现代化的重要指标，作为一个经济基础薄弱的大国，中国在长达半个多世纪的时间保持高速度增长，改革开放后的 30 多年里增长率甚至接近两位数，这创造了人类现代化的奇迹。中国的经济总量 2010 年超过日本后一直稳居世界第二位。中国的现代化由此成为人类现代化进程中一道极为亮丽的风景线，特别是 21 世纪以来，对中国现代化的关注和研究越来越多，美国著名学者 J. 雷默提出"北京共识"，认为"它取代了广受怀疑的华盛顿共识"，指出"中国的新发展方针是由取得平等、和平的高质量增长的愿望推动的。严格地讲，它推翻了私有化和自由贸易这样的传统思想""它既讲求实际，又是意识形态"[1]。显然，雷默认识到了中国现代化的双重属性，即其社会发展和制度属性对以"华盛顿共识"为代表的西方现代化的挑战。此后，中国模式、中国经验、中国道路等的阐释和研究，成为全球现代化的热点，人类现代化的版图由此发生深刻变化。

正是在这样的背景下，党的二十大比较系统地对中国式现代化予以阐释，它完成的是一个时代的使命：代表科学社会主义对人类现代化进行历史性总结，它宣告了社会主义现代化的基本形态和优越性。中国式现代化具有三重意蕴：民族的意蕴、社会主义的意蕴、现代化意蕴。中国式现代化深深扎根于中华民

---

[1] 黄平、崔之元主编《中国与全球化：华盛顿共识还是北京共识》，社会科学文献出版社，2005，第 6 页。

族的历史文化和社会实践中,它的民族意蕴表达的是,现代化不是千篇一律可以复制的,只有把根深扎在民族和国情的土壤中才能够茁壮成长。中国式现代化的社会主义意蕴表达的是,现代化是有制度属性区分的,社会主义现代化必然要求把社会主义的本质特征融合到现代化之中,这从领衔的"坚持中国共产党领导、坚持中国特色社会主义"等九条本质要求中被清晰准确地展现出来。

现代化意蕴表达的是中国式现代化也即当代科学社会主义对人类现代化的普遍性贡献。现代化必然有特殊性和普遍性两个层面,中国的社会主义现代化通过自己深刻的特殊性丰富了普遍性,九条本质要求的提炼就是集中的体现。中国共产党的领导居于首位,对于普遍现代化来说,由谁来领导决定现代化的方向和兴衰成败,当然是领帅性的问题。紧接着讲坚持中国特色社会主义,意味着任何现代化都有其制度基础和基本属性。接下来的五个方面,不仅表达中国式现代化在经济、政治、文化、社会、生态五方面的本质特征,也意味着任何现代化都需要推进这五个最基本领域的发展。第八条讲推动构建人类命运共同体,意味着现代化是人类的共同进程,不应该是西式现代化的零和博弈,而要创造人类共享的现代化。最后以人类文明新形态为归属,昭示的是体现人间正道的中国式现代化必然引导人类文明质的升华。

由此可见,科学社会主义与人类现代化正在中国大地上波澜壮阔的汇流,"科学社会主义在二十一世纪的中国焕发出新的蓬勃生机,中国式现代化为人类实现现代化提供了新的选择"[①]。当今时代正在诉说:人类现代化在科学社会主义的打开中实现了旧貌换新颜。

[①] 习近平:《高举中国特色社会主义伟大旗帜 为全面建设社会主义现代化国家而团结奋斗——在中国共产党第二十次全国代表大会上的报告》,人民出版社,2022,第16页。

中国式现代化与政治经济学：
一个历史的沉思*

周绍东　陈蔓茜**

【摘　要】从政治经济学视角来看，"人的相互依赖"、"以物的依赖性为基础的人的独立性"和"自由个性"三大社会经济形态的某些特征在当下中国共生并存，这构成了中国式现代化的突出特征之一。据此，分析现时代中国人与人之间的经济关系、生产资料所有制关系和收入分配关系三个层面的"共时性"特征。结论认为：在"两个结合"中，马克思主义基本原理阐述了科学社会主义的伟大设想，中国具体实际是指社会主义初级阶段的客观现实，而中华优秀传统文化则是"人的相互依赖"这一历史阶段的意识反映。因此，走一条中国式现代化道路，需要围绕"两个结合"，展开政治经济学的历史沉思。在这个思维运演过程中，义利观、天下观、差序格局以及新中国成立后"前三十年"留下的大量理论遗产，都为我们提供了宝贵的思想资源。

【关键词】中国式现代化；政治经济学；社会经济形态；"两个结合"

作为世界上唯一没有中断、发展至今的文明，中国文明走向现代化的历程，已经成为人类最为瞩目的世界性事件之一。以1949年中华人民共和国成立为标志，中国人一举洗刷了自19世纪中叶以来所承受的民族耻辱，在中国共产党的领导下走向复兴，并展现出与西方现代化道路截然不同的文明场景。由于"一切社会变迁和政治变革的终极原因……不应当到有关时代的哲学中去寻找，而

---

* 本文系国家社科基金重大项目"全面建设社会主义现代化新发展阶段我国发展环境研究"（21ZDA004）、教育部哲学社会科学研究重大课题攻关项目"中国式现代化的理论体系研究"（23JZD003）的阶段性成果。

** 周绍东（1984~　），经济学博士，武汉大学马克思主义学院教授、博士生导师，主要研究方向为马克思主义政治经济学、中国特色社会主义政治经济学等；陈蔓茜（1989~　），武汉大学马克思主义学院博士研究生，主要研究方向为马克思主义中国化。

应当到有关时代的经济中去寻找"①,为这个磅礴历史进程提供马克思主义解释,就不可能脱离中国特有的政治经济传统,而这种传统又是在长期的历史赓续中形成的。这种解释路径实际上就构成了本文所谓的"历史的沉思"。换言之,本文试图运用马克思主义政治经济学的分析框架,通过回溯中国文明的历史轴线,让中国式现代化的发生学回归唯物史观的方法论。

一 具有共时性特征的中国式现代化

当第一次世界大战促使阿诺德·汤因比把修昔底德的著作引入贝利尔学院的人文学科阅读清单时,他突然豁然开朗了。他意识到:我们在自己这个世界正经历的事情,古希腊的历史学家修昔底德在他那个时代早已经历过了。在汤因比看来,修昔底德就曾在这片大地上行走过。他和他那一代人就走在我们这一代人的前头,我们分别抵达了历史经验的现场。② 尽管伯罗奔尼撒战争和第一次世界大战相隔2000多年,但这两件事情分别标志着西方历史和希腊历史的转折点。也正是在这个意义上,汤因比在他的《历史研究》中指出:"这使我确信了维科的直觉:这两个文明的历史虽然不处在同一个时代,但它们是平行的,是可以比较的。这种信念促使我从维科的两个文明的比较拓展到所有文明的比较研究。"③

古希腊文明和现代西方文明在历史上并不存在直接传承的关系,即便如此,汤因比仍然确认了两者的"共时性"。实际上,对于四大古文明中唯一没有中断、延续传承至今的中国文明来说,这种文明的"共时性"更加明显。运用马克思主义经典作家的社会演进三形态论,将有助于我们理解和把握中国文明的"共时性"。在《政治经济学批判(1857—1858年手稿)》中,马克思提出了人类存在的三大历史形态:"人的依赖关系(起初完全是自然发生的),是最初的社会形式……以物的依赖性为基础的人的独立性,是第二大形式……建立在个人全面发展和他们共同的、社会的生产能力成为从属于他们的社会财富这一基础上的自由个性,是第三个阶段。第二个阶段为第三个阶段创造条件。"④ 通常,我们将这里的三大社会形态历史性地概括为"人的依赖关系"、"物的依赖关系"和"自由个性"三个阶段。从生产方式来看,三大社会形态的本质特征在于分别采用非经济强制、资本和自由联合关系组织生产,从人类解放的视角来看,三大社会形态表征着两次人类解放,第一次是把人从血缘、亲缘和地缘

---

① 《马克思恩格斯文集》第3卷,人民出版社,2009,第547页。
② 〔英〕阿诺德·汤因比:《文明经受考验》,王毅译,上海人民出版社,2016,第5页。
③ 〔英〕阿诺德·汤因比:《历史研究》,刘北成、郭小凌译,上海人民出版社,2005,第436页。
④ 《马克思恩格斯文集》第8卷,人民出版社,2009,第52页。

的束缚中解放出来,第二次是把人从资本的束缚中解放出来。

将现代化视角转移至中国,中国式现代化进程是在"共时性"这一特定场景下展开的。这种"共时性"是指:在现时代的中国,"人的依赖关系"、"物的依赖关系"以及"自由个性"三大历史形态的某些特征是并存共生的。改革开放以来,中国共产党人重新审视历史,作出了我国社会仍处在商品经济发展阶段的重要判断,也即我们仍处在"以物的依赖关系为基础的人的独立性"这一历史发展阶段。但是,随着社会主义市场经济体制的逐步确立,中国社会发展的现实状态中又呈现与一般市场经济和商品货币关系很大的差异。在时间维度上,中国政治经济学的研究深刻反映了中国式现代化新道路的"共时性"特征,具体表现为三个方面。其一,在客观事实层面承认中国特色社会主义总体上处于"物的依赖性"阶段,以商品经济为立足点,形成了以社会主义市场经济理论为核心的基本框架。其二,在价值导向层面坚持"个人全面而自由发展"的发展导向,从"以人民为中心"的价值追求中抽象出关于人民的理论并落脚于实践。其三,在历史传统层面辩证扬弃第一大社会形态内核。在马克思主义基本原理与中国实际和中华优秀传统文化的结合过程中,中国政治经济学的内容也不断丰富起来。从根本上来说,不同历史形态特征能够并存于同一时空,在于"历史不外是各个世代的依次交替。每一代都利用以前各代遗留下来的材料、资金和生产力;由于这个缘故,每一代一方面在完全改变了的环境下继续从事所继承的活动,另一方面又通过完全改变了的活动来变更旧的环境"①。

作为中国式现代化道路这一社会存在的理论反映,中国特色哲学社会科学也必然把"共时性"作为构建其逻辑框架的重要前提。作为对中国式现代化经济建设道路的经验总结和理论升华,中国政治经济学也必须考虑"共时性"问题。这就意味着,中国政治经济学在面对人与人之间的经济关系、生产资料所有制以及收入分配关系这些研究对象时,必须考虑这些因素在不同社会历史形态中的外在表现并加以综合考察。换言之,政治经济学围绕中国式现代化道路所进行的研究,更是一种历史的沉思。

二 社会主义市场经济关系中的传统文化嵌入

党的二十大报告指出:"把马克思主义基本原理同中国具体实际相结合、同中华优秀传统文化相结合。"② 实际上,"两个结合"就是指三大社会形态的某

---

① 《马克思恩格斯选集》第1卷,人民出版社,2012,第168页。
② 习近平:《高举中国特色社会主义伟大旗帜 为全面建设社会主义现代化国家而团结奋斗——在中国共产党第二十次全国代表大会上的报告》,人民出版社,2022,第17页。

些特征共存于"现时代中国"这个时空。马克思主义基本原理阐述了科学社会主义的伟大设想,中国具体即社会主义初级阶段的客观现实,而中华优秀传统文化则是"人的相互依赖"这一历史阶段的意识反映。在中国政治经济学看来,研究"两个结合",就是要研究现时代人与人之间的经济关系、生产资料所有制关系和收入分配关系这三个方面的特异性。

(一) 传统文化视野中中国人的经济关系特征

从根本上来看,生产关系中的核心内容即人与人之间的经济关系,而人与人之间的经济关系恰恰从最为基础的层面规定了人的本质。马克思指出:"人的本质不是单个人所固有的抽象物,在其现实性上,它是一切社会关系的总和。"[1] 并且,"不过这里涉及的人,只是经济范畴的人格化,是一定的阶级关系和利益的承担者。我的观点是把经济的社会形态的发展理解为一种自然史的过程。不管个人在主观上怎样超脱各种关系,他在社会意义上总是这些关系的产物"[2]。在人的相互依赖阶段,中国传统社会的人际关系,无论是经济领域还是非经济领域的人与人之间的关系,都必须从血缘、亲缘和地缘关系中加以审视。

从横向和纵向两个维度来看,中国人处于两种人际关系中。一种是由血缘、亲缘、地缘关系主导的横向的"陶渊明网络"和差序格局;另一种是自上而下的政治管理序列,在这个序列中还产生了官本位和科层制文化。陶渊明在《桃花源记》中写道:"阡陌交通,鸡犬相闻。其中往来种作,男女衣着,悉如外人。黄发垂髫并怡然自乐。"在这样一个封闭保守、自给自足的环境中,中国人构建了一个差序格局的人际关系网络。所谓差序格局,费孝通认为,是指中国乡土社会以宗法群体为本位,人与人之间的关系,是以亲属关系为主轴的网络关系,每个人都以自己为中心结成一个涟漪般的人际关系网络。这就像把一块石头扔到水里,以这个石头为中心点,在四周形成一圈一圈的波纹,波纹的远近可以表示社会关系的亲疏。不同的涟漪交织汇合,构成了农耕文明中人际关系的"陶渊明网络"。在这个网络上,两个涟漪在不同圈层交汇,两个人原本的弱联系可能由此增强,这就类似于联姻、亲上加亲这种传统社会十分愿意促成的事情。

但是,小国寡民的"陶渊明网络"对于维系大一统的帝国来说,其凝聚力和统合力是远远不够的,这只适用于城邦和小国。自秦汉以来,中国逐步建立起一套完善的科层制中央集权体制,并通过科举制度选拔政治贤能,打破了基

---

[1] 《马克思恩格斯选集》第 1 卷,人民出版社,2012,第 135 页。
[2] 《马克思恩格斯文集》第 5 卷,人民出版社,2009,第 10 页。

于血缘、亲缘和地缘的"陶渊明网络",进一步巩固了中央集权制度。实际上,在所谓"轴心时代"结束之时,欧洲仍然以城邦制作为主要的国家形式。而在秦汉以来的中国社会,先进的政治管理体制早已在自然经济基础上建构起来,这使得中国"政治的社会形态"发展成熟度远远超越了"经济的社会形态",也是在这个意义上,"分封建国"意义上的封建制度实际上在秦汉之后就已经瓦解了。

在横向差序格局、纵向央地科层治理的结构中,中国人的经济关系呈现一些特有性质。从上层来看,加强皇权、对地方势力进行削弱成为所有王朝永恒的主题,这实际上就是现时代央地财政博弈的原始版本。从中层官员来看,通过发展经济、保障民生持续地向上晋升,成为官员们永恒的目标。从底层来看,由于皇权不下县,乡村治理十分倚重"差序格局"中的长辈、族长、退休官员等乡贤人物,地方的经济事务也有很多是依靠这种人际关系网络来处理的。

(二)嵌入义利观的中国特色社会主义市场经济体制

改革开放以来,为了推进生产力水平的提升,实现社会主义现代化的建设目标,我们选择了社会主义市场经济体制。尽管在改革开放之初,"体制"和"制度"是被严格分开的,但实际上,社会主义市场经济体制已经作为一种制度性因素,深深地嵌入了中国式现代化的内核。这表现在,党的十九届四中全会在概括我国经济制度时,就已经十分自然地使社会主义基本经济制度包含社会主义市场经济体制。

社会主义市场经济体制这一提法表明,我们仍然处在"以物的依赖性为基础的人的独立性"这一社会形态的发展阶段中。但是,中国特色社会主义市场经济体制与那种一般意义上的或资本主义意义上的市场经济又呈现很大差别。其中,既有的具有中国文化鲜明特质的"人的相互依赖关系"在这种市场经济体制上留下了深刻的烙印,对这种市场体制中的经济主体行为产生了深远影响。正如我们在上文中所表达的,这种影响也表现在横向和纵向两个层面上。

在横向上,差序格局的社会网络关系使得中国人在商品交易关系中增加了义利的权衡考虑。一方面,中国传统文化承认人们追逐"利"的正当性,但是,对于利益的追求必须受到"义"的约束和制衡。在处理义利两者关系时,中国传统文化作了很多阐述,在诸子的言论中,关于义利关系的观点比比皆是。"君子喻于义,小人喻于利"(《论语·里仁》),"不义而富且贵,于我如浮云"(《论语·述而》),"富与贵,是人之所欲也;不以其道得之,不处也"(《论语·里仁》),等等。从政治经济学的话语概念来看,义利之辩实际上处理的是商品的价值和使用价值两者之间的关系。其中,"利"更多地涉及商品价值层面的内容,也即那种可以被视为一般等价物的抽象物。而"义"则更多的是指商品使用价值层面的内容，也即能够给人们带来具体的、实在的有用性的一面。在商品经济中，相对于买者来说，卖者对商品的价值和使用价值更加了解。因此，卖者可以利用这种信息上的优势，用较少的"义"换取更多的"利"，这就造成了义利的不平衡。而这种不平衡带来的结果很可能是全社会信任体系的崩溃，正所谓"义胜利者为治世，利克义者为乱世"（《荀子·大略》）。也正是出于这个方面的考虑，中华传统文化强调"义利并举""义利平衡"，反对"见利忘义"，这就为社会主义市场经济体制奠定了一个非常重要的道德标准和行为准则。

另一方面，自然经济中的人的相互依赖关系还不仅仅体现为单个主体之间的关系，还表现为个人与集体之间的关系。在处理个体利益和集体利益的问题上，中国传统社会强调把集体利益置于个体利益之上。譬如，繁体汉字"義"即为上"羊"下"我"，"羊"在这里实际上是指祭祀用品，表示集体利益，而"我"则指个人。也就是说，中国社会关系中所极度看重的"义"的概念，无非指相对于个人利益而言，把集体利益置于更高位置的要求。实际上，在处理国家、单位和个人三者的利益关系时，中国传统文化中的义利观在微观主体的决策过程中成为十分重要的考虑因素。

当然，在中国传统文化中，"社会利益"更多的是从中国人的熟人关系网中衍生出来的。例如，中国人传统的慈善和捐赠活动大多发生在那些由血缘、亲缘和地缘关系联系起来的个体之间。例如，义庄是典型的基于"三缘"关系的集体互助组织。北宋范仲淹在苏州建立的范氏义庄是历史上最早的义庄。范仲淹亲定规矩十三条，规定各房选一名子弟共同掌管，义庄所得租米按人口分给本族男女，族人嫁娶、丧葬、赴科举考试等都可得到一定资助。这也表明，基于血缘、亲缘和地缘关系的"第三次分配"能够在中国特色的分配结构中发挥特异性作用，这同西方式现代化中所强调的"企业社会责任"具有很大差别，在维护基层社会稳定、缓和社会群体矛盾、减轻国家财政负担等方面，其是不可或缺的一种补充分配方式。

三 "前三十年"理论遗产与天下为公的思想共振

生产资料所有制关系是政治经济学最重要的研究对象之一，选择何种所有制及其实现形式是任何国家在现代化进程中都无法回避的议题。改革开放以来的经济实践表明，公有制与市场经济体制可以实现有机结合，这本身就构成了中国式现代化重要的经济特征之一。两者的结合不是凭空产生的，需要从天下为公的传统文化以及新中国成立后"前三十年"所留下的理论遗产中寻找源头。

(一) "天下为公"的现时代试验

自秦以来,我们在政治上建立起中央大一统的集权体制,并逐步发展起一套完整的考试制度来选拔人才,从而在行政体制上打破了居于中国人际关系核心地位的血缘关系,以政治立场和管理才能作为标准选拔和任用官员。福山甚至认为,这种先进的政治制度领先西方1800年之多①。很难想象,这种政治上的大一统制度能够完全建立在自给自足的个体经济和小农生产方式基础上。实际上,封闭保守的小农经济只能产生那种"君主—贵族"体系下的分封制,而以"盐铁论"等为代表的国有经济思想,深刻反映了中国传统经济体制的典型特点,那就是"天下为公"的所有制格局和"溥天之下,莫非王土"的公有制要求。在《孟子·梁惠·王章句下》中,齐宣王问孟子,传说周文王的园林有七十里见方,可老百姓还是觉得小了,而自己的园林只有四十里见方,可老百姓还是觉得大了,这是为何呢?孟子认为,周文王的园林虽有七十里见方,但割草的、打柴的都可以去,打野鸡、兔子的人也可以去,文王与老百姓一同享有园林的利益。而大王您的园林,老百姓射杀了园林里的麋鹿,就等于犯了杀人罪,这样的话,老百姓嫌它大了,难道不是应该的吗?这段对话表明,王权可以在名义上拥有全天下所有的资源,但其所有权在事实上必须与民众共享。也就是说,民众分散地拥有资源所有权,这与统治者的集中所有权并不矛盾。换言之,尽管这些朴素的公有制理念具有浓厚的"家天下"特点,但皇帝之家与天下之民在本质上是契合的。

很显然,中国传统的政治体制和文化精神,都是建立在"家—国"一体的经济基础之上的。换言之,尽管中国传统的这种"经济—政治"一体化包含了万系一世、家即天下的内涵,但客观上要求经济和政治上同步实施"公有制"。换言之,以中央集权和郡县制为典型特点的大一统政治制度,在其经济基础上迫切需要生产资料的国家所有与之配合,否则,中央和地方政府将难以通过调动经济资源来实现其政治目的。但进一步而言,这种经济—政治体制与居民个人和家庭的财富增长,也必然是有冲突和矛盾的,必须找到一个合适的平衡点。也正是这个原因,"富民"思想不可能成为中国古代经济思想的核心主线,充其量只是其中一个方面而已。

新中国成立后,社会主义上层建筑迫切需要在较短的时间内提高生产力水平,这实际上是通过两条路径实现的。一是新兴政权建立学校、科技机构、文化场所和医疗卫生单位,通过大规模的扫盲、消灭传染病、普及科学和卫生知

---

① 〔美〕弗朗西斯·福山:《政治秩序与政治衰败:从工业革命到全球民主化》,毛俊杰译,广西师范大学出版社,2015,第8页。

识，直接改善和提高劳动者的身体素质和劳动技能，从"人"的因素上为生产力水平提高提供前提条件。二是通过社会主义三大改造，建立起社会主义的生产资料公有制基础，从"物"的因素上形成从上层建筑革命到生产关系调整，再到生产力发展的逻辑和实践链条。应当说，大量国营企业和城市手工业合作社的建立，为新中国成立后的快速工业化奠定了微观基础。这表明，社会主义改造的理论来源有两个，一是科学社会主义的基本原则，二是中国自古以来与中央集权制度相匹配的国有经济传统。

（二）农村集体经济的文化基因传承和历史嬗变

农村集体经济是社会主义生产资料公有制的重要组成部分之一。新中国成立后，随着农业合作化工作的迅速推进，广大农村地区建立起"经济—政治"合一的人民公社体制。在这种体制下，我国农业生产取得了长足的发展。通过运用以"大寨模式"为代表的农业生产方式，中国农村建设了大量农业基础设施，实现了农产品产量的稳步提升，农民生活面貌也得到了显著改善。但是，在这种"三级所有，队为基础"的生产资料集体所有制体制下，由于农地所有权和使用权实际上都掌握在生产队手中，农户劳动投入与农业产出之间的关联不够紧密，农民投入农业生产的自主性、积极性受到一定约束，在一定程度上限制了农业劳动生产率的提高和农民收入的增长。

改革开放后，我国农村实施了以家庭联产承包责任制为核心的土地改革，农地的所有权和使用权分离，激发了农民积极性，有效地提高了农业劳动生产率。从农村流出的劳动力参与到工业化进程中来，为中国经济发挥劳动力比较优势、快速实现经济增长提供了重要的要素支撑。但是，以小岗模式为代表的农村改革道路在实践中暴露出缺陷，农地所有权无法获得收益，使农村集体经济实质上受到削弱，这不仅在经济上导致农业基础设施建设能力和公共服务能力严重下降，而且动摇了"村两委"作为农村基层治理主体的微观基础，这些都成为当前农村空心化的重要原因。

农业基层治理体系受到冲击，在客观上要求新的治理主体填补集体经济瓦解后留下的空白区域。反映在精准扶贫和乡村振兴实践中，很多村庄出现了以"能人"为核心主体的新乡贤治理模式。在传统的做法上，辈分、年龄和资历为这些乡贤提供了其作为村庄治理者的"合法性"依据，而新乡贤和乡村能人往往是较早走出农村并完成资金积累的个体经营者，这些人离土不离乡，尽管很早就摆脱了农业生产，但从未离开过乡村。这些新乡贤在完成了物质财富和人际关系的原始积累后，基于经济或政治等多个方面的考虑，在农村基层治理中发挥更为重要的作用。特别值得一提的是，尽管新乡贤们通常运用雄厚的经济实力、先进的企业管理模式和优质的投资项目作为乡村基层治理的资源和手段,但是,中国传统乡土文化中的血缘、亲缘和地缘关系仍然在这个治理过程中发挥着极为重要的纽带功能。同时,新乡贤普遍以农村集体经济的形式或名义发展各种产业,通常也会积极投身于乡村的公益事业和公共服务设施建设,这彰显出中国传统文化中鲜明的小团体互助色彩。

总结而言,当前,中国式现代化选择了以公有制为主体、多种所有制共同发展的所有制制度。实际上,中华文明天下为公、集体互助的文化理念,新中国成立后"前三十年"公有制实践的理论遗产,种种这些,都在今天的所有制制度上打下了浓厚的历史气息和深刻的文化印记,也进一步启示着当前所有制改革的方向和路径。

四 以"雷锋改进"超越"孔子改进"的分配方案

共同富裕是中国式现代化的重要特征之一。在政治经济学看来,尽管精神富裕和物质富裕有着几乎同等重要的地位,但共同富裕首先是一个物质财富的分配问题。正如中国传统文化中包含的"天下为公"思想与现时代生产资料公有制的同频共振一样,中国式现代化中的财富分配关系,也表现出与西方式现代化截然不同的特点。当然,之所以有这种特征,从根本上来看也是因为人们在初次分配中所占份额是由其在生产资料所有制关系中的地位所决定的。

(一)帕累托最优与"孔子改进"

在西方主流经济学看来,在市场经济体制中,人的"利己"本质与市场这只"看不见的手"结合起来,通过市场交易实现资源的最优化配置,能够实现所谓社会效率的"帕累托最优"。在"帕累托最优"状态下,整个经济体中就不再存在"帕累托改进"的可能性和需要。因此,帕累托最优状态也可以被视为一种最优的分配方案。

然而,正如赵汀阳所谈到的那样,在帕累托改进中,更多观照的是"经济学馅饼"而较少观照"心理学馅饼"。也正是在这个意义上,社会主义市场经济不仅仅要追求"帕累托改进",还要通过市场和政府的双重力量,实现基于人性"利他"和"利我"双重本质上的"孔子改进"①。这里的"孔子改进"指向一种和谐策略,即博弈中的每一方当且仅当对方获得利益增量时,其自身才能获得利益增量。

---

① "孔子改进"是更符合中国文化的中国表达,赵汀阳在"全球治理"2008里昂国际会议上的发言再次强调了此观点,同时"孔子改进"也被收录在陈嘉映主编的哲学著作《普遍性种种》中。

"孔子改进"提出了与"帕累托最优"有所不同的分配思路,把儒家的社会共同体理念植入财富分配领域,具有很强的思维穿透力和现实借鉴意义。但是,"孔子改进"的适用范围是十分有限的,从可操作性上来看,它仅仅局限在以血缘、亲缘和地缘等关系联系起来的人际关系网络中。这样一种以人的相互依赖关系连接起来的利益共同体是十分脆弱的,一旦面临商品经济关系的侵蚀,这种利益共同体很容易瓦解。换言之,当组织初步建立起来或面临重大考验时,中国人可以暂时地通过血缘、亲缘和地缘关系组建起"共进退"的联盟,但一旦涉及具体的利益分配问题时,这些关系往往不堪一击,正所谓可以共患难,不可同富贵。中国人就此总结出的经验教训是:亲兄弟,明算账。

(二)以社会主义的制度架构推动分配的"雷锋改进"

"帕累托改进"会产生不患寡而患不均的问题,"孔子改进"只局限在人的相互依赖关系范围内,因此,中国式现代化的"共同富裕"不可能只通过这两种分配方式来实现。我们所提出的"雷锋改进",是在中国式现代化进程中特殊的制度背景下总结概括的分配模式。

"雷锋"作为一个闪亮的名字,它不仅仅代表助人为乐的精神,更是共产主义崇高理想信念的代言词。在政治经济学看来,生产资料公有制、按劳分配和经济的有计划调节构成了科学社会主义的三大基本原则。所谓"雷锋改进",是指发挥社会主义基本经济制度和上层建筑的引导带动作用,不断提高"按劳分配"的实现程度,不断提高劳动者收入在收入分配中所占的比重。"雷锋改进"是通过两个方面的途径实现的。

第一,"雷锋改进"通过做强做大做优国有企业和农村集体经济,在更广的范围内实现真正意义上的"按劳分配"。这种按劳分配与资本主义生产方式中的"按劳动力商品价值分配"具有本质上的差异。在国有企业,从本单位劳动者的需要出发设计分配方案,把按劳分配和按需分配结合,既能通过按劳分配产生激励效应,又能通过按需分配保障职工的各种福利待遇。同时,国有企业向国家提供大量利税,为国家职能的行使提供财力支撑。除了从事日常经营活动外,国有企业还需要承担起社会责任,为国家实施宏观经济治理、稳定就业和其他社会经济发展事务提供载体和抓手。在农村,专业合作社、土地合作社、资源发包、物业出租、居间服务、资产参股等农村集体经济组织形式的发展,不仅有助于农户本身收入水平的提高,也有利于农村集体资产所有权真正实现其价值,为农村基础设施建设和社会公共事业发展提供更为有力的经济支撑。究其根本来说,公有制经济的分配模式特点是:其"利润"和劳动者报酬并不是完全此消彼长的关系,劳动者报酬并不单纯地作为"成本"而存在,单位不仅仅着眼于追求业绩和利润,也重视劳动者自由全面发展的需要。这体现了"雷锋改进"的核心特征和本质要求。

第二,雷锋改进的第二条路径是发挥公有制经济"普照的光"的作用,并通过社会主义上层建筑遏制私人资本的无序扩张,引导非公经济的劳资分配关系朝着有利于劳动者的方向发展。从不同所有制关系来看,"雷锋改进"要求劳动力市场上形成劳动者报酬"标杆",形成劳动者收入标准。从上层建筑来看,"雷锋改进"要求构建劳动者收入保障法律体系。劳动法律制度是资本管控法律体系的重要组成部分,它主要包括劳动关系方面的法律制度、劳动基准方面的法律制度、劳动力市场方面的法律制度、社会保险方面的法律制度、劳动权利保障与救济方面的法律制度。

五 结语

中国政治经济学,是对中国式现代化道路中的经济建设和发展经验进行提炼总结并实现理论升华的一门学科。"我们仅仅知道一门唯一的科学,即历史科学。"[①] 中国式现代化的经济发展之路,不仅要着眼于现时代的社会主义市场经济体制,也要穿透历史的烟云,把"人的相互依赖"、"以物的依赖性为基础的人的独立性"以及"自由个性"这三大社会形态作为一个"共时性"总体加以考虑。也正是在这个意义上,本文提出了"历史沉思"的必要性。值得一提的是,尽管这一历史沉思的出发点和落脚点都是经济工作,但中国独有的社会历史进程和文化背景,又使得我们不得不把特定的政治、社会和文化因素纳入考察视野。中央集权的大一统体制、差序格局的人际关系、超越血缘亲缘地缘关系的官员选拔制度、小集体互助合作、基层治理的乡贤模式,诸如此类的正式或非正式制度设计,深刻地告诉我们:政治经济学寻求的其实是用政治手段解决经济问题。以上,都给予正在中国式现代化道路上奋力探索的政治经济学学者和决策者们,以无尽的启示和反思。

---

① 《马克思恩格斯文集》第1卷,人民出版社,2009,第516页。

中国式现代化中的"科技—现代化"理论与实践创新

孙 贺[*]

【摘　要】现代化是近代以来人类社会的共同选择，科技革命是影响现代化进程的关键变量，人类现代化的历史遵循"科技—现代化"的演进逻辑。中国共产党历来突出科技在中国式现代化进程中的地位和作用，不断深化对"科技—现代化"理论的认识边界，持续推进"科技—现代化"理论创新，在理论与实践有机互动中不断赋予"科技—现代化"理论以鲜明的中国特色，推动中国式现代化进入全面建设社会主义现代化国家新征程。"科技—现代化"理论框架不仅解释了中国式现代化何以可能的问题，还对中国式现代化的未来予以深刻启示。新时代新征程，要坚持党对"科技—现代化"的集中统一领导，发挥新型举国体制优势，牢牢占领科技制高点，推动中国式现代化行稳致远。

【关键词】中国式现代化；"科技—现代化"；新型举国体制

人类现代化的历史进程，就是先进生产力不断取代落后生产力的历史进程，就是科学技术不断迭代更新的历史进程。科技始终是推动现代化发展的重要动力，科技发展水平始终是衡量现代化发展进程的第一标尺。近代以来，无论是现代化领先国家，还是现代化追赶国家，都不约而同地把推进现代化建设的着力点放在科技进步和创新上，以期以科技大进步推动生产力大发展进而实现现代化大跨越。"科技—现代化"已经成为理解现代化进程的理论框架。与西式现代化不同，中国共产党在推进中国式现代化进程中，不断赋予"科技—现代化"以社会主义制度优势，形成了具有鲜明中国特色的"科技—现代化"理论体系，推动中国式现代化创造了经济快速发展和社会长期稳定两大奇迹，使中

---

[*] 孙贺（1985~），法学博士，吉林大学马克思主义学院教授、博士生导师，主要研究方向为马克思主义发展理论。

国仅用了几十年时间就走过了西方几百年的工业化历程,实现了现代化的并联式发展。

一 "科技—现代化":解释现代化进路的理论框架

现代化是近代以来人类社会发展的典型标识和鲜明特征。马克思在《资本论》序言中指出:"工业较发达的国家向工业较不发达的国家所显示的,只是后者未来的景象。"① 这就强调了现代化的必然趋势。生活在世界任何角落的国家和民族,如果不想被开除"球籍",就必须参与到现代化进程中来。任何拒绝现代化的行为,都必将遭到反噬。

现代化为什么成为必选项,这要从现代化的本质说起。关于什么是现代化,马克思虽然没有明确界定这个概念,但却在诸多论述中贯穿现代化的意蕴。比较有代表性的是他在《哲学的贫困》中的一段话,他指出:"随着新生产力的获得,人们改变自己的生产方式,随着生产方式即谋生的方式的改变,人们也就会改变自己的一切社会关系。"② 这段论述从生产力和生产关系的相互关系维度对现代化本质进行了过程性的把握,强调了生产力的发展和进步诱发和引致了一系列建立在生产力基础之上的生产关系等领域的重大变革。我国学者罗荣渠在马克思观点的基础上对现代化的科学内涵进行了凝练,指出现代化"就是以现代工业、科学和技术革命为推动力,实现传统的农业社会向现代工业社会的大转变,使工业主义渗透到经济、政治、文化、思想各个领域并引起社会组织与社会行为深刻变革的过程"③。显然,罗荣渠关于现代化的界定,对构成现代化的生产力和生产关系的范畴进行了延展,明确了科技之于生产力、生产力之于生产关系的作用机理。从这个意义上看,现代化是生产力的函数,当然,这个生产力是有条件的,集中体现在它对科学技术发展水平的严格要求上。这就是为什么现代化要以工业革命为起点,或者说现代化只能生发在近代以来的资本主义社会,而不是此前漫长的人类历史。这就建构起解释现代化的"科技—现代化"理论框架。

关于科技作用于生产力进而作用于现代化的理论关系,马克思和恩格斯有深刻的阐释,他们在《共产党宣言》中指出:"资产阶级在它的不到一百年的阶级统治中所创造的生产力,比过去一切世代创造的全部生产力还要多,还要大。"④ 为什么会产生这种现象呢?根源在于科技的进步。科技的大发展使机

---

① 《马克思恩格斯文集》第5卷,人民出版社,2009,第8页。
② 《马克思恩格斯文集》第1卷,人民出版社,2009,第602页。
③ 罗荣渠:《现代化新论:世界与中国的现代化进程(增订版)》,商务印书馆,2004,序言第5页。
④ 《马克思恩格斯文集》第2卷,人民出版社,2009,第36页。

器、轮船、铁路、电报等体现人的意志的生产工具被制造出来。这些用以改造自然的物质工具，是对象化的知识力量，集中代表了那个时代的科技进步水平。科技发达进步到如此程度以至于不得不将其纳入普遍的资本主义生产方式之中，赋予其经济范畴并直接作用于社会化大生产。科技在实践中变成直接生产力的事实要求理论上对此作出反映。马克思在《资本论》中明确把"脑力劳动特别是自然科学的发展"[1]作为生产力发展的来源，把"科学的发展水平和它在工艺上应用的程度"[2]明确为决定生产力的要素。后来，恩格斯在《反杜林论》中再次肯定了科技的重大作用，他指出："自从蒸汽和新的工具机把旧的工场手工业变成大工业以后，在资产阶级领导下造成的生产力，就以前所未有的速度和前所未有的规模发展起来了。"[3] 显然，在马克思和恩格斯那里，科技作为生产力的核心要素，是推动现代化的革命性力量。正是科学技术的整体性跨越式发展，推动了资本主义生产力的跃迁式释放，直至推动以工业革命为主要内容的人类现代化的历史进程。

马克思高度肯定了科技力量的革命性作用，把"产生了以往人类历史上任何一个时代都不能想象的工业和科学的力量"作为"一件任何政党都不敢否认的事实"，作为"19世纪特征的伟大事实"[4]。后来，恩格斯在《在马克思墓前的讲话》中高度颂扬了马克思的两大科学发现之后，阐述了马克思在"科技—现代化"方面的重大贡献，指出"在马克思看来，科学是一种在历史上起推动作用的、革命的力量"[5]。当然，科技在推进现代化进程的同时，现代化也反过来促进了科学技术的发展，这种反作用主要体现在现代化对科技的现实需要上。正如恩格斯指出的："社会一旦有技术上的需要，则这种需要就会比十所大学更能把科学推向前进。"[6] 马克思关于科技的革命性力量的深刻洞见，具有高度的理论前瞻性，以至于后世学者都不得不肯定道："马克思（1848 年）恐怕领先于其他任何一位经济学家把技术创新看作为经济发展与竞争的推动力。"[7]

列宁继承了马克思关于"科技—现代化"的理论框架并在现代化实践中予以深度展开。十月革命胜利后，苏维埃政府为巩固新生政权、保卫革命胜利果实，把发展工业化作为重要手段和目标予以推进。在列宁看来，发展科学技术是创造更高劳动生产率、促进现代化发展的现实需要。他特别强调科技在现代

---

[1] 《马克思恩格斯选集》第2卷，人民出版社，1995，第411页。
[2] 《马克思恩格斯选集》第2卷，人民出版社，1995，第118页。
[3] 《马克思恩格斯全集》第25卷，人民出版社，2001，第396页。
[4] 《马克思恩格斯选集》第1卷，人民出版社，1995，第774页。
[5] 《马克思恩格斯全集》第25卷，人民出版社，2001，第597页。
[6] 《马克思恩格斯选集》第4卷，人民出版社，1995，第732页。
[7] 〔英〕伊特韦尔等编《新帕尔格雷夫经济学大辞典》第2卷，经济科学出版社，1996，第925页。

化中的地位和作用，提出了"苏维埃政权+全国电气化=共产主义"这个著名公式①，这里的电气化在当时的历史条件下就是生产力的代表，就是科学技术的集中体现，就是现代化的同义语。列宁在《就关于恢复国民经济的基本任务的报告给俄共（布）中央委员的信》中指出："我们将按照一个总的计划有效地恢复国民经济。没有电气化，这样一个计划就等于零，而离开这个计划来谈论什么'基本任务'，那是不严肃的。"②列宁认为，建成社会主义的任务"只有在国际资本主义发展了劳动的物质技术前提的情况下才能实现"③。列宁对物质技术的高度重视，本质上体现了科学技术的重要性，彰显了科学技术之于现代化建设的不可替代性。

马克思恩格斯和列宁关于"科技—现代化"的理论，是基于对近代以来现代化实践的深刻洞察而抽象出来的规律性结论，是基于生产力与生产关系相互运动生成的理论认识，是对辩证唯物主义和历史唯物主义的科学运用，既有科学理论的支撑，又有生动的实践素材，彰显理论的科学性和彻底性品格，为理解现代化何以可能提供了理论解释框架。

二 中国共产党对"科技—现代化"理论的继承发展

现代化是近代以来无数仁人志士的共同追求。早在革命年代，中国共产党就确立了现代化的奋斗目标，指出"要中国的民族独立有巩固的保障，就必需工业化。我们共产党是要努力于中国的工业化的"④，强调"中国工人阶级的任务，不但是为着建立新民主主义的国家而斗争，而且是为着中国的工业化和农业近代化而斗争"⑤。新民主主义革命胜利后，中国进入了建设社会主义现代化的历史性阶段，中国共产党关于"科技—现代化"的理论探索亦进入了创新发展阶段。

第一，以毛泽东同志为主要代表的中国共产党人对"科技—现代化"理论的探索。现代化建设对生产力水平提出了严苛要求，毛泽东从世界史的视域认识到，在生产力水平低下的条件下搞现代化是不能成功的。为此，他把生产力水平提升的着力点放到了科学技术上，指出："资本主义各国，苏联，都是靠采用最先进的技术，来赶上最先进的国家，我国也要这样。"⑥ 进行社会主义现代

---

① 参见《列宁全集》第 40 卷，人民出版社，2017，第 30 页。
② 《列宁全集》第 40 卷，人民出版社，2017，第 8 页。
③ 《列宁全集》第 34 卷，人民出版社，2017，第 356 页。
④ 《毛泽东文集》第 3 卷，人民出版社，1996，第 146 页。
⑤ 《毛泽东选集》第 3 卷，北人民出版社，1991，第 1081 页。
⑥ 《毛泽东文集》第 8 卷，人民出版社，1999，第 126 页。

化建设，客观要求我们必须以超常规举措发展科学技术。1956年，毛泽东在全国知识分子问题会议上就提出了"向科学进军"的口号，号召"把党的工作的着重点放到技术革命上去"①，明确指出"我们不能走世界各国技术发展的老路，跟在别人后面一步一步地爬行。我们必须打破常规，尽量采用先进技术，在一个不太长的历史时期内，把我国建设成为一个社会主义的现代化的强国"②，强调"科学技术这一仗，一定要打，而且必须打好"③"不搞科学技术，生产力无法提高"④。倡议"全党努力学习科学知识，同党外知识分子团结一致，为迅速赶上世界科学先进水平而奋斗"⑤。他将科学实验与阶级斗争、生产斗争共同列为现代化建设的三个伟大革命运动。

第二，以邓小平同志为主要代表的中国共产党人对"科技—现代化"理论的深化。党的十一届三中全会把工作重心转移到中国式现代化建设上来，强调"我们从八十年代的第一年开始，就必须一天也不耽误，专心致志地、聚精会神地搞四个现代化建设"⑥。在推进现代化进程中，邓小平注意到科学技术的重要性。他指出："我们要实现现代化，关键是科学技术要能上去。"⑦ "四个现代化，关键是科学技术的现代化。没有现代科学技术，就不可能建设现代农业、现代工业、现代国防。"⑧ "如果我们的科学研究工作不走在前面，就要拖整个国家建设的后腿。"⑨ 基于中国式现代化建设的长期探索，邓小平作出了"科学技术是生产力""科学技术是第一生产力"的重大论断，强调"搞科技，越高越好，越新越好"⑩。正是充分认识到科学技术之于现代化的重大意义，邓小平清醒地指出："提高我国的科学技术水平，当然必须依靠我们自己努力，必须发展我们自己的创造，必须坚持独立自主、自力更生的方针。"⑪ 邓小平关于科学技术是第一生产力的论断是对马克思"生产力中也包括科学"⑫ 认识的重大飞跃，极大地丰富和发展了马克思主义"科技—现代化"的理论框架。

第三，以江泽民同志为主要代表的中国共产党人全面落实科技是第一生产力的思想，把大力发展和广泛应用科学技术明确为建成社会主义现代化强国的

---

① 《毛泽东文集》第7卷，人民出版社，1999，第351页。
② 《毛泽东文集》第8卷，人民出版社，1999，第341页。
③ 《毛泽东文集》第8卷，人民出版社，1999，第351页。
④ 《毛泽东文集》第8卷，人民出版社，1999，第351页。
⑤ 《建国以来毛泽东文稿》第10册，中央文献出版社，2023，第432页。
⑥ 《邓小平文选》第2卷，人民出版社，1994，第241页。
⑦ 《邓小平文选》第2卷，人民出版社，1994，第40页。
⑧ 《邓小平文选》第2卷，人民出版社，1994，第86页。
⑨ 《邓小平文选》第2卷，人民出版社，1994，第32页。
⑩ 《邓小平文选》第3卷，人民出版社，1994，第378页。
⑪ 《邓小平文选》第2卷，人民出版社，1994，第91页。
⑫ 《马克思恩格斯文集》第8卷，人民出版社，2009，第188页。

历史性使命，强调这是我国社会主义现代化建设中的一项十分艰巨和紧迫的战略任务。江泽民指出："社会主义现代化必须建立在发达生产力的基础之上。我们为实现现代化而奋斗，最根本的就是要通过改革和发展，使我国形成发达的生产力。"①"科学技术是生产力发展的重要动力。"②"社会生产力的发展必须依靠科学技术。"③"没有强大的科技实力，就没有社会主义现代化。"④ 20世纪八九十年代，科学技术成为现代生产力中最活跃的因素和最主要的推动力量，引起了生产力的深刻变革和人类社会的巨大进步，极大地推动了世界现代化的历史进程。置身于伟大变革的时代洪流中，江泽民作出了"科技进步对社会生产力发展越来越具有决定性的作用"⑤ 这一重大判断，强调"科学技术是第一生产力，而且是先进生产力的集中体现和主要标志"⑥。这就进一步深化了对"科技—现代化"理论框架的认识。

第四，以胡锦涛同志为主要代表的中国共产党人把"科学技术是第一生产力"上升到战略思想的高度，突出科技进步和创新在推动现代化建设进程中的关键作用，强调运用科技力量把改革开放和社会主义现代化建设不断推向前进。胡锦涛指出："科学技术是经济社会发展的一个重要基础资源，是引领未来发展的主导力量。实现现代化，关键是科学技术现代化。"⑦ 推进科学技术现代化，重点是抓住事关现代化全局的战略高技术，创新是实现高技术赶超的最佳途径。面对小康式现代化建设各个方面对科学技术提出的现实要求，党中央作出建设创新型国家这一事关社会主义现代化建设全局的重大战略决策，强调要"把增强自主创新能力作为国家战略，贯穿到现代化建设各个方面"⑧，"把增强自主创新能力作为发展科学技术的战略基点，走出中国特色自主创新道路，推动科学技术跨越式发展"⑨。把创新上升到国家战略，作为国家发展战略的核心和提高综合国力的关键，从而为改革开放和社会主义现代化建设提供强有力的科技支撑，这样就在科技与现代化之间构建了国家创新的通往路径，从而拓展了"科技—现代化"理论框架的实践边界和范畴。

第五，以习近平同志为核心的党中央坚持创新在我国现代化建设全局中的核心地位，强化建设世界科技强国对建设社会主义现代化强国的战略支撑。

---

① 《江泽民文选》第3卷，人民出版社，2006，第274页。
② 中共中央文献研究室：《新时期科学技术工作重要文献选编》，中央文献出版社，1995，第634页。
③ 中共中央文献研究室：《新时期科学技术工作重要文献选编》，中央文献出版社，1995，第355页。
④ 《江泽民文选》第1卷，人民出版社，2006，第428页。
⑤ 江泽民：《论科学技术》，中央文献出版社，2001，第2页。
⑥ 《江泽民文选》第3卷，人民出版社，2006，第275页。
⑦ 《胡锦涛文选》第2卷，人民出版社，2016，第192页。
⑧ 胡锦涛：《坚持走中国特色自主创新道路 为建设创新型国家而努力奋斗——在全国科学技术大会上的讲话》，人民出版社，2006，第8页。
⑨ 《胡锦涛文选》第2卷，人民出版社，2016，第402页。

习近平总书记从人类现代化的历史纵深中把握科技与现代化的内在关系，指出："近代以来，西方国家之所以能称雄世界，一个重要原因就是掌握了高端科技。"①"那些抓住科技革命机遇走向现代化的国家，都是科学基础雄厚的国家；那些抓住科技革命机遇成为世界强国的国家，都是在重要科技领域处于领先行列的国家。"②与之相观照，"实现建成社会主义现代化强国的伟大目标，实现中华民族伟大复兴的中国梦，我们必须具有强大的科技实力和创新能力"③。适应全面建设社会主义现代化国家新的现实需要，习近平总书记作出"教育、科技、人才是全面建设社会主义现代化国家的基础性、战略性支撑"④的重大论断，强调"必须坚持科技是第一生产力、人才是第一资源、创新是第一动力，深入实施科教兴国战略、人才强国战略、创新驱动发展战略"⑤，"把创新驱动发展战略落实到现代化建设整个进程和各个方面"⑥，坚决打赢关键核心技术攻坚战，把核心技术牢牢掌握在自己手中，以高水平科技自立自强开辟发展新领域新赛道，塑造发展新动能新优势。

中国共产党关于"科技—现代化"的理论探索，拓展了"科技—现代化"理论的认知边界，赋予了"科技—现代化"理论以鲜明的中国特色，创造了具有显著社会主义标识和特征的"科技—现代化"理论体系，为中国式现代化向纵深推进提供了理论遵循和行动指南。

三 "科技—现代化"理论在中国式现代化中的创造性实践

中国共产党关于"科技—现代化"的理论认识是基于中国式现代化伟大实践的基础上生成的理论结晶，中国式现代化为"科技—现代化"理论的创新发展提供了生动素材。反过来，基于实践基础不断丰富和发展"科技—现代化"理论又推动中国式现代化不断拓展和突破，成功开辟了中国式现代化新道路。

新中国成立后，中国共产党遵循马克思主义"科技—现代化"的理论框

---

① 《习近平关于科技创新论述摘编》，中央文献出版社，2016，第39~40页。
② 习近平：《为建设世界科技强国而奋斗——在全国科技创新大会、两院院士大会、中国科协第九次全国代表大会上的讲话》，人民出版社，2016，第7页。
③ 习近平：《在中国科学院第十九次院士大会、中国工程院第十四次院士大会上的讲话》，人民出版社，2018，第2页。
④ 习近平：《高举中国特色社会主义伟大旗帜 为全面建设社会主义现代化国家而团结奋斗——在中国共产党第二十次全国代表大会上的报告》人民出版社，2022，第33页。
⑤ 习近平：《高举中国特色社会主义伟大旗帜 为全面建设社会主义现代化国家而团结奋斗——在中国共产党第二十次全国代表大会上的报告》，人民出版社，2022，第33页。
⑥ 习近平：《在中国科学院第十七次院士大会、中国工程院第十二次院士大会上的讲话》，人民出版社，2014，第16页。

架，突出强调科技在现代化建设中的战略性作用，加强党对科技工作的领导，开启了中华民族发展现代科技的历史新篇章。在顶层设计上，把科技现代化纳入"四个现代化"，有计划地利用近代科学研究成果服务现代化建设。党中央根据社会主义现代化建设的现实需要和科学技术发展方向，先后提出了"重点发展，迎头赶上"和"自力更生，迎头赶上"的发展方针，接续出台了《1956—1967年科学技术发展远景规划》《1963—1972年科学技术发展规划纲要》等一系列发展规划，明确了科技事业发展的指导思想、战略步骤、实施重点等内容，为新中国科学研究提供了科学指导和实践遵循。在体制机制方面，发挥社会主义制度优势，建立了独立且相对齐全的科研体系，形成了举国体制科研模式。成立中国科学院和国家科委等行政性组织机构，专门组织、管理和指导全国的科学研究。构建从中央到地方自上而下、多元一体的科学研究组织体系，不断壮大科研实力。对全国高等院校和院系进行调整，以培养工业建设人才和师资为重点，发展专门学院，加强综合性大学建设，为科学研究和技术进步提供源源不断的人才支持。加强科学研究制度化建设，出台了《关于奖励有关生产的发明、技术改进及合理化建议的决定》《保障发明权与专利暂行条例》《关于自然科学研究机构当前工作的十四条意见（草案）》等一系列文件，有效保障了科研人员的切身利益，调动了科研人员的积极性。在国际交流合作方面，根据国际国内形势发展变化，及时调整国际科技合作政策，组织动员爱国科学家和留学人员积极投身新中国的科技事业，向欧洲社会主义国家派遣留学生，初步探索出一条国际科技合作新道路。经过不懈努力，我们创造了一个又一个科技奇迹，既有世界先进水平的科学成果，又提出了独具特色的科学理论，还建设了一系列大型工程项目，取得了"两弹一星"的巨大成功。这些重大科技成果，为建立起独立的、比较完整的工业体系和国民经济体系提供了重要支撑，极大地增强了综合国力，为中国成为全球有影响力的大国奠定了基础，加快了中国的现代化进程。

进入改革开放和社会主义现代化建设新时期，世界范围内的新科技革命蓬勃发展，科学技术的突飞猛进极大地推动了生产力的跃迁，科学技术在现代化进程中的地位和作用日益凸显。中国共产党科学把握历史大势，从社会主义现代化建设事业的全局出发，把发挥我国社会主义制度的优越性同发展先进的科学技术有机结合起来，大力推进科技进步和创新，不断用先进科技提升现代化水平，努力实现我国生产力发展的跨越。在发展战略方面，把大力发展科学技术放在现代化建设的战略位置，大力实施科教兴国战略和人才强国战略，坚持走中国特色自主创新道路，举全社会力量建设创新型国家。开展有组织、有规划科研，立足事关国家长远发展和国家安全的高技术领域，突出战略性、前瞻性、前沿性，着力部署国家重大战略规划，先后于1978年、1986年、1992年、

1996年、2001年和2006年发布了六个科技发展中长期规划，接续成为指导我国科技迅速发展和创新型国家建设的纲领性文件，指明了国家科技事业发展前进的战略方向。接续实施了"科技攻关计划""星火计划""863计划""973计划""火炬计划""攀登计划""知识创新工程"等一系列科技发展专项计划，有计划有目标地解决我国现代化进程中带有方向性、关键性和综合性的重大科学问题。在体制机制方面，把科技体制同经济体制、政治体制等其他方面体制统筹起来进行一体设计，按照科学技术必须面向和服务于现代化的发展方向，统筹把握政府与市场、科研机构与企业、科技生产与成果转化、科技创新与科技普及之间的关系，大力推进科技体制改革，着力构建有利于生产力解放和发展的新科技体制。完善科技生产和创新的法律法规，推动科技工作朝着正规化、常态化方向发展。通过长期不懈的努力，我国科技事业稳步发展，国家创新体系不断优化，国家科技实力得到提升，与科技强国的差距不断缩小，为中国从科技大国迈向科技强国奠定了坚实基础。

中国特色社会主义进入新时代，中国式现代化在实现全面建成小康社会目标后，开启了全面建设社会主义现代化国家新征程。面对国际科技创新竞争新态势，植根于新一轮科技革命和产业变革的大背景，党中央牢牢把握建设世界科技强国的战略目标，着眼于关键核心技术自主可控和国家创新体系整体效能，坚持把科技创新摆在国家发展全局的核心位置，全面谋划科技创新工作，积极抢抓全球科技发展先机。大力实施创新驱动发展战略，出台《国家创新驱动发展战略纲要》等文件，制定国家科技创新规划，发挥科技创新的引领带动作用，加快推进以科技创新为核心的全面创新，构建中国特色国家创新体系，打造创新人才中心和创新高地。加强科技工作的顶层设计，把科技政策纳入国家宏观调控体系，统筹谋划国家科技发展重大战略，统筹解决科技领域重大问题。系统布局战略科技力量，发挥国家作为重大科技创新组织者的作用，遵循社会主义市场经济规律和科技创新发展规律，构建高效的组织动员体系和统筹协调的科技资源配置模式，着力解决制约国家发展和安全的重大难题。全面部署科技创新体制改革，出台《深化科技体制改革实施方案》，重新组建科学技术部，组建中央科技委员会，加强党中央对科技工作的集中统一领导。深化财政科技经费分配使用机制改革，持续加大科技创新投入力度。大力发展工程科技，促进科技成果转移转化。实施开放包容、互惠共享的国际科技合作战略，主动融入全球科技创新网络，积极参与全球科技治理，不断扩大开放创新的范围、领域、规模，着力形成全方位、多层次、广领域的国际科技合作新格局。经过不懈努力，科技创新取得新的历史性成就，我国进入创新型国家行列。科技在全面建成小康社会、抗击新冠疫情等方面发挥了不可替代的重要作用，为培育经济发展新动能、推动产业转型升级高质量发展、避免陷入"中等收入陷阱"等提供了坚强支撑，为应对外部环境变化、抵御外部势力打压遏制、保障国家安全作出了历史性贡献，为我国走近世界舞台中央、成为具有全球影响力的大国奠定了重要基础。

纵观中国式现代化的发展历程，科学技术现代化始终是我国实现现代化的重要内容，"科技—现代化"始终是贯穿其中的主线。在"科技—现代化"理论指导下，中国式现代化完成了从小康式现代化到全面建设社会主义现代化国家的跃迁，中华民族伟大复兴进入了不可逆转的历史进程。

四 中国式现代化中的"科技—现代化"理论的当代启示

"科技—现代化"的理论是人类现代化的共同遵循，具体到实践应用上又呈现鲜明的民族特色。中国式现代化既坚持"科技—现代化"理论的一般规律，同时又赋予其社会主义规定性，形成了具有鲜明中国特色的"科技—现代化"理论，并在长期实践中积累了宝贵经验。全面建设社会主义现代化国家，要把这些宝贵经验总结好、运用好。

第一，坚持在发展中创新"科技—现代化"的理论。中国式现代化是世界现代化发展的新范式，中国式现代化中的"科技—现代化"理论高度总结并充分运用了人类现代化进程中的宝贵经验，根据时代的发展要求科学概括了以科技推动中国式现代化发展的主要目标、中心任务、战略安排和实践进路等内容，深刻揭示了科技与现代化相互耦合作用的理论逻辑、历史逻辑和实践逻辑，形成了"科技—现代化"理论的一系列紧密联系、相互贯通的新观点新论断，构成了一个系统的科学理论体系。"科技—现代化"理论是中国共产党长期探索取得的重要成果，必须在全面建设社会主义现代化国家新征程中坚持好、运用好。同时也要看到，"科技—现代化"理论是具体的、历史的，必须立足发展方位创新"科技—现代化"理论，推动"科技—现代化"理论中国化时代化，不断扩展和深化"科技—现代化"的理论和实践内涵，尊重科学技术与中国式现代化的内在运动规律，以科技创新激发中国式现代化的内生动力，推动我国社会主义现代化建设实现跨越式发展。

第二，坚持党对"科技—现代化"的集中统一领导。无论是科技进步创新还是中国式现代化建设，都是在中国共产党的领导下展开的。没有中国共产党的领导，就没有中国科技的跨越式发展，就没有中国式现代化的历史性飞跃。党的领导为中国式现代化始终沿着正确方向前进提供了根本保证，决定了中国式现代化的根本性质。党的二十大报告明确指出："中国式现代化，是中国共产党领导的社会主义现代化。"① 习近平总书记多次强调党的领导之于中国式现代化的重要意义，强调"党的领导直接关系中国式现代化的根本方向、前途命运、最终成败"②。正是在中国共产党的坚强领导下，中国式现代化事业才能行稳致远。中国式现代化能够取得如此巨大的成就，主要得益于紧紧抓住了科学技术这个中国式现代化的关键变量。中国共产党历来强调发挥党的领导政治优势，把发展科学技术的领导权掌握在自己手里，坚持和加强党对科技事业的领导。"中国共产党领导是中国特色科技创新事业不断前进的根本政治保证。"③ 正是有了中国共产党的领导，我国科技创新事业才能不断向更广处和更深处拓展。中国共产党把科学技术与现代化统一起来进行集中统一领导，统筹设计和战略部署，最终实现了科学技术与现代化的相得益彰。

第三，发挥中国特色社会主义制度在"科技—现代化"实践中的优势作用。中国作为现代化的追赶者，能够后来居上，主要得益于我们把"科技—现代化"的理论框架和社会主义制度进行了有机结合，把社会主义制度优势充分发挥了出来，从而实现了科技和现代化的有机耦合、互促互进、协同发展、同频共振，创造了中国式现代化发展道路。社会主义制度规定了我们的现代化必须是中国共产党领导的社会主义现代化，必须具有鲜明的中国特色。从现代化"两步走"战略、"三步走"战略、"新三步走"战略到新时代"两步走"战略安排，中国式现代化在中国特色社会主义制度支撑下有序进阶，渐进达成和实现。以中国式现代化为目标导向和战略牵引，对发展科学技术进行顶层设计和科学规划，发挥中国特色社会主义制度优势动员和汇聚各方面力量和智慧，加速了科学技术现代化的历史进程。中国特色社会主义制度不仅为"科技—现代化"提供了根本保障，还分别在计划经济和社会主义市场经济条件下创造了举国体制和新型举国体制模式。全面建设社会主义现代化国家，必须充分发挥新型举国体制在实现高水平科技自立自强中的优势作用，以科技强国推进现代化强国建设。

第四，牢牢把握"科技—现代化"的创新路径。创新是引领发展的第一动力，是推动一个国家、一个民族向前发展的重要力量，也是提高我国社会生产力和综合国力的战略支撑。如果说科技是现代化的关键变量，那么创新就是协同科技与现代化的必由路径。推进中国式现代化要靠创新，促进科技发展进步也要靠创新。如果科技创新搞不上去，我国现代化的发展动力就无法完成转换，

---

① 习近平：《高举中国特色社会主义伟大旗帜 为全面建设社会主义现代化国家而团结奋斗——在中国共产党第二十次全国代表大会上的报告》，人民出版社，2022，第 22 页。
② 习近平：《中国式现代化是中国共产党领导的社会主义现代化》，《求是》2023 年第 11 期。
③ 习近平：《在中国科学院第十九次院士大会、中国工程院第十四次院士大会上的讲话》，人民出版社，2018，第 23 页。

我国在激烈国际竞争中就会失去主动权和话语权，中国式现代化的发展进程就会阻滞或者堵塞。反之，只有抓住科技创新，才能推动科技实现质的飞跃，进而以科技质的飞跃推动生产力的质的飞跃，最终实现现代化的跃迁。面向未来，必须把科技创新摆在现代化全局的核心地位，大力实施创新驱动发展战略，不断提高我国自主创新能力，打赢关键核心技术攻坚战，为全面建设社会主义现代化国家提供坚实支撑。

从"小康"到"大同":政治经济学批判视域中的"新时代"

——驳"共产主义渺茫"论*

马拥军**

【摘　要】共产主义社会之前的时期是以短缺经济为基础的时期,人们为了谋生,不得不结成各种各样经济的社会形态即"市民社会"。人们的社会生活、政治生活和精神生活都受到生产方式即谋生方式的制约。人类的全部文明,包括经济制度、社会制度、政治制度和文化制度,都是为了解决短缺问题而建立的。随着相对过剩经济的出现,人类历史进入了一个新时代,即共产主义时代。共产主义不是"历史的终结"而是"人类社会的史前时期"的终结,是"市民社会"的终结和"人类社会"的开端。共产主义要解决的是过剩问题,为此必须创立一种新的文明样式,这就是以联合、团结、凝聚为基础的共产主义新文明。中国特色社会主义进入新时代是以经济新常态为标志的。从全面小康到共同富裕,经济上要解决的正是生活必需品生产的过剩和更高的美好生活需要难以满足的问题。就此而言,中国特色社会主义进入新时代和人类历史进入过剩经济时代从而走向共产主义是相吻合的。共产主义道路虽然漫长,但并不"渺茫",中国特色社会主义道路向前迈进的每一步,都构成人类走向共产主义社会的一个阶段或环节。推动构建人类命运共同体,不仅是中国共产党"四为四谋"使命的内在要求,也是它的国际主义义务的外在体现。

【关键词】工人阶级政治经济学;新中国史;人类社会发展史;国际共运史

---

* 本文系国家社科基金重大课题"中国共产党百年奋斗中坚持中国道路经验的哲学研究"(22ZDA012)的中期成果。
** 马拥军(1967~　),哲学博士,复旦大学马克思主义学院教授、博士生导师,主要研究方向为马克思主义经典著作和马克思主义发展史。

2013年1月5日，习近平总书记在新进中央委员会的委员、候补委员学习贯彻党的十八大精神研讨班上的讲话中指出："一些人认为共产主义是可望而不可及的，甚至认为是望都望不到、看都看不见的，是虚无缥缈的。这就涉及是唯物史观还是唯心史观的世界观问题。我们一些同志之所以理想渺茫、信仰动摇，根本的就是历史唯物主义观点不牢固。"① 政治经济学批判是唯物史观的最重要的应用。根据唯物史观，历史是一条由市民社会经过共产主义革命通往人类社会的道路。这条道路的本质是生产力由低级到高级的发展，使人类有可能摆脱谋生的活动，建立自由人联合体。根据政治经济学的分析，马克思恩格斯断定随着英国工业革命的完成和过剩经济时代的到来，19世纪已经踏入了共产主义革命的门槛。后来革命果然发生了，然而在发达国家的革命都没有成功，革命成功的反倒是相对落后的国家。正是这些革命成功的国家相继宣布自己进入了社会主义社会。众所周知，列宁把马克思所说的生产力水平比发达国家还要高的共产主义第一阶段称为"社会主义"；遗憾的是，所有宣称进入社会主义社会的国家，没有一个达到生产力水平比发达资本主义国家还要高的共产主义第一阶段的水平。反倒是发达资本主义国家不仅经济继续发展，而且建立了不同类型的所谓福利国家、福利社会。这让反动分子找到了反对共产主义的理由，让那些犯"革命急性病"的人陷入了悲观绝望。苏东剧变以后，"历史终结论"甚嚣尘上，一时间，共产主义理想似乎重新变回了虚无缥缈的乌托邦。

党的十八大以来，中国特色社会主义进入新时代。习近平总书记在党的十九大报告中指出："中国特色社会主义进入新时代，在中华人民共和国发展史上、中华民族发展史上具有重大意义，在世界社会主义发展史上、人类社会发展史上也具有重大意义。"② 习近平总书记对"共产主义渺茫论"的批评，就是在这种背景下发生的。十几年过去了，回过头来看人们恍然发现，除了唯物史观以外，习近平总书记的论述还有其深刻的政治经济学批判背景。这是因为，唯物史观关于社会基本矛盾的论述，是以生产力最终起决定作用的原理为基础的，而中国社会主义初级阶段生产力的高速发展，为解决由短缺经济所造成的社会基本矛盾、全面建成小康社会，进而全面建成社会主义现代化强国、推动构建人类命运共同体准备了物质条件。

一 "人类社会"意义上的"新时代"
与谋生活动的终结

长久以来，在马克思主义理论研究中，人们一直忽略了一个极为核心的问

---

① 《十八大以来重要文献选编》上卷，中央文献出版社，2014，第116页。
② 《习近平谈治国理政》第3卷，外文出版社，2020，第10页。

题：生产力要达到何种水平，才能使共产主义的生产方式成为可能？对这一问题的回答不仅对于坚定共产主义理想具有极为重要的理论意义，而且对于我们统筹"两个大局"具有极为紧迫的现实意义。从这个问题当中产生了第二个问题：如果像有些人讲的那样，"资源有限，欲望无穷"，生产力永远不可能发展到满足所有人的需要的程度，那么，是不是作为"各尽所能，按需分配"的共产主义原则，就永远没有实现的可能？

前一问题主要是一个唯物史观的问题，与人类能否超越谋生的活动联系在一起；后一问题则主要是一个政治经济学批判的问题，与人类能否超越短缺经济联系在一起。

我们先来考察一下第一个问题。

在唯物史观中，关于社会发展阶段，马克思和恩格斯除了"三阶段"论、"五阶段"论之外，还有"两阶段"论。"两阶段"论，按照马克思和恩格斯早年的表述是"市民社会"阶段和"人类社会"（或"人的社会"）①阶段，在"成熟时期"的表述则是"人类社会"及其"史前时期"。无论是两阶段、三阶段还是五阶段，其划分都与生产方式即谋生的方式②联系在一起。对"三阶段"论和"五阶段"论，人们常常有一种误解，认为共产主义社会是人类历史的终结。"两阶段"论就不容易产生这样的误解，相反，它有助于人们理解：人类社会不过是人类发展的新时代。因为，如果共产主义社会之前的时代只不过是"人类社会的史前时期"，那么由此得出的必然结论是，共产主义标志着真正的"人类社会"的开端。换言之，此前的"市民社会"作为"人类社会的史前时期"还只在表面上是"人类社会"，因为人作为完整的"人"尚未生成。在"市民社会"中，由于被迫从事谋生的活动，人被分裂为经济人、社会人、政治人、文化人等，其中"物质生活的生产方式制约着整个社会生活、政治生活和精神生活的过程"③。而在"人类社会"中，随着谋生活动的终结，作为"谋生方式"的"物质生活的生产方式"也将失去其"异化"特征；同时，随着由生产方式所决定的政治国家的消失和社会本身的重建，人的生活不再分裂为物质生活、社会生活、政治生活和精神生活。人重新成为完整的个体，从而使得全面发展和自由发展成为可能。所谓"人的全面发展"，是摆脱了自然形成的分工状态的完整个体，能够摆脱职业限制而去发展自己各方面的才能；"人的自由发展"，则是指人的个性的自由发展，因而必然以"人的全面发展"作为

---

① 关于"'人类社会'还是'人的社会'"的争论并无太大的意义，在本文中，"人类社会"就是"人的社会"，两者被当作同一个词使用。
② "生产方式即谋生的方式"是马克思在《哲学的贫困》中明确提出的。参见《马克思恩格斯文集》第1卷，人民出版社，2009，第602页。
③ 《马克思恩格斯文集》第2卷，人民出版社，2009，第591页。

前提。

因此，按照马克思和恩格斯的"两阶段"论，全部人类历史不过是处在以谋生活动为基础的"市民社会"阶段的"人类"通过共产主义走向不再需要谋生的"人类社会"新时代的一条道路。共产主义本身则是以谋生活动为主的时代向人的全面发展和自由发展的时代过渡的时期。共产主义第一阶段虽然摆脱了生产资料私有制，但劳动仍然是谋生的手段。共产主义第一阶段实行的是"各尽所能，按劳分配"的分配原则；只有不需要谋生的共产主义高级阶段到来以后，"各尽所能，按需分配"才成为可能。

谋生活动是人类特有的活动。它根源于人与动物的根本区别：劳动。动物直接从自然界获取自己所需要的生存资料，无须劳动，而人类的衣食住行等生活资料却要由自己生产出来。因此，在马克思和恩格斯看来，劳动是人类的"第一个历史活动"，这是"生产物质生活本身"的活动，满足对"吃喝住穿以及其他一些东西"的需要；"任何历史观的第一件事情就是必须注意上述基本事实的全部意义和全部范围，并给予应有的重视。"① 动物只有满足肉体需要的本能活动，没有劳动，因此也不会存在由劳动所产生的新的需要。由劳动所决定的新的需要的产生构成了人类第一个历史活动的"第二个事实"。如果说，第一个事实体现的是人与自然之间的新的关系，由此派生了作为人的劳动产品的世界，那么，第二个事实体现的就是人与自身的新关系，由此形成了本能之上的肉体自我。有了劳动和由劳动所派生的新的需要这两种新产生的关系、有了肉体自我，家庭就由单纯的生活单位变成了生产单位，家庭成员彼此之间因为新的需要而形成新的关系，这就是动物界所不存在的具有自身关系（"我"）的人与人之间的关系，即我的"我"与你的"我"之间的社会关系。这是"第一个历史活动"的第三种关系。这三种关系环环相扣，形成一个大环，这是第一个历史活动的第四个因素或第四个方面，马克思和恩格斯称为人的"生命的生产"。马克思和恩格斯通过生产力、生产方式、生产关系等概念，来描述人的生命的生产，认为它们构成人的社会存在，即"我"的存在。动物的繁衍完全依赖自然界。动物没有"我"，因此只是生活在自然界中。人则不同。人的存在是双重的，人有本能，但在本能之上还有一个"我"。因此，人不仅生活在自然界中，而且生活在社会中。社会关系是我的"我"与你的"我"之间的关系，而不是我的本能与你的本能之间的关系。与"人类社会"相对照，马克思把建立在不同谋生方式基础上的社会称为"经济的社会形态"，即广义的"市民社会"（狭义的"市民社会"特指资产阶级社会）。②

---

① 《马克思恩格斯文集》第1卷，人民出版社，2009，第531页。
② 参见《马克思恩格斯文集》第1卷，人民出版社，2009，第531~535页。

人的存在的双重性决定了人的意识与动物的感觉和心理之间的区别。动物的感觉和心理只不过是动物的本能认识；人也有本能，因此也有本能认识，即感觉和心理，但人的意识本质上却是"我"对"关系"的认识。在这一意义上，动物没有意识，因为动物既没有"我"，也没有前述意义上的"关系"。"意识一开始就是社会的产物，而且只要人们存在着，它就仍然是这种产物。"① 如同人的社会存在一样，人的意识也有一个发展的过程。意识的两个方面，即自我意识和对象意识，是同步生成的。它们都随着前述人的存在的四个环节的发展而发展，其中最重要的是第一个环节即劳动的发展。

劳动的分离或分工（division of labor）导致了一系列的后果。"分工使精神活动和物质活动、享受和劳动、生产和消费由不同的个人来分担这种情况不仅成为可能，而且成为现实"②，由此不仅形成了私有制家庭，而且在私有制家庭的基础上按照不同的谋生方式形成了不同的阶级，在不同阶级的基础上形成了不同的市民社会和国家。由于这种分工是强制地而不是自愿地形成的，"人本身的活动对人来说就成为一种异己的、同他对立的力量，这种力量压迫着人，而不是人驾驭着这种力量"③，"社会活动的这种固定化，我们本身的产物聚合为一种统治我们、不受我们控制、使我们的愿望不能实现并使我们的打算落空的物质力量，这是迄今为止历史发展中的主要因素之一。受分工制约的不同个人的共同活动产生了一种社会力量，即成倍增长的生产力。因为共同活动本身不是自愿地而是自然形成的，所以这种社会力量在这些个人看来就不是他们自身的联合力量，而是某种异己的、在他们之外的强制力量。关于这种力量的起源和发展趋向，他们一点也不了解；因而他们不再能驾驭这种力量，相反，这种力量现在却经历着一系列独特的、不仅不依赖于人们的意志和行为反而支配着人们的意志和行为的发展阶段"④。"而在共产主义社会里，任何人都没有特殊的活动范围，而是都可以在任何部门内发展，社会调节着整个生产，因而使我有可能随自己的兴趣今天干这事，明天干那事，上午打猎，下午捕鱼，傍晚从事畜牧，晚饭后从事批判，这样就不会使我老是一个猎人、渔夫、牧人或批判者。"⑤

马克思所谈的生产力是"社会的物质生产力"，它总是包括自然关系即物质生产力和社会关系即社会生产力两个方面。马克思是从人的生命的生产或"物质生活的生产"来分析生产力的。如前所述，生产力概念是马克思和恩格

---

① 《马克思恩格斯文集》第 1 卷，人民出版社，2009，第 533 页。
② 《马克思恩格斯文集》第 1 卷，人民出版社，2009，第 535 页。
③ 《马克思恩格斯文集》第 1 卷，人民出版社，2009，第 537 页。
④ 《马克思恩格斯文集》第 1 卷，人民出版社，2009，第 537~538 页。
⑤ 《马克思恩格斯文集》第 1 卷，人民出版社，2009，第 537 页。

斯在谈到"第一个历史活动"的第四个环节时提出的。他们明确地说"社会关系的含义在这里是指许多个人的共同活动……而这种共同活动方式本身就是'生产力'"①。

正是对生产力中包含的社会关系属性的排斥使人们难以正确把握唯物史观的具体性质。私有制不仅造成人与人的分离和对立,而且造成人与自然的分离和对立。同一自然界被分割为无数小的碎片,归属不同的私人所有者,使私有者与被剥夺了所有权的人相对立。在马克思恩格斯看来,由于所有"经济的社会形态"都建立在阶级对抗的基础上,共同体的生产力总是表现为隶属于统治阶级的生产力。在这一意义上,正如自然界隶属于统治阶级一样,生产力并不是中性的,而总是带有特定的阶级性。生产力表面上是整个社会的生产力,正如自然界表面上是全体人类的自然界一样,但在实质上,生产力和自然界都首先是为统治阶级服务的。生产力和自然界对统治阶级的这种隶属关系的前提是,统治阶级必须保证现有的生产条件能够维持下去。国家就是为了维持现有的生产条件而建立的。一旦现有的生产条件被突破,被统治阶级无法照旧生存下去,统治阶级也就无法照旧统治下去,旧的经济的社会形态就必然为一种新的"经济的社会形态"所取代。马克思之所以根据四种生产方式划分四种经济的社会形态(亚细亚共同体、奴隶社会、封建社会、资产阶级社会),并把它们作为"人类社会的史前时期"统一称为"市民社会",正是因为生产方式意味着组成不同社会阶级的特定的谋生方式,例如在资产阶级社会中,无产者依靠出卖劳动力谋生,其他各阶级则依靠分割剩余价值(资产者获取利润,地主获取地租,等等)谋生。只有当生产力重新成为整个社会的生产力,而不再是隶属于统治阶级的生产力,谋生的活动才不再成为必要,超越建立在不同谋生方式基础上的市民社会的人类社会才能出现。在此之前,人与人的对立不仅体现在阶级与阶级之间的对立中,而且体现在国家与国家的对立中。

马克思和恩格斯之所以把共产主义作为由市民社会向人类社会过渡的时期,正是由于共产主义代表以谋生方式为基础建构的社会的终结。它以生产力能够发展到满足所有人的需要为基础。这样,我们就必须回答第二个问题:"各尽所能,按需分配"何以可能?

在马克思和恩格斯看来,共产主义革命是与"实际需要"② 的"人化"③ 联系在一起的。共产主义革命之所以必需,"不仅是因为没有任何其他的办法能够推翻统治阶级,而且还因为推翻统治阶级的那个阶级,只有在革命中才能抛掉

---

① 《马克思恩格斯文集》第1卷,人民出版社,2009,第532~533页。
② 《马克思恩格斯文集》第1卷,人民出版社,2009,第49页。
③ 《马克思恩格斯文集》第1卷,人民出版社,2009,第55页。

自己身上的一切陈旧的肮脏东西,才能胜任重建社会的工作"①。一旦物质需要、肉体需要得到满足,更高的需要、美好生活需要就有可能产生出来,从而使以谋生为基础构建的社会转变为人的全面发展和自由发展的社会。

因此,所谓"各尽所能,按需分配"并不是指生产力水平发展到满足所有人的所有欲望,而是指能够满足所有人对生活必需品的需要。欲望是超过需要的想要,是在"市民社会"形成的病态需要。欲望是无穷的,但需要是有限的。共产主义不仅意味着同传统所有制关系彻底决裂,而且意味着"人类本性的改变"②,意味着同传统观念进行彻底决裂③。在同传统观念的决裂中,首先是同传统经济学的彻底决裂。

二 传统经济学的终结与"全面小康"之后的"新时代"

传统经济学的前提假设是"稀缺",其研究目的是"以最少的投入获得最多的产出"。无论是西方经济学还是中国古代经济学都是这样。这是由经济短缺状况的历史决定的。中国古代的经济学是"经邦""济国""经世""济民"之学,它围绕满足人的衣食住行的基本需要展开,研究的是使用价值的生产。西方经济学则是"私学"或"家政学"(Economy),自觉不自觉地围绕用钱赚钱的欲望展开,研究的是如何用钱去赚更多的钱。因此,两种经济学的"稀缺"含义是不同的。一种是使用价值意义上的稀缺,另一种是剩余价值意义上的稀缺。使用价值的稀缺问题可以通过物质生产来解决,而剩余价值意义上的稀缺问题从根本上看却是无法解决的。吃饱了就不饿了,多吃会导致营养过剩,但是钱永远不嫌多,多了还想更多。生活必需品的需要是可以满足的,但欲望和贪婪无穷无尽。

按照斯密的看法,中国古代的市场经济与西方近代特别是荷兰的市场经济不同。中国古代的市场经济为的是满足百姓的生活需要,而荷兰的市场经济是为赚钱而赚钱。满足需要的经济学是以最少的物质生产资料的投入获得最多的物质产品,而为赚钱而赚钱的经济学则是以最少的资本投入获得最多的剩余价值产出。中国古代的市场经济被斯密视为合乎自然的市场经济,而荷兰的市场经济被视为背离自然的市场经济。为吃饱穿暖而谋生是正常人的需要,为赚钱

---

① 《马克思恩格斯文集》第1卷,人民出版社,2009,第543页。
② 马克思指出:"整个历史也无非是人类本性的不断改变而已。"《马克思恩格斯文集》第1卷,人民出版社,2009,第632页。
③ 马克思和恩格斯是在《共产党宣言》中提出"两个彻底决裂"的思想的。参见《马克思恩格斯文集》第2卷,人民出版社,2009,第52页。

而赚钱是一种病态的欲望。正是在这一意义上，阿里吉（Giovanni Arrighi，又译"阿瑞吉"）把中国改革开放以来的社会主义市场经济政策视为"亚当·斯密在北京"①。

荷兰为赚钱而赚钱的市场经济本质上是利润至上主义，因此是资本主义市场经济。它从经营商业开始回到工业，再回到农业，这正是由于最初商业利润最高，因此要把有限的资本投入商业；以后工业利润最高，因此要把有限的资本投入工业；最后农业利润最高，因此要把有限的资本投入农业。中国古代为满足人的需要而生产的市场经济则是人本主义市场经济，因此它的经济政策按照先吃饱后穿暖的需要顺序，从农业开始到手工业，再到商业。所谓的背离自然和合乎自然两种不同的市场经济，评价标准恰恰是以资为本还是以人为本。由此形成的经济学可以分别称为资本经济学和人本经济学（人文经济学）。②

如果把政治经济学分为资本经济学和人本经济学，那么，马克思主义政治经济学应当归到哪一类？

马克思本人把政治经济学分为"劳动的政治经济学"和"财产的政治经济学"、"工人阶级政治经济学"和"资产阶级政治经济学"③，恩格斯则把《资本论》称为"工人阶级政治经济学的科学表述"④。毫无疑问，工人阶级政治经济学属于人本经济学而不是资本经济学。尽管《资本论》的研究对象是"资本主义生产方式以及和它相适应的生产关系和交换关系"⑤，但它是从否定的方面理解自己的研究对象的⑥。马克思指出，商品、货币和资本从表面上看都是物，商品的价值则被视为商品作为物固有的属性，但在实际上，商品、货币和资本都是异化的人类劳动的产物，本质上是人与人之间相互对立的社会关系。马克思把人的本质所表现的物的假象称为"拜物教"。拜物教无非"经济关系的异化的表现形式"⑦。在这一意义上，资产阶级政治经济学可以称为"拜物教经济学"或"假象经济学"，而马克思主义经济学、社会主义和共产主义的经济学可以称为揭示假象背后的本质的科学，它揭示的是剥掉了"经济关系的异化的表现形式"的经济关系的人的本质。因此，《资本论》研究的虽然是商品、货

---

① 参见〔意〕乔万尼·阿里吉《亚当·斯密在北京：21世纪的谱系》，路爱国等译，社会科学文献出版社，2009。
② 马拥军、毛小扬：《财富与需要的内生关系：对当前中国社会主要矛盾状况的经济哲学探究》，《上海财经大学学报》2014年第1期。
③ 《马克思恩格斯文集》第3卷，人民出版社，2009，第12页。
④ 《马克思恩格斯全集》第16卷，人民出版社，1964，第411页。
⑤ 《马克思恩格斯文集》第5卷，人民出版社，2009，第8页。
⑥ 参见《马克思恩格斯文集》第5卷，人民出版社，2009，第22页。
⑦ 《马克思恩格斯文集》第7卷，人民出版社，2009，第925页。

币和资本，但它是作为"政治经济学批判"①而不是传统意义上的"政治经济学"展开的。资本不过是积累起来的劳动。"资本"只是外壳，"人本"才是其内核。

马克思主义政治经济学之所以是"劳动的政治经济学""工人阶级政治经济学"，是因为它致力于劳动的解放、工人阶级的解放，而不是资产阶级的发财致富。《资本论》第一卷的第一篇是"商品和货币"篇，研究的是通常意义上的商品经济规律，它适用于市场经济的所有形态，无论是资本主义市场经济还是非资本主义市场经济。第一卷的第二篇研究的则是资本主义生产方式的产生，其余各篇（第三篇到第七篇）揭示了资本主义生产过程的内在机制，其核心是：工人劳动创造的新价值被分割为两部分，即补偿工人工资的部分和资本家所获得的剩余价值部分；两者成跷跷板效应，要想提高剩余价值就必须压低工资，降低劳动力成本，反之亦然。《资本论》第二卷研究的是资本的流通过程。第一卷假定了流通过程能够顺利得到实现，但实际上资本流通需要特定的条件，第二卷就是要研究这些条件。马克思不仅研究了单个资本的循环和周转，而且研究了社会总资本流通的实现条件是使生产出来的使用价值和价值（包括剩余价值）都能够得到实现。在短缺经济时期，这比较容易做到，因为在供不应求的情况下，只要各种产品比例适当，最后总能卖出去。进入相对过剩即相对于劳动人民有购买力的需求来说供给过剩的时期，剩余价值的实现条件就被破坏了。一旦商品卖不出去，那就连成本都难以收回，更不用说剩余价值了。要解决相对过剩的问题，就必须提高人民群众的收入，把他们的需要转化为需求。于是资本生产的条件和资本流通的条件就形成尖锐的对立：为了获得更多的剩余价值，资本家要压低劳动力成本，降低工资；为了能够把商品卖出去，又需要提高工人的工资，提高人民群众的收入，以便把他们的需要转化为市场的有效需求。这一对立是在竞争中向前发展的。当对立发展到矛盾程度的时候，资本主义的生产方式，以及和它相适应的生产关系和交换关系便无法继续维持了。《资本论》第三卷不仅遵循从抽象到具体的逻辑，研究了资本主义生产方式的本质和规律如何在现象层面表现出来、研究了剩余价值的分割，而且研究了这种生产方式走向自我否定的内在机制及其外在表现、研究了利润率趋向下降趋势的规律。平均利润率之所以会趋向下降，内在的是因为是资本有机构成的提高，外在的表现则是商品的供过于求。马克思同时研究了阻止利润率下降的因素，这表明"两个必然"和"两个不可避免"是有区别的。前者指向的是资本主义生产方式灭亡的客观条件，后者指向的是资本主义生产方式灭亡的主观条

---

① 《资本论》仅仅是马克思"政治经济学批判"研究计划的第一部分，因此它的副标题就是"政治经济学批判"。

件。因此，马克思在《资本论》第一卷讲到"资本积累的历史趋势"的时候，特别引用了《共产党宣言》第一章结尾关于"两个不可避免"的论述①。

在这一意义上，"两个必然"要以生产力发展到为利润而生产的生产方式走向过时的"新时代"为前提。中国1956年底进入社会主义社会的时候，离这一水平还很远。改革开放以来人们预期到21世纪中叶的整个社会主义初级阶段结束才能达到中等发达国家的水平。但多数人没有意识到，在中国，为利润而生产的物质条件被修正的时间大约在"中国特色社会主义进入新时代"和"全面建成小康社会"的阶段。

《共产党宣言》第一章把相对过剩的经济危机视为反映资本主义灭亡的客观条件的重要标志。马克思恩格斯指出："几十年来的工业和商业的历史，只不过是现代生产力反抗现代生产关系、反抗作为资产阶级及其统治的存在条件的所有制关系的历史。只要指出在周期性的重复中越来越危及整个资产阶级社会生存的商业危机就够了。在商业危机期间，总是不仅有很大一部分制成的产品被毁灭掉，而且有很大一部分已经造成的生产力被毁灭掉。在危机期间，发生一种在过去一切时代看来都好像是荒唐现象的社会瘟疫，即生产过剩的瘟疫。社会突然发现自己回到了一时的野蛮状态；仿佛是一次饥荒、一场普遍的毁灭性战争，使社会失去了全部生活资料；仿佛是工业和商业全被毁灭了。这是什么缘故呢？因为社会上文明过度，生活资料太多，工业和商业太发达。社会所拥有的生产力已经不能再促进资产阶级文明和资产阶级所有制关系的发展；相反，生产力已经强大到这种关系所不能适应的地步，它已经受到这种关系的阻碍；而它一着手克服这种障碍，就使整个资产阶级社会陷入混乱，就使资产阶级所有制的存在受到威胁。资产阶级的关系已经太狭窄了，再容纳不了它本身所造成的财富了。"②资本主义社会之前的危机都是由短缺导致的，"饥荒"和"毁灭性战争"都会"使社会失去生活资料"、破坏生产。资本主义之前的全部文明实际上都是为解决短缺问题而建立的。只要是以谋生为基础的社会，其各项制度就都是为了解决短缺问题。社会存在决定社会意识，不仅经济学以"稀缺"作为自己的前提假设，社会学、政治学和其他人文科学，最终都是为了让人们在粮食不够吃、衣服不够穿、房子不够住的情况下能够生活下去，统治阶级能够统治下去。但是资本主义的经济危机却是相对过剩的危机。用解决短缺问题的办法解决过剩问题，只会使问题越来越严重。

所以，从客观规律的角度来看，社会主义的胜利并不是单纯的道德要求，而首先是一个经济要求。马克思恩格斯讲"两个彻底决裂"，恰恰是因为旧的

---

① 参见《马克思恩格斯文集》第5卷，人民出版社，2009，第875页。
② 《马克思恩格斯文集》第2卷，人民出版社，2009，第37页。

所有制关系和传统观念（尤其是经济学观念），都是为了解决短缺问题，而"新时代"却以过剩为特征。以解决短缺问题的办法解决过剩问题，只会雪上加霜，使问题越来越严重。为解决过剩问题，必须废除为解决短缺问题而建立的旧的制度，建立新的文明样态。这就是共产主义。

马克思和恩格斯发现了发达国家通往共产主义社会的道路。在《哥达纲领批判》中，马克思把这条道路描绘为通过一个"无产阶级专政"的过渡时期进入按劳分配的共产主义第一阶段，然后在生产力充分发展、谋生活动不再必要之后，进入按需分配的共产主义高级阶段。后来列宁把共产主义第一阶段称为"社会主义"社会。前面讲到，中国1956年底进入社会主义社会，但是当时的生产力水平很低，连中等发达国家水平都没有达到，更不要说比发达资本主义国家生产力水平还要高的作为共产主义社会第一阶段的"社会主义"了。中国面对的问题仍然是短缺而不是过剩，因此无法照搬照抄马克思和恩格斯为发达国家找到的通往共产主义的道路。相反，中国首先必须承担起不发达资本主义国家那种发展生产力的重任。

中国的"社会主义"并不是生产力水平比发达国家还要高的、作为共产主义第一阶段的社会主义，而是通往那个阶段的一条道路，即"中国特色社会主义道路"。它与资本主义道路不同。如果说资本主义道路是为赚钱而赚钱的道路，即资本自我增殖的道路，那么，社会主义道路就是通过联合、团结、凝聚的方式满足人民生活需要的道路①。人们通常把中国特色社会主义道路分成三个阶段，即改革开放前的阶段、改革开放后的阶段和中国特色社会主义进入新时代的阶段。与资本主义早期以"原子式个人"的方式去"用钱赚钱"，然后大鱼吃小鱼、小鱼吃虾米，通过私人自由竞争走向国家垄断甚至国际垄断不同，中国改革开放前依靠集体力量办大事，先建立了社会主义的国营经济和集体经济，先培养出一些"大鱼"，然后在改革开放时期通过这些"大鱼"在资本主义世界市场上的庇护，让个体企业等"小鱼小虾"向私营经济发展，最终出现了巨型的民营企业。如果说，这实际上遵循了先"国进"再"民进"的生产力发展道路，那么，中国特色社会主义进入新时代，则要求"国进民进，相互促进"。

在"道路"思维的意义上，把"国"和"民"对立起来，要么主张"国进民退"，要么主张"民进国退"，实际上是基于由短缺经济学而来的"零和博弈"观念。在零和游戏中，一方进另一方必退，只存在"大鱼吃小鱼"，不存在"合作共赢"这样的说法。但社会主义道路却与此不同。"社会主义"本来就意味着联合、团结、凝聚，力求实现双赢和多赢。这正是"两个毫不动摇"

---

① 在西方语言的背景中，"资本"的本义就是能赚钱的钱，"社会"的本义就是联合、团结、凝聚。

的本来意义。需要说明的是,"道路思维"意味着不同阶段有不同的经济发展要求。在供不应求的短缺经济年代,为了积累,人民群众不得不勒紧裤腰带支援国家建设。到相对过剩时代,满足人民日益增长的物质文化需要就成为经济发展的内在要求了。中国特色社会主义进入新时代是以"经济新常态"作为标志的。从习近平总书记对"经济新常态"的论述看,无论是经济增速换挡回落,还是第三产业兴起或者经济增长动力由要素驱动走向创新驱动、各种经济风险的显性化,都是由表现为供过于求的相对过剩带来的。因此,习近平经济思想完全不同于"新时代"之前的经济指导思想。它要解决的是相对过剩问题而不是短缺问题。

在"道路"思维的视野中,习近平经济思想无疑是对马克思的政治经济学批判的进一步发展。全面建成小康社会的最低要求是"两不愁""三保障"(不愁吃、不愁穿和基本住房、基本医疗、义务教育有保障),这不仅是道义要求,也是经济发展自身的内在要求。要想实现需求拉动,就必须提高人民生活水平;要想高质量发展,就必须满足人民日益增长的美好生活需要。要解决过剩问题,就必须把需求侧调整和供给侧结构性改革结合起来,不仅把"私经济学""资产阶级政治经济学"改造为"社会主义政治经济学""工人阶级政治经济学",而且把资本经济学改造为人本经济学或人文经济学。

三 新时代与世界大同

路是走出来的。改革开放初期的设想是到 21 世纪中叶使中国的生产力达到中等发达国家水平,但由于中国的发展速度大大超出了预期,党的二十大报告把"第二个百年"(指的是中华人民共和国成立百年)奋斗目标调整为全面建成社会主义现代化强国,以中国式现代化全面实现中华民族伟大复兴。从经济方面看,这意味着届时将能够实现全体人民的共同富裕。于是,有一个问题就出现了:2050 年以后怎么走?在《马克思主义与中国梦》中,我把这一问题称为"2050 难题",因为原来所有的筹划都是到 2050 年为止,没有人考虑 2050 年以后如何,似乎到 2050 年人类历史就终结了一样。

对此问题,党的二十大报告给出了明确的回答:2050 年以后,中国在继续发展的同时,要"推动构建人类命运共同体"①。

据说霍布斯曾经概括西方近代社会的原则是"人对人像狼"。其实,这更像是 1648 年威斯特伐利亚和约以来国际秩序的写照。不仅人对人像狼,而且国

---

① 习近平:《高举中国特色社会主义伟大旗帜 为全面建设社会主义现代化国家而团结奋斗——在中国共产党第二十次全国代表大会上的报告》,人民出版社,2022,第 60 页。

家对国家也像狼。这同中国古代"四海之内皆兄弟也"的观念形成了鲜明对比。马克思和恩格斯告诫工人阶级，资产阶级并不把工人当兄弟，相反，人对人像狼的结果是，狼与狼之间形成了自由、民主、平等、公正、法治等观念，而狼与羊之间只能是吃和被吃的关系。资本家是狼，工人是羊。工人阶级之间是阶级兄弟的关系，正如"资本家在他们的竞争中表现出彼此都是假兄弟，但面对整个工人阶级却结成真正的共济会团体"① 一样。在《共产党宣言》中，马克思恩格斯用"全世界无产者，联合起来！"的口号代替了"人人皆兄弟"的口号。

在《共产党宣言》的时代，所谓的"宪政"就是资产阶级限制贵族权利的政体，跟工人阶级没有什么关系。正因为这样，英国完成工业革命、进入经济相对过剩时代以后，英国工人阶级才发现，他们的悲惨生活是与自己并不享有资产阶级所声称的"人权"特别是政治权利联系在一起的，因而发起了宪章运动，制定了"人民宪章"。但是，不仅英国的宪章运动被镇压下去了，当时一切国家的无产阶级的革命运动，都被投入血泊之中。任何合理的要求在资产者看来都是大逆不道。正因为缺乏民主权利，《共产党宣言》才提出暴力革命的口号。

19世纪下半叶开始，由于经济的继续发展，特别是工人阶级卓有成效的革命斗争，资产阶级开始改变策略。一方面，他们不断地收买工人阶级。先是工人贵族，后来是所谓的工人中的"中间等级"，最后是整个国家的工人阶级，都被收买了。这当然要以整个资产阶级民族对殖民地的残酷剥削作为前提。英国就是这样的殖民国家。因此，马克思和恩格斯发现，英国的工人阶级走向了资产阶级化，英国不仅出现了"资产阶级化的贵族"②，而且出现了"资产阶级化的无产阶级"③。另一方面，在对外关系中，为了拉拢本国工人阶级，资产阶级开始从政治上收买工人阶级，在工人阶级保持自相竞争从而分散瓦解为"原子式个人"的前提下给了工人选举权和被选举权，在工人阶级政党丢掉自己的先锋队品格的条件下允许它们合法化。这就是资产阶级社会的福利化和资产阶级国家的民主化。政治民主化的进程以20世纪20年代英美等国家给了占人口一半的妇女政治权利为标志（美国的印第安人则是到第二次世界大战以后才获得政治权利），经济的福利化以罗斯福新政为标志。曾经的世界第一大马克思主义政党——德国社会民主党，一开始并没有被收买，因此德国通过了一个"反社会党人非常法"，不允许它合法化。直到恩格斯逝世以后，德国社会民主党才开始公开走向修正主义。最早是伯恩施坦提出"最终目标是微不足道的，运动

---

① 《马克思恩格斯文集》第7卷，人民出版社，2009，第220页。
② 《马克思恩格斯文集》第10卷，人民出版社，2009，第165页。
③ 《马克思恩格斯文集》第10卷，人民出版社，2009，第165页。

就是一切"的口号，抛弃了马克思主义的"共产主义"原则。口号中的"最终目标"就是共产主义，而"运动"则是指与共产主义实现切割的"社会主义"运动。后来在第一次世界大战中，德国社会民主党又背叛了马克思主义的"国际主义原则"，除了罗莎·卢森堡和卡尔·李卜克内西外，社会民主党的议员都对德国的帝国主义战争预算投了赞成票。于是，发达资本主义国家向共产主义的主观条件被破坏掉了。当然，并非所有的人都背叛了马克思主义。像罗莎·卢森堡和卡尔·李卜克内西，都是坚定的马克思主义者，但修正主义者们竟卑鄙到怂恿资产阶级从肉体上消灭这些马克思主义者的程度。于是欧洲革命的形势就被彻底葬送了。

了解了这一切，我们就可以回答一个问题：说好的"资本主义必然灭亡，社会主义必然胜利"呢？马克思的科学社会主义理论被"证伪"了吗？

从"道路"的观点看，共产主义革命本来就不可能一蹴而就。与自然规律不同，历史规律本来就是人的活动的规律。我们反复讲，路是人走出来的。正如鲁迅说的那样，世界上本没有路；走的人多了，也便成了路。共产主义道路的开辟不仅需要客观条件，而且需要主观条件。正如前面所说的，我们不能把《共产党宣言》中讲的"两个不可避免"（"资产阶级的灭亡和无产阶级的胜利是同样不可避免的"）混同于"两个必然"（"资本主义必然灭亡，社会主义必然胜利"）。"两个必然"着眼于规律的客观性，而"两个不可避免"却是客观规律和无产阶级的联合、团结、凝聚这一主观条件的结合。客观条件只能决定革命的"必然"爆发，不能保证革命的"不可避免"的成功。革命的成功需要主观条件。《共产党宣言》研究了这些主观条件。在《共产党宣言》中，马克思和恩格斯着重指出了两点：一是"使工人通过结社而达到的革命联合代替了他们由于竞争而造成的分散状态"①，形成一支团结战斗的队伍；二是建立无产阶级先锋队党，为这支队伍探索和开辟通往共产主义的道路。发达国家之所以革命没有成功，恰恰是因为这两方面的条件遭到了破坏。②资产阶级以"福利社会"政策和"原子式个人"的民主赎买了本国的无产阶级，以改良主义和社会分化政策瓦解了马克思主义政党。世界无产阶级四分五裂，重新成为一盘散沙。

马克思恩格斯探索和开辟的主要是发达国家通往共产主义的道路。对于落后国家能否跨越资本主义的"卡夫丁峡谷"，他们给出了带附加条件的肯定意见③，但这条道路要由落后国家的共产党人自己去探索和开辟。1917年十月革命后，列宁试图在当时俄国中等发达的生产力水平上开辟一条通往共产主义的

---

① 《马克思恩格斯文集》第1卷，人民出版社，2009，第43页。
② 参见《马克思恩格斯文集》第1卷，人民出版社，2009，第44页。
③ 参见《马克思恩格斯文集》第2卷，人民出版社，2009，第8页。

道路，为其他落后国家做出了示范。遗憾的是这条道路并没有走通。斯大林逝世后苏共的领导岗位长期被机会主义分子所占据，其无力应对复杂的国内外局势，最终导致苏东剧变，使世界社会主义运动陷入低潮。相比之下，生产力水平更为低下的中国却在中国共产党的领导之下探索出了一条中国特色的社会主义道路。但不可否认的是，落后国家的革命和建设需要更为漫长的时间，要求中国共产党人有更为持久的耐力。为此，习近平总书记2015年1月12日在中央党校县委书记研修班学员座谈会上的讲话中指出："共产主义决不是'土豆烧牛肉'那么简单，不可能唾手可得、一蹴而就，但我们不能因为实现共产主义理想是一个漫长的过程，就认为那是虚无缥缈的海市蜃楼，就不去做一个忠诚的共产党员。革命理想高于天。实现共产主义是我们共产党人的最高理想，而这个最高理想是需要一代又一代人接力奋斗的。如果大家都觉得这是看不见摸不着的东西，没有必要为之奋斗和牺牲，那共产主义就真的永远实现不了了。我们现在坚持和发展中国特色社会主义，就是向着最高理想所进行的实实在在努力。"①

党的十八大以后，中国特色社会主义进入新时代，这首先指的就是生产力的发展状况；党的十九届五中全会提出，全面建成小康社会、实现第一个百年奋斗目标之后，我们要乘势而上开启全面建设社会主义现代化国家新征程、向第二个百年奋斗目标进军。这标志着我国进入了一个新发展阶段。习近平总书记2021年1月11日在省部级主要领导干部学习贯彻党的十九届五中全会精神专题研讨班上发表讲话，进一步为新发展阶段定位，指出新发展阶段不仅是"社会主义初级阶段中的一个阶段"②，而且是"我国社会主义发展进程中的一个重要阶段"③。"全面建设社会主义现代化国家、基本实现社会主义现代化，既是社会主义初级阶段我国发展的要求，也是我国社会主义从初级阶段向更高阶段迈进的要求。"④ 比社会主义初级阶段更高的阶段，当然是社会主义中级阶段、高级阶段。结合《共产党宣言》和《资本论》等著作的政治经济学分析，可以看到，随着有14亿人口的中国生产力水平在2035年达到中等发达国家水平，之后向发达国家接近，离具备共产主义的客观条件就不远了。中国正在从全面小康走向共同富裕，如果能在21世纪中叶全面建成社会主义现代化强国，将为人类命运共同体的建构进而为人类向共产主义的过渡探索出一条新的道路。

---

① 《习近平谈治国理政》第2卷，外文出版社，2017，第142~143页。
② 《习近平谈治国理政》第4卷，外文出版社，2022，第165页。
③ 《习近平谈治国理政》第4卷，外文出版社，2022，第165页。
④ 《习近平谈治国理政》第4卷，外文出版社，2022，第165页。

马克思
主义基本
原理研究

马克思主义关于人类社会发展规律思想若干问题的再思考[*]

陈锡喜[**]

【摘　要】厘清长期以来存在的关于马克思揭示的人类社会发展规律究竟是什么的问题，关系对唯物史观是否是辩证决定论问题的回答、对共产主义理想的科学基础的论证、对《共产党宣言》核心思想及其当代价值的把握、对中国进行社会主义革命和改革开放的理论辩护、对习近平关于马克思主义根本属性的概括以及对人类文明多样性思想的认识等。马克思没有明确概括过"五种社会形态"线性更替是人类社会发展的普遍规律，同时他反复强调对西欧资本主义起源所作的历史分析不能当作一般的"历史哲学"而滥用，他同恩格斯明确表述人类社会发展规律即社会基本矛盾运动的规律。对马克思揭示的人类社会发展规律的误读，源于斯大林为苏联社会主义模式辩护的意识形态话语。今天，把握马克思揭示的人类社会发展规律需要运用历史辩证法，包括把握物质和意识的辩证关系、理想和现实的辩证关系、普遍与特殊的辩证关系，以及人的主体性和规律的客观性的辩证关系。

【关键词】马克思；人类社会发展规律；中国式现代化

习近平总书记在纪念马克思诞辰 200 周年大会上的讲话，概括了马克思主义的四个基本特征，其中第一个是"马克思主义是科学的理论，创造性地揭示了人类社会发展规律"[①]，提出当今学习马克思，首先要学习和实践马克思主义关于人类社会发展规律的思想。正是因为马克思主义作为科学的理论揭示了人

---

[*] 本文系国家社科青年项目"中国式现代化国际叙事话语体系建构研究"［23CKS022］、上海市社科规划青年课题"新时代提升社会主义意识形态认同的历史记忆路径研究"［2022EKS002］的阶段性成果。

[**] 陈锡喜（1949~ ），上海交通大学讲席教授、博士生导师，中央马克思主义理论研究和建设工程首席专家，主要研究方向为马克思主义基本理论及意识形态问题。

① 习近平：《在纪念马克思诞辰 200 周年大会上的讲话》，人民出版社，2018，第 7 页。

类社会发展规律，从而塑造了世界无产阶级特别是中国共产党人敢于斗争、善于斗争的勇气和智慧，而且为世界社会主义事业特别是中国革命和社会主义现代化建设奠定了理论基础。党的二十大报告强调："继续推进实践基础上的理论创新，首先要把握好新时代中国特色社会主义思想的世界观和方法论。"[①] 而世界观和方法论最根本的就是对人类社会发展规律的看法。在今天，围绕人类社会发展规律，依然有三个问题有必要在学理上进行再思考：为什么要对该问题进行再思考？究竟什么才是马克思揭示的人类社会发展规律？如何把握马克思揭示的人类社会发展规律？

一 问题缘起：澄清马克思揭示的人类社会发展规律为什么是必要的

长期以来，国内学术界对马克思揭示的人类社会发展规律的表述各不相同。比较传统的表述是，"从原始社会到奴隶社会到封建社会到资本主义社会再到共产主义社会"这"五种社会形态"的依次更替，是人类社会发展不可抗拒的规律。改革开放后，西方马克思主义传入中国，部分西方学者认为马克思的历史唯物主义过于决定论（deterministic）而不能充分解释历史发展的复杂性。这一观点也影响了部分中国学者，认为"五种形态"说具有机械决定论的色彩，而主张以"人的主体性"为主线的"人的依附关系到以物的依赖性为基础的人的独立性再到人的自由全面发展"的"三阶段"说。

进入 21 世纪，在学术上对马克思揭示的人类社会发展规律的争论逐渐淡化，然而，对这一问题没有厘清而造成的马克思主义理论研究、宣传乃至思想政治教育的困境，依然存在。

其一，它涉及马克思创立的唯物史观究竟是机械决定论还是辩证决定论的问题。唯物史观无疑摒弃了欧洲思想上的英雄史观的非决定论，但是，要为马克思揭示的人类历史发展规律作非机械决定论的辩护，还得引入恩格斯晚年强调历史合力论思想，即"人们总是通过每一个人追求他自己的、自觉预期的目的来创造他们的历史，而这许多按不同方向活动的愿望及其对外部世界的各种各样作用的合力，就是历史"[②]。而要使目的论和合力论同唯物史观的决定论相自洽，需要重新审视马克思揭示的人类社会发展规律的思想。

其二，它涉及对共产主义理想信仰的科学基础论证的问题。某些教科书先设定马克思揭示的"五种社会形态依次更替直至共产主义，是人类社会主义的

[①] 习近平：《高举中国特色社会主义伟大旗帜 为全面建设社会主义现代化国家而团结奋斗——在中国共产党第二十次全国代表大会上的报告》，人民出版社，2022，第 18 页。

[②] 《马克思恩格斯文集》第 4 卷，人民出版社，2009，第 302 页。

客观规律",又说"根据马克思揭示的社会发展的规律"推论出了"实现共产主义是历史发展规律的必然要求"。这无疑是逻辑上的循环论证，因为在推论的根据中已经包含了"共产主义"的实现。问题在于，马克思对共产主义必然性的论证，是否是从先验地假设的"五种社会形态依次更替到共产主义是人类社会发展的客观规律"的"公理"中推演出来的？如果是的，那么其逻辑来源只能是两个：其一是基于演绎法，即从更高的宇宙物质运动规律中演绎出来的，而显然马克思没有做过这项工作；其二是基于归纳法，即对世界各国各民族进行历史考察后作出的完全归纳，显然马克思也没有做过这种归纳。事实上，世界上大多数资本主义国家都不是完全按照"原始社会—奴隶社会—封建社会—资本主义社会"序列走到今天的，特别是，中国进入社会主义也不是植根于纯粹的资本主义社会。

其三，它涉及对《共产党宣言》核心思想及其当代价值的把握。有学者强调，《共产党宣言》的核心思想，就是通过阶级斗争消灭私有制，因为根据"五种社会形态依次更替"的普遍规律，人类历史就是阶级斗争的历史，而中国共产党作为共产党，追溯其初心使命，应该是搞阶级斗争和消灭私有制。这种观点对青年大学生产生了一定的影响，如在纪念《共产党宣言》问世170周年前后，有大学生宣称要投身于对"三资"企业和民营企业"老板"的"阶级斗争"。那么，《共产党宣言》的核心思想究竟是什么？它同马克思揭示的人类社会发展规律究竟是什么关系？同阶级斗争和消灭私有制又是什么关系？

其四，它涉及对习近平总书记关于马克思主义根本属性的概括以及对人类文明多样性思想的把握。习近平总书记在纪念马克思诞辰200周年大会上的讲话所概括的马克思主义的"科学性"属性，指的是其科学揭示了人类社会发展规律，而不是有学者所突出的"宇宙的规律"。他在讲话最后强调当今学习马克思就要学习和实践马克思主义的九个方面思想，都是围绕社会基本矛盾展开的。依据马克思揭示的人类社会发展规律，习近平总书记强调各国家各民族发展道路（不仅是社会主义道路，而且是现代化道路）和人类文明发展的多样性，"各国历史文化和社会制度差异自古就存在，是人类文明的内在属性。没有多样性，就没有人类文明。多样性是客观现实，将长期存在"①。如果死抠"五种社会形态线性更替"是人类社会发展的普遍规律的话，就无法理解习近平总书记在纪念马克思诞辰200周年大会上的讲话精神，更无法把握他提出建设中华民族现代文明以创造人类文明新形态的世界意义。

---

① 《习近平谈治国理政》第4卷，外文出版社，2022，第460页。

二 文本澄清：马克思对人类社会发展规律究竟没说过什么又说过什么

关于马克思主义揭示的人类社会发展规律究竟是什么，后人在不同的历史背景中根据语境的变化有诸多不同的表达。而要把握人类社会发展规律的精髓要义，必须回到马克思的话语体系，追溯马克思恩格斯没有说过什么，而又强调过什么。

首先，马克思恩格斯没有说过"五种社会形态"依次更替是人类社会发展的普遍规律。在马克思恩格斯的著作中，并没有明确表述过"从原始社会、奴隶社会、封建社会、资本主义社会到共产主义社会"的依次更替是世界上所有国家和一切民族都必须经历的同样的发展阶段。

其次，马克思恩格斯确实论述过所有制或"经济的社会形态"演进的不同阶段，但是它们与人们通常所说的"社会形态"依次更替的规律有较大的区别。例如，在《德意志意识形态》中，马克思恩格斯基于分工的不同发展阶段，论述过所有制发展的三种形式，即部落所有制、古典古代的公社所有制和国家所有制，以及封建的或等级的所有制形式。但是，它们并不等于人们通常所说的"五种社会形态"的前三个序列。由于《德意志意识形态》写作于1845年，而摩尔根的《古代社会》彼时尚未发表，马克思恩格斯对人类原始状态的认识还缺乏科学材料的支撑，正如恩格斯晚年在给《共产党宣言》英文版所加的注中所说："在1847年，社会的史前史、成文史以前的社会组织，几乎还没有人知道。"[①] 因而他们所说的"部落所有制"是指："社会结构只限于家庭的扩大：父权制的部落首领，他们管辖的部落成员，最后是奴隶。潜在于家庭中的奴隶制，是随着人口和需求的增长，随着战争和交易这种外部交往的扩大而逐渐发展起来的。"[②] 这并不完全等同于后来所说的"原始社会"，而应该大致指从原始社会走向阶级社会的过渡阶段。

又如，马克思在1859年的《〈政治经济学批判〉序言》中说过："大体说来，亚细亚的、古希腊罗马的、封建的和现代资产阶级的生产方式可以看做是经济的社会形态演进的几个时代。"[③] 人们也常把这一论断当作"五种社会形态"依次更替规律的雏形。但是，马克思说的是"大体说来"，并没有把这四种"经济的社会形态的演进"当作所有国家和民族都必须经历的社会发展模式。更重要的是，马克思所说的"亚细亚生产方式"也与后人所说的"原始社

---

① 《马克思恩格斯文集》第2卷，人民出版社，2009，第31页。
② 《马克思恩格斯文集》第1卷，人民出版社，2009，第521页。
③ 《马克思恩格斯文集》第2卷，人民出版社，2009，第592页。

会"不尽相同,因为他通过研究东方社会认为,东方社会的特点是土地并非属于个人而是属于君主,社会的基本单位是村社。

再次,马克思反复强调,他论证资本主义的起源和发展以揭示其灭亡的根据,是对西欧历史发展的资料所作的具体分析,因而不能当作一般的"历史哲学"而套用到一切国家和民族中,正如他自己所说:"我明确地把这一运动的'历史必然性'限制在西欧各国的范围内。"① 如果有人"一定要把我关于西欧资本主义起源的历史概述彻底变成一般发展道路的历史哲学理论,一切民族,不管它们所处的历史环境如何,都注定要走这条道路……(他这样做,会给我过多的荣誉,同时也会给我过多的侮辱)"。因为"这种历史哲学理论的最大长处就在于它是超历史的"②。也正因为如此,他1881年在《给维·伊·查苏利奇的复信》中详细说明了不能把他曾经阐述的西欧历史发展阶段的思想当作教条而照搬到俄国。③

最后,更关键的是,马克思和恩格斯都明确概述过人类社会发展规律的意蕴甚至对此做过不同于"五种社会形态依次更替"的定义性论断。马克思1859年在《〈政治经济学批判〉序言》中追溯自己从信奉黑格尔的唯心主义到创立唯物史观的"心路历程"时说过,他在批判黑格尔唯心主义和费尔巴哈人本主义的基础上所形成的指导他一生研究的"总的结果"是:"人们在自己生活的社会生产中发生一定的、必然的、不以他们的意志为转移的关系,即同他们的物质生产力的一定发展阶段相适合的生产关系。这些生产关系的总和构成社会的经济结构,即有法律的和政治的上层建筑竖立其上并有一定的社会意识形式与之相适应的现实基础。物质生活的生产方式制约着整个社会生活、政治生活和精神生活的过程。不是人们的意识决定人们的存在,相反,是人们的社会存在决定人们的意识。社会的物质生产力发展到一定阶段,便同它们一直在其中运动的现存生产关系或财产关系(这只是生产关系的法律用语)发生矛盾。于是这些关系便由生产力的发展形式变成生产力的桎梏。那时社会革命的时代就到来了。随着经济基础的变更,全部庞大的上层建筑也或慢或快地发生变革。"④ 这意味着,马克思发现的历史运动的秘密,就是社会基本矛盾运动的规律,它构成唯物史观的"硬核"。

恩格斯1883年在《马克思墓前的讲话》中,则明确把"马克思发现的人类历史的发展规律"表述为马克思揭示的社会基本矛盾运动的规律,"即历来为繁芜丛杂的意识形态所掩盖着的一个简单事实:人们首先必须吃、喝、住、穿,

---

① 《马克思恩格斯文集》第3卷,人民出版社,2009,第570页。
② 《马克思恩格斯文集》第3卷,人民出版社,2009,第467页。
③ 参见《马克思恩格斯文集》第3卷,人民出版社,2009,第570~582页。
④ 《马克思恩格斯文集》第2卷,人民出版社,2009,第591~592页。

然后才能从事政治、科学、艺术、宗教等等；所以，直接的物质的生活资料的生产，从而一个民族或一个时代的一定的经济发展阶段，便构成基础，人们的国家设施、法的观点、艺术以至宗教观念，就是从这个基础上发展起来的，因而，也必须由这个基础来解释"①。

三 历史考证：对马克思揭示的人类社会发展规律误读的由来

既然对于人类社会发展规律马克思没有说过什么、没有明确表示反对什么，也没有经典地概括过什么，那人们为什么会把"五种社会形态"的依次更替当作马克思揭示的人类历史发展的普遍规律呢？这不得不追溯到斯大林为苏联社会主义模式辩护的意识形态话语中。

斯大林1938年为《联共（布）党史简明教程》撰写了《论辩证唯物主义和历史唯物主义》（即第四章第二节），其中概括了历史上生产关系的五大类型，即原始公社制、奴隶占有制、封建制、资本主义和社会主义。为了表明"五种生产关系"的依次更替是线性的、普遍的规律，他反复强调前一种生产关系"恰恰被"后一种生产关系"代替"，即"原始公社制度恰恰被奴隶占有制度所代替，奴隶占有制度被封建制度所代替，封建制度被资产阶级制度所代替，而不是被其他某种制度所代替"②。1939年罗森塔尔和尤金在其主编的《简明哲学辞典》中，遵照斯大林的话语逻辑，把五种生产关系拓展为五种社会经济形态，又定义了与其相对应的五种上层建筑，于是，就形成了把五种社会形态的依次更替作为马克思主义关于人类社会发展规律的经典表述。

在《联共（布）党史简明教程》中，斯大林对此的论证，既非运用"通过批判旧世界发现新世界"的矛盾分析法，也非运用考察世界各国各民族发展历程的经验归纳法，而是运用概念的演绎法，即从"物质运动"概念出发推演人类社会发展规律，即人类社会发展规律之所以是依次更替即"线性"的，是因为自然界的物质运动规律是"线性"的，而自然界的"物质运动"规律决定了人类社会的发展规律。

斯大林对此论证的根据是：马克思先创立了关于自然界的世界观的辩证唯物主义，再把它推广到历史领域，从而形成历史唯物主义。正如他在《论辩证唯物主义和历史唯物主义》中一开始就对马克思主义的世界观作了这样的定义，马克思主义的世界观"所以叫作辩证唯物主义，是因为它对自然界

---

① 《马克思恩格斯文集》第3卷，人民出版社，2009，第601页。
② 《斯大林文集》，人民出版社，1985，第217页。

现象的看法、它研究自然界现象的方法、它认识这些现象的方法是辩证的,而它对自然界现象的解释、它对自然界现象的了解、它的理论是唯物主义的"①,而"历史唯物主义就是把辩证唯物主义的原理推广去研究社会生活"②。于是,斯大林便"理直气壮"地使用"既然—那么"的话语结构来"证明"历史规律也是"线性"的——"既然自然现象的联系和相互制约是自然界发展的规律,那么由此可见,社会生活现象的联系和相互制约也同样不是偶然的事情,而是社会发展的规律"③,从而使"社会历史科学能够成为例如同生物学一样的精密的科学"④。

正如斯大林自己所说,把对自然界研究的"辩证唯物主义原理"推广到研究社会生活和社会历史、应用到无产阶级党的实际活动上去,具有"巨大意义"。这一意义,就是有效地为斯大林所开辟的社会主义道路和最终形成的苏联社会主义模式作意识形态的辩护:其一,对内而言,可以声称社会主义工业化、农业全盘集体化、生产资料国有化和计划经济乃至政治上的"肃反运动",均是对马克思揭示的人类社会发展普遍规律的遵循;其二,对外而言,作为处于帝国主义包围之中的唯一的社会主义国家,苏联需要通过社会主义高于资本主义的发展阶段、苏联社会主义制度优于欧美资本主义制度的意识形态宣传,来扩大自身在世界上的影响,从而吸引资本主义国家的无产阶级以及殖民地半殖民地的广大群众支持苏联的社会主义,以推动国际共产主义运动的发展。

然而,由于在思想上离开了马克思揭示的社会基本矛盾运动是人类社会发展的普遍规律,斯大林在领导苏联社会主义建设的实践中,不承认苏联社会主义存在社会基本矛盾,断言苏联国民经济中的生产关系完全适合生产力性质,生产资料的公有制同生产的社会性完全适合,上层建筑也同经济基础完全适合,因而苏联不会有经济危机且不会造成对生产力的破坏。这样,他把本应由社会基本矛盾运动决定的生产关系和上层建筑的表现都简单化和绝对化了,从而把本来是由特殊的历史条件所决定的苏联社会主义工业化道路选择的结果当作社会主义的本质特征,从而拒绝改革。在经济基础方面,斯大林把生产资料国有制当作社会主义公有制的唯一实现形式而否认公有制实现形式的多样性,例如,他拒绝把拖拉机站出售给集体农庄的改革建议的主要理由是,这将使集体农庄所有制离全民所有制更远,因而离共产主义更远;他把指令性的计划经济当作社会主义经济运行的唯一方式而否认生产资料的商品性质和价值规律的调节作

---

① 《斯大林文集》,人民出版社,1985,第200页。
② 《斯大林文集》,人民出版社,1985,第200页。
③ 《斯大林文集》,人民出版社,1985,第211页。
④ 《斯大林文集》,人民出版社,1985,第212页。

用，他拒绝把拖拉机出售给集体农庄的另一个理由就是，这会扩大商品流通的活动范围，而商品流通是与向共产主义过渡的前途不相容的。在上层建筑方面，斯大林把执政的领导集团说成天然的人民利益代表，而否认人民群众对党和政府实行民主监督的必要性，产生了严重破坏社会主义法制的事件，导致了苏联社会主义模式的僵化。

由于在当时历史条件下斯大林的权威以及苏联在国际共产主义运动中的领导地位，加上斯大林的大国沙文主义和大党沙文主义，他得以把苏联社会主义模式当作马克思揭示的人类社会发展规律的体现推向其他社会主义国家，于是，"五种社会形态依次更替是马克思揭示的人类社会发展普遍规律"这一意识形态，便成为国际共产主义运动对马克思主义的绝对权威解读。由于中国共产党当年同苏联及第三国际的关系，在马克思主义在中国的传播过程中，其也成为我们对马克思主义关于人类社会发展规律理解的"标准"话语体系。

四 思想方法：把握马克思揭示的人类社会发展规律需要历史辩证法

如果认定历史唯物主义是马克思对人类思想史的伟大创造并构成整个马克思主义的理论基础，就必然会承认历史唯物主义的"硬核"，即社会基本矛盾学说，从而认识社会基本矛盾运动规律就是马克思的"第一个伟大发现"，即发现了人类社会发展的普遍规律。而把握历史唯物主义，需要结合历史辩证法，同费尔巴哈没有批判地克服恩格尔不同，马克思批判地"接过"了黑格尔哲学的革命方面即辩证方法，从而创立历史唯物主义。因此，要真正把握马克思奠定历史唯物主义基础的社会基本矛盾学说从而掌握马克思揭示的人类社会发展规律，需要运用历史辩证法，包括把握物质和意识的辩证关系、理想和现实的辩证关系、普遍与特殊的辩证关系，以及人的主体性和规律的客观性的辩证关系。

其一，马克思揭示的人类社会发展规律，体现了社会存在中的物质关系和精神关系的辩证统一。

斯大林意识形态的核心话语是旧唯物主义强调的自然界的"物质运动"，把"物质决定意识"作为马克思主义逻辑起点，认为马克思是从"物质决定意识"推论出"社会存在决定社会意识"，从而以自然界物质运动的必然性推论出历史发展阶段线性更替的必然性。然而，这并不符合马克思创立唯物史观的"心路历程"。

马克思不是先验地从物质概念推演出人类社会发展规律的，而是从社会存在的基本矛盾中揭示人类社会发展规律的。马克思指出，旧唯物主义只是从物质出发，而唯心主义只是从精神出发，它们两者各自有其优点和缺陷，马克思进一步揭示了造成两者不同缺陷的共同根源，即都没有把实践作为观察世界的视角。于是，马克思以实践为基础来考察人类社会的历史发展及其同自然界的关系，从而创立了唯物史观并揭示了人类社会发展规律。马克思主义坚持物质第一性和意识第二性的唯物主义原理，但并不以此推论出社会意识（在马克思的视野中，任何意识都是社会意识）是由物质决定的。正如恩格斯在《路德维希·费尔巴哈和德国古典哲学的终结》中，在以物质和精神谁"第一性"来界定唯物主义和唯心主义的同时，特别强调："除此之外，唯心主义和唯物主义这两个用语本来没有任何别的意思……如果给它们加上别的意义，就会造成怎样的混乱。"① 把物质对意识乃至人类历史是第一性或"必要条件"，升格为对意识乃至人类历史起决定作用的"充分条件"，便是过度解读恩格斯对哲学基本问题的阐述，而以物质观取代马克思所创立的实践观的地位。

正因为如此，在涉及物质和意识的关系时，马克思严格使用"物质生产""物质活动""物质行动""物质生活""物质交往"等字眼，反复强调的是"生活决定意识"，意识"是社会的产物"，而从来没有说过自然物质能直接决定意识。② 认为社会存在决定社会意识的观点是从物质决定意识中推论出来的，认为在社会意识以外还存在某种意识，这种认识违背了马克思主义关于任何意识都是社会意识的思想。

马克思直接从人们的社会存在切入，发现了社会存在中人们物质关系存在的社会矛盾，以及物质关系同思想关系和政治关系存在的社会矛盾，并把握了其中的社会基本矛盾，从而揭示了社会历史发展的普遍规律。

其二，马克思揭示的人类社会发展规律，体现了人类实践中的理想同现实的辩证统一。

马克思没有先验地构想人类社会发展规律，而是在现实批判的基础上把握理想同现实的辩证关系，从而揭示人类社会发展规律。马克思反复强调，他和恩格斯不是在教条地预期未来，而是在批判旧世界中发现新世界。科学社会主义同包括空想社会主义在内的民主主义思潮的根本区别，并不在于谁设想的历史规律更纯粹，谁依据所谓的"历史哲学"或"世界模式"演绎出来的"理想社会"更完善，而在于谁对现实社会矛盾的揭示和批判更深刻。正如马克思恩格斯在《德意志意识形态》中所说："共产主义对我们来说不是应当确立的状况，不是现实应当与之相适应的理想。我们所称为共产主义的是那种消灭现存状况的现实的运动。这个运动的条件是由现有的前提产生的。"③ 这就是说，科

---

① 《马克思恩格斯文集》第4卷，人民出版社，2009，第278页。
② 参见《马克思恩格斯文集》第1卷，人民出版社，2009，第524、525、531页。
③ 《马克思恩格斯文集》第1卷，人民出版社，2009，第539页。

学社会主义的"科学性"就在于，它作为"消灭现存状况的现实的运动"，其思想理论根据在于把握"现有的前提"，即资本主义的社会基本矛盾。

其实，"消灭私有制实现公有制、各尽所能、按需分配"的人类社会发展的理想，并不是马克思恩格斯根据所谓的"历史哲学"推演出来的，而是空想社会主义者早就提出来的。16~17世纪第一代空想社会主义者对此已有憧憬和描述，18世纪第二代空想社会主义者对此作了理论论证并寻求通过法律来实现的路径，19世纪初的空想社会主义者甚至"身体力行"加以探索。但他们都只是空想，因为他们没有历史唯物主义和历史辩证法，所以只能从道德上来批判资本主义，既没能揭示资本主义灭亡的经济根源又没能发现埋葬资本主义的社会力量，更不可能找到埋葬资本主义的现实道路。

马克思恩格斯则不然，他们通过考察生产的社会化同生产资料私人占有之间的矛盾这一资本主义社会的基本矛盾，以及由其决定的无产阶级同资产阶级的矛盾，揭示了资本主义灭亡的经济根源、埋葬资本主义的社会力量以及现实道路。正如《共产党宣言》中所宣告的：资产阶级用来推翻封建制度的社会化大生产这一武器，现在对准了资产阶级的私有制了，不仅如此，它还产生了将要运用这种武器的无产阶级，因为无产阶级是大工业本身的产物。因此，"资产阶级的灭亡和无产阶级的胜利是同样不可避免的"①。

其三，马克思揭示的人类社会发展规律，体现了普遍性和特殊性的辩证统一。1938年毛泽东在党的六届六中全会所作的《论新阶段》的报告，提出了"没有抽象的马克思主义，只有具体的马克思主义"的重要论断，而"所谓具体的马克思主义，就是通过民族形式的马克思主义"②。因此，马克思主义在中国的实现，也必须结合中国的民族形式。这为他提出"马克思主义的中国化"命题提供了理论根据。

马克思主义是"具体的"或者说是"民族形式的"，决定了马克思主义是特殊性和普遍性的统一，即它是从对欧洲资本主义历史发展考察和批判的特殊性，上升到具有世界意义的普遍性的。其特殊性不仅是因为其批判的对象是欧洲资本主义，还因为其思维方式和话语表达也继承了欧洲思想文化传统从而带有欧洲文化的特点。但是，这一特殊性中包含普遍性，一是它批判欧洲资本主义的世界观和方法论，即唯物史观和唯物辩证法，特别是作为其"硬核"的社会基本矛盾学说，具有超越欧洲思想文化传统的普遍意义；二是欧洲资本主义通过对外扩张和社会化大生产而创造的世界市场带来了"世界历史"，同时也把欧洲资本主义的社会基本矛盾带到了全世界，从而使马克思对欧洲资本主义

---

① 《马克思恩格斯文集》第2卷，人民出版社，2009，第43页。
② 《建党以来重要文献选编（1921~1949）》第15册，中央文献出版社，2011，第651页。

的批判具有了世界意义。

作为人类社会发展普遍规律的社会基本矛盾运动规律，对任何国家和民族在任何历史发展阶段都具有普遍的适用性，但它在不同国家和民族的不同发展阶段又具有特殊的表现。正因为如此，不能把马克思基于对欧洲资本主义批判而形成的搞阶级斗争和政治革命的具体路径照搬到中国。中国通过新民主主义革命走向社会主义，通过改革开放发展社会主义，通过新时代建设社会主义现代化强国，无一不是遵循马克思揭示的社会基本矛盾运动这一人类社会发展的普遍规律，相反，教条式地照搬所谓"五种社会形态依次更替"的规律，无论在新民主主义革命还是在社会主义革命和建设年代，都使实践遭遇了挫折。

其四，马克思揭示的人类社会发展规律，体现了人的主体性和历史规律的客观性的辩证统一。

恩格斯在《路德维希·费尔巴哈和德国古典哲学的终结》中，指出了人类历史发展规律同自然界发展规律的根本区别，即自然规律表现在没有意识的、盲目的相互作用之中，而"在社会历史领域内进行活动的，是具有意识的、经过思虑或凭激情行动的、追求某种目的的人；任何事情的发生都不是没有自觉的意图，没有预期的目的的"①。因此，历史的发展由于人的选择而具有偶然性。

但是，尽管每个人行动的目的是有不同的，但是从大的历史跨度看，每个人的历史行动产生的实际结果并不一定符合预期，这表明，偶然性是受内部的隐蔽着的规律支配的。这一"隐蔽着的规律"，恩格斯把它称为历史发展的"合力"，而人们的动机和目的的实现与否，则取决于是否顺应生产关系同生产力、上层建筑同经济基础之间的社会基本矛盾的发展。于是，动机和目的（当然，马克思主义强调的归根结底是"广大群众""整个民族""整个阶级"的动机和目的）所决定的历史主体的选择性，同社会基本矛盾运动的客观性就统一了起来。事实上，生产力是人类改造自然的能力，生产关系是人们之间的物质关系，上层建筑是人们之间的政治关系和思想关系，因此，社会基本矛盾运动的规律，本身就是人们社会活动的规律，这才构成人类社会发展规律。

总之，按照马克思恩格斯思想的本来面目，澄清马克思揭示的人类社会发展规律的根本意蕴，厘清附加在马克思主义名下的教条主义话语，坚持唯物史观和历史辩证法，坚持社会基本矛盾运动是人类社会发展规律的思想，是坚持马克思主义在意识形态领域指导地位并发展21世纪马克思主义必须做的基础性工作。它可以使人们坚定中国特色社会主义是中国历史的选择、是马克思主义理论逻辑和中国社会发展的历史逻辑的统一的观念，从源头上抵制对中国共产

---

① 《马克思恩格斯文集》第4卷，人民出版社，2009，第302页。

党领导的革命和中国共产党执政合法性的质疑；使人们确立创新观念、世界眼光和历史意识，澄清对改革开放必然性和合理性的质疑；使人们坚持"以人民为中心"的价值理念，消除对人的主体性的漠视；使人们确立以全人类共同价值为基础构建人类命运共同体是世界历史发展潮流的信念，避免内外意识形态宣传话语的不协调；真正发挥马克思主义对构建中国特色哲学社会科学学科体系、学术体系和话语体系"三大体系"的指导作用，规避对马克思主义是僵化教条的指责。

马克思世界历史理论的终极关怀*

吴宏政[**]

【摘　要】 在马克思看来，人类不是为了自由解放而追求自由和解放，而是为了人类物种能够实现永久生存才追求自由和解放的。在唯心论世界观中，西方哲学也把"自由"理解为人类的终极生存价值，但由于其唯心论立场，其认为人类是"为了自由而追求自由"的，否定了自由的世俗基础，这一自由观无法保证人类物种的永久生存。因此，马克思颠倒了西方唯心论的自由观，把"自由和解放"作为人类物种自身的终极生命价值。在他看来，唯有通过"自由和解放"才能实现这一物种的永久生存。马克思把人类物种实现永久生存作为终极目的，因而世界历史进程表现为人类物种寻求永久生存之路的辩证历程，从中彰显了马克思世界历史理论的终极关怀。

【关键词】 马克思；世界历史理论；自由观

　　哲学这门学问的提问特征有时被称为"终极关怀"，因其总是通过究根问底的方式指向那些关乎世界趋势、关乎人类命运的根本性问题，并且总是致力于对既定思想的"前提"的追问，所以也被称为"思想的前提批判"[①]。对于马克思的哲学也是如此。但是，哲学家们的终极关怀问题却不尽相同，比如古希腊自然哲学家以追问"世界的本源"为终极关怀，探讨世界的"始基"；近代西方哲学的终极关怀主要以"绝对真理"（上帝）为终极对象。与此不同，马克思的哲学思考致力于追问世界历史的趋势和人类命运的归宿，因而他的世界历史理论饱含他对人类自身命运的终极关怀。长期以来，对于马克思的世界历史理论的终极关怀问题，总是中止于人类的自由和解放或人的全面自由发展。

---

　*　本文系 2020 年国家社科基金重点项目"坚持和发挥我国国家制度和治理体系 依靠人民推动国家发展的显著优势研究"（项目号：20AZD008）的阶段性成果。
　**　吴宏政（1973~　），哲学博士，吉林大学马克思主义学院教授、博士生导师，主要研究方向为马克思主义哲学。
　①　孙正聿：《哲学通论》，北京师范大学出版社，2020，第 202 页。

这毫无疑问可以从马克思的文本中得到最充分的根据。然而，如果进一步追问：为什么人类要实现自由和解放？人类是否可以放弃对自由和解放的追求？人类是否具有实现自由和解放的能力？诸如此类的问题，把我们对马克思的世界历史理论的终极关怀又推进了一步。现在需要在回答这些问题中进一步探讨马克思世界历史理论的终极关怀究竟是什么。

一 "自由和解放"乃是全部人类生命活动的终极价值

对人类命运的终极关怀就是通常所谓的"人类向何处去"的问题。在对这一问题的回答中，首先需要确立"终极价值"，因为如果终极价值不同，则意味着对人类命运归宿的看法不同。不同于西方唯心论哲学的自由观，马克思把"自由和解放"确立为人类生命活动的终极价值。

（一）西方唯心论自由观无法实现人类永久生存

"自由"这一概念几乎是哲学社会科学中具有终极价值的范畴，全部哲学社会科学几乎无一例外地把"自由"作为终极概念，比如道德哲学、法哲学、伦理学、政治哲学均以"自由"为其学问的制高点，"自由"同时也成为人类全部生命意义的制高点。全部的人类的生命活动，终极目的就是实现"全体的自由"。这在黑格尔《历史哲学》中是这样表述的，在马克思的共产主义的世界历史理论中也是这样表述的。尽管哲学家们从不同的角度赋予自由以不同的含义，如道德哲学的自由和法哲学的自由就具有不同的内涵；伦理学和政治哲学的自由概念也具有不同的内涵，但是自由之谓自由，都表明一个普遍的原理：自己是自己的原因。自己是自己的原因者，是什么？这绝不是一个小问题，而是一个最根本的终极问题。它直接关乎人类自己的命运。这就是："人"这个存在者，究竟是不是自由者？是否有实现自由的可能？从哲学家的努力来看，都是在为人的自由做争取，探索实现自由的道路。马克思把共产主义称为"自由王国"，并且探索人类从"必然王国"走向"自由王国"的道路。黑格尔也提出，世界历史的目的是"知道全体的自由"①。显然，从表面上看，黑格尔和马克思都承认"自由"是人类生命的终极目的。但是，进一步分析两种自由的含义会发现，两者完全不同。

在黑格尔看来，人的自由在于认识到真理并把自己的命运交给真理，人作为被造物，其最大的目的就是认识造物主。认识造物主就是人实现自由的唯一

---

① 〔德〕黑格尔：《历史哲学》，王造时译，上海书店出版社，2001，绪论第106页。

方式。从这一"神—人"的机制中可以看到，在黑格尔的意义上，人这一物种没有自由的可能。因为，只有绝对精神（上帝）才是自己的原因，上帝是自己的原因，而其他一切存在者皆为"被造物"，这就意味着人类这一物种作为"被造物"是没有自由可言的。人的自由与其说是作为"人"的自由得到实现的，毋宁说是作为"神"的自由得到实现的。所以，对人类命运的终极关怀就转变为对绝对精神（上帝）的关怀，人的自由依附于神，这便构成了全部唯心论哲学为人类确立的终极命运。而这实际上从根本上否定了人类这一物种凭借自己来实现自由的可能，因为在唯心论体系中，人这一物种作为"被造物"在他的开端处就被排除在了自由世界之外，有且只有神才是自由的，其他一切被造物都没有自由可言。

西方哲学社会科学所追求的自由存在诸多问题，因而如果不从根本上改变立场，不改变唯心论的世界观，追求人类的自由这一努力就成了一个"伪命题"。被造物不可能自己是自己的原因，造物主是被造物的原因。这就意味着人类永无自由可言。所以，马克思清理从前的一切哲学，是从创立唯物主义的新世界观开始的。这一新世界观开始于费尔巴哈的启发，颠倒了"神—人"关系，从而恢复了人类这一物种的主体性。在马克思看来，人类是自己命运的主宰者，而这一对人类物种的本质性认定，直接把人类带入了可能的自由世界。

（二）西方唯心论哲学拯救人类主体性的失败

西方中世纪以来，文艺复兴借助于"人性解放"把"人"从"神"那里解放出来，启蒙运动借助于"学会使用理性"把"人"从"神"那里解放出来，而最终在现实中通过资本主义把"人"从"神圣形象"中解放出来。这三者的共同目的都是要确立人类独立于"神"的主体性地位。然而，最终在马克思看来都没有真正确立人类的主体性地位。就理性而言，黑格尔关于绝对精神的逻辑运动仍然没有摆脱他的神学立场，逻辑学不过是依附于上帝，"上帝即是真理"[1]。因而人仍然没有彻底摆脱对神的依赖关系。就感性而言，资本主义使人陷入了对"资本"的依赖关系之中并受制于资本，因而也没有确立人类的主体性地位。但是，马克思看到，对作为"精神异化"的宗教的批判已经由从路德到费尔巴哈的哲学家们完成，而对剩下来的"经济异化"的资本主义的批判还没有完成，只有人在世俗领域里的资本主义异化被解决，人类的主体性才能真正确立起来，这便是马克思意义上的人类的自由和解放。

康德的世界历史理论不完全是神学立场的，正如他在本体论和认识论中的二元论一样，康德对人类世界的未来是持有"希望"的，所以，康德在法理学

---

[1] 〔德〕黑格尔：《小逻辑》，贺麟译，商务印书馆，1980，导言第37页。

的意义上提出了世界永久和平的契约论方案,这便是世界公民宪法的建立。这里充分体现了康德的人类情怀,但这一拯救人类主体性的做法最终是失败的。康德试图把"和平"作为世界观的价值归宿,甚至康德在其世界历史理性的问题上把"永久和平"作为世界历史的最高目的,康德也为此做出了法哲学的论证。或许正是因为康德看到了西方资本主义世界观放弃对和平与发展的承诺,因此才努力尝试建构一条通往"永久和平"的道路,从而拯救人类的主体性。然而,这终究是康德作为一位哲学家自己对人类和世界怀有的"主观良知",在现实中根本无法实现他给世界提出的希望。实际上,马克思也在探索和平是如何可能的,因此和平成为马克思探讨世界向何处去的终极价值。这里的世界观是以对于世界何去何从的"价值观"问题呈现的,即"世界应该怎么样"的问题。在西方资产阶级的意识形态中,和平从未进入主流意识形态,比如黑格尔的《法哲学原理》始终未能够对人类做出一个消灭阶级、消灭战争的价值论承诺,相反,倒是强调了战争对于世界历史进程来说的积极作用。因此,如何实现世界观的变革成为拯救人类主体性的关键问题,这一变革是由马克思完成的。

(三) 世界观从"物质本体论"到"生存价值论"的升华

在旧哲学中,世界观的基本问题可以被表述为"世界是什么"的问题,其回答是精神或物质。传统世界观的基本问题是"世界是什么"。从古希腊到德国古典哲学都是如此。而马克思新世界观的基本问题发生了变化,在回答"世界是什么"这一问题基础上增加了新问题,即"世界向何处去"的问题。这后一个问题构成马克思的世界观区别于以往哲学世界观的根本标志。有关"世界是什么"的问题,这是对世界的存在论本质做出规定,这固然构成世界观的重要组成部分。然而,这只是马克思的新世界观的"一个问题",马克思在法国唯物论和费尔巴哈哲学中已经完成了从唯心主义到唯物主义的转变,从而对该问题作出了唯物主义的回答,因此不能把对"世界是什么"的问题作为马克思新世界观的独有的问题,承认"世界的物质统一性"问题不是马克思首先提出来的,因而也就不能把此论断归结为马克思的"新世界观"。

在"应当如何"的世界追问中,最为基础、重大的问题是:世界是和平的还是毁灭的?这既是一个价值判断,又是一个事实判断。"共产主义"一旦被发现其所属的客观必然性,亦即找到通往共产主义的客观规律的时候,"共产主义必然实现"这一判断已经不是价值判断,而是事实判断,是基于世界历史的客观演进规律而作出的事实判断。"共产主义应当成为世界历史的目的",这是一个价值判断。这意味着,人类把共产主义视为"应然"的价值理想,在这个共产主义的世界中,人类能够实现自由而全面的发展。所谓自由而全面的发展,是说，每个人都能够充分把人的本质中所具有的规定充分地实现出来，这便是所谓的"自由"，也是人类这一物种自身的最高价值。西方哲学中一直把追求"自由"作为最高价值，但是，马克思却赋予自由以历史唯物主义的内涵，亦即在生产关系领域中实现人的自由，而不把宗教、哲学或者别的什么领域作为实现自由的平台。实现人的本质，是人之为人的最高目的。但丁、康德、马克思都是如此。把人的先天的禀赋实现出来，就是人类这一物种的最高目的，因为，全部的人类的实践活动及其意义，都不能超出人类物种所具有的能力。把人类物种的能力和潜力发挥出来，这便是最高的目的和价值。

二 "自由和解放"是人类物种永久生存的"合目的条件"

探索人类物种实现永久生存构成马克思世界历史理论的主线。为此，必须寻找到能够保证人类物种实现永久生存的理性条件，这就是马克思所说的"自由和解放"。这些条件在表面上是以"合规律性"的因果条件表现的，但本质上是以人类物种永久生存为目的的"合目的条件"。

（一）对"自由和解放"作为人类物种永久生存"合目的条件"的阐明

关于社会形态演进问题，马克思在《〈政治经济学批判〉序言》中指出："大体说来，亚细亚的、古希腊罗马的、封建的和现代资产阶级的生产方式可以看做是经济的社会形态演进的几个时代。"[①] 加上马克思所提出的共产主义生产方式，一并构成了一般概括的"五形态说"。在这个演进形态中，马克思明确地把人类的自由和解放放在了共产主义社会形态中，但是马克思并没有进一步从人类物种永久生存这一生存目的出发来理解社会形态更替的内在机制。在上述社会形态演进中人们自然会提出一个问题：人类社会形态为什么要演进？演进的动力是什么？演进的内在机制是什么？对这些问题的回答就必然进入人类自由和解放的更为本质的前提。实际上，人类为什么要自由和解放？这里隐含的是人类物种实现永久生存的生命逻辑。如果不能实现自由和解放，人类这一物种就无法实现永久生存。尽管在直接性上看，人类是在追求生产力的提高和生产关系的自由，但在本质上是根植于人类这一物种追求永久生存的内在目的的。

人类依据怎样的方式才能实现这一物种的永久生存？答案是"自由"。但绝不是黑格尔意义上的自由，而是马克思意义上的自由。因此，需要说明的是，

---

① 《马克思恩格斯文集》第 2 卷，人民出版社，2009，第 592 页。

为什么黑格尔的自由观不能保证人类物种的永久生存，而马克思的唯物史观意义上的自由观却能够成为人类物种永久生存的"合目的条件"。所谓"合目的条件"是指，任何一个物种都在其生命的内在规定中包含永久生存的目的。在社会形态演进中直接呈现的是"合规律条件"。这就是马克思所揭示的，生产关系不适应生产力的发展，因而导致生产关系的变革，进而实现社会形态的演进。这显然是在因果规律的意义上揭示的社会形态演进的必然性。追求生产力是基础性的，但是，生产关系却经常阻碍生产力的发展，即马克思所谓的生产力发展的"桎梏"。所以，为了实现生产力的继续增长，就不得不改变原有的生产关系。这就是生产力决定生产关系的唯物史观原理。这里能够看到的是社会形态演进的"合规律性"。

然而，人类这一物种不同于其他动物，直接地在永久生存的目的中实现这一目的，人类需要借助于自己的后天努力，这一"合目的条件"，便是对自由和解放的追求。人类在追求自由和解放的过程中，是直接把自由和解放作为目的的，而不是以永久生存为目的。因此，自由和解放作为生存价值被人类物种不自觉地隐藏在了这一生命活动当中，因而"自由"就仅仅是以一种"合目的条件"出现的，而这一隐蔽的"合目的条件"就在马克思的世界历史理论中得到了彰显。

（二）"自由和解放"作为终极生存价值的唯物史观原理

在西方哲学唯心论世界观中，人的"自由"主要是通过宗教信仰、艺术创作和哲学思辨得到实现的。因此，黑格尔把宗教、艺术和哲学作为人类生存的最高自由阶段。显然，这些实现自由的方式和人们的现实物质生产关系是无关的，而仅仅和人们的信仰、思想和情感相关，在这个意义上，自由作为终极生存价值主要是在人们的观念里完成的。因此马克思批判以往的全部哲学是"不知道真正的实践的"。从唯心论世界观出发，自由只是"精神的自由"，而和人们的物质生产关系没有关系，甚至可以为了"自由"抛弃肉体的生命，即"若为自由故，二者皆可抛"的抽象自由观。正是为了批判这种唯心论抽象的自由观，马克思回到物质生产关系领域探索人类的自由和解放问题，从而在唯物史观的意义上重新赋予自由作为终极生存价值的内涵。

当马克思把价值论引入世界观，世界观就成为以人为中心的生存价值论问题。自由作为终极价值通过这一世界观的变革，被马克思引入属人的生存世界，因而自由便构成对于人类生存来说的终极价值。自由作为生存价值直接地实现为人类物种的永久生存。现在我们可以得出结论：自由不是绝对真理（上帝）的自由，而是人类本身的终极价值。自由作为人类自己的终极生存价值，使人类的生命活动成为被意识所把握到了的生命活动，即马克思所说的"类存在"。

而这一类本质不是"单个人所固有的抽象物"①，在其现实性上，它是一切社会关系的总和。这就意味着，人对自由的追求直接地实现为人类对生产关系的追求。如果一种生产关系违背了人的类本质，即以"物"为媒介而形成的那种生产关系，那么不扬弃人类对"物的依赖性"，这种生产关系就绝不能使人类的生命活动成为自由的。因此，只有建立一种摆脱对物的依赖的生产关系，才能保证人的自由本性从抽象的"类本质"实现为"社会关系的总和"。其中，显然是唯物史观发挥决定性的作用。因为如果不是唯物史观，自由这一人类的终极生存价值便不会被引入属人世界。

人的自由和解放离不开人与"物"的关系，在唯物史观的意义上，自由意味着人生活于其中的社会生产关系不是支配人的"异己力量"，相反，人类正是借助这一生产关系实现自由和解放的。这是与唯心论世界观的根本区别，因为唯心论的自由不是借助于生产关系得到实现的。那么，在这一生产关系中，人与物、人与人之间的关系一方面是不可避免的；另一方面却成为自由的条件。就人和物的关系来看，需要摆脱"以物的依赖为基础的人的独立性"状态，通过人对物的"普遍占有"，消除资本的"异己力量"，从而把自由落实在社会物质生产关系当中。所以，自由不是对肉体生命的否定，相反是对肉体生命的保存，并且是在物种延续的意义上得以保存。就人与人的关系而言，自由意味着消除了剥削与被剥削的关系，从而实现了公平和正义。正是因为实现了真正的公平正义，人类便消除了阶级和阶级斗争，进而为人类实现永久生存创造了条件。在这个意义上，自由和解放作为终极生存价值是人类物种实现永久生存的"合目的条件"。

（三）"自由和解放"作为终极生存价值乃是人类物种实现永生目的的唯一道路

所谓"唯一道路"首先是指，唯心论的自由观无法保证人类物种实现永久生存。黑格尔的自由观中，自由乃是绝对精神实现自身的过程，因而这一自由并不能保证人类物种的永久生存。因为，人类这一物种在帮助绝对精神完成它自身以后，人类物种自身的命运便被排除在人类自己的生命活动之外了，因为人类物种的全部生命活动乃是帮助绝对精神返回自身。当这一使命完成后，人类自己的命运何去何从便无关紧要了。正如黑格尔的看法，日耳曼世界出现后，"历史终结"了。这意味着人类自己的命运已经完成。因此，在黑格尔的自由观中，自由无法保证人类物种的永久生存。正是因为这一点，马克思才颠覆了黑格尔的自由观，重新在历史唯物主义世界观的基础上，确立了属人世界的自

---

① 《马克思恩格斯文集》第 1 卷，人民出版社，2009，第 505 页。

由观。这一自由才成为人类物种实现永生目的的终极生命价值。

为什么把自由这一人类物种的终极生存价值，作为实现人类物种永久生存的生命法则？直接看是因为人类以"自由"为目的。这一对自由的追求无疑是自觉的、被意识到了的生命活动。对于人类来说，他的生命活动不仅仅是对物质生活资料的追求，而同时体现为对自由这一终极价值的追求。而这一对自由终极价值的追求，是自觉的、有意识的生命活动。但这不同于个体对自由的追求。个体追求自由同样是个体的生命活动，但这一生命被视为不同于自然属性的"精神生命"。比如，我们对那些民族英雄称为"永垂不朽"，这是说虽然他们的自然生命消失了，但是他们的"精神生命"是不朽的。然而，对于物种的类来说，追求自由作为生命活动的内涵便交给了"物种"，在这个意义上，自由作为人类物种的终极生存价值，便构成了物种寻求永久生存的生命活动。为了保证人类这一物种能够像其他动物一样实现永久生存，完成这一物种的生命目的，人类找到了一条法则，这一法则便是"自由"。但是，这一包含在人类物种当中的永久生存目的，却没有直接地被作为人类自觉的、有意识的生命活动，而是直接地存在于物种寻求自由的本质中。

此外，所谓"唯一道路"的含义还包括，试图把"丛林法则"纳入人类社会，是无法保证人类物种实现永久生存的。西方曾出现"社会达尔文主义"的观点，把生物学的法则套用在社会历史领域，把所谓的"优胜劣汰""适者生存"作为理解社会进步的基本动力，显然这一"丛林法则"在人类社会是不适用的。根本原因在于，如果离开马克思意义上的生产关系的自由和解放，"丛林法则"意味着人类必将进入一切人对一切人乃至一切民族对一切民族的战争，而在现代核武器的条件下，战争冲突的极端化便是人类物种的自我毁灭。因此，马克思所开辟的实现自由和解放的共产主义生产方式，是迄今人类能够发现的保证人类物种永久生存的唯一道路。

三　世界历史乃人类物种寻求永久生存的辩证历程

现在，我们回到世界历史的视野进一步探讨人类物种追求永久生存的生命活动历程，从中把握马克思世界历史理论的终极关怀。马克思继承并颠倒了黑格尔的辩证法，开创了人类物种以追求永久生存为终极价值的世界历史的新的书写范式。

（一）人类物种以永久生存为目的的辩证生命历程的确立

为了破除黑格尔"绝对精神返回自身"这一世界历史的书写逻辑，马克思找到了另外的世界历史的书写逻辑。需要肯定的是，马克思同样也遵循了辩证法的世界历史书写逻辑，这一点与黑格尔是一样的。黑格尔把东方世界作为世界历史的开端，"只知道一个人的自由"的东方世界构成了世界历史辩证逻辑的第一个环节。而希腊世界和罗马世界则构成了世界历史的否定性环节，即"知道一部分人的自由"是对"知道一个人的自由"的否定。而日耳曼世界则"知道了全体的自由"，从而完成了绝对精神自我演进的辩证生命（理念）历程。马克思继承了黑格尔的辩证法思想，却赋予了辩证法以不同的内涵，正如他自己所说的，需要把黑格尔"头足倒置"的辩证法颠倒过来。而这一"颠倒"的实质，在表面上看是把"概念辩证法"转变为"历史辩证法"，而在深层次上看，则是把作为"绝对精神"的理念的生命辩证逻辑转变为人类寻求永久生存的辩证生命逻辑。

在马克思看来，世界历史是人类寻求永生的否定之否定的生命运动过程。但是，这一辩证生命历程的三个逻辑环节如何确定构成马克思书写世界历史的核心问题。回答这一问题，首先，要确立这一辩证生命历程的主体。马克思把"绝对精神"转变为"人类"，因而世界历史是以"人类"为坐标原点展开的辩证生命历程。"人类"作为世界历史主体的生命活动，分别经历的生存样态，就构成生命辩证法的基本要素。其次，在确定"人类"这一生命主体之后，需要确立这一物种的生命的终极目的，正如前文所指出的，人类的"自由和解放"构成生命的终极价值归宿。这样，全部人类生命活动的辩证逻辑线索便围绕"自由和解放"来展开。而三个辩证逻辑环节也都相对于这一终极目的而展开。但是，在创建这一辩证生命逻辑的过程中，马克思发现了双重线索，其一是按照"依附人—依赖物—自由人"的自由关系为线索展开的辩证生命历程；其二是按照"前阶级—阶级—消灭阶级"的自由关系为线索展开的辩证生命历程，于是就形成了在世界历史中人类物种追求永久生存的双重辩证生命历程。以下分别论述。

（二）世界历史以"依附人—依赖物—自由人"为线索追求永久生存的辩证生命历程

根据马克思的《1857—1858 经济学手稿》，马克思把世界历史的辩证演进历程划分为三个阶段，这三个阶段不是时间上的先后递进关系，而是构成"正—反—合"的辩证图式。这三个逻辑环节分别是："人的依赖关系"、"以物的依赖性为基础的人的独立性"和"自由个性"。[①] 基于上述三个阶段，马克思把世界历史进程理解为如下辩证环节：人对人的依附关系（正题）—以物的依赖为基础的人的独立性（反题）—自由人的联合体（合题）。

---

① 参见《马克思恩格斯文集》第 8 卷，人民出版社，2009，第 52 页。

这三个辩证逻辑环节在深层次上是人类物种为寻求永久生存而展开的辩证法的生命运动历程。其中，马克思在《德意志意识形态》中指出，"依附关系"包含三种社会形态，即"部落所有制""古典古代的公社所有制和国家所有制""封建的或等级的所有制"。① 这三种形态都是"依附关系"的社会形态，所以马克思关于世界历史的双重辩证生命历程之间存在内在关联，两者并非并列关系。而且，三种社会形态和资本主义社会形态一道都被马克思称为"史前时期"的阶段。"在资产阶级社会的胎胞里发展的生产力，同时又创造着解决这种对抗的物质条件。因此，人类社会的史前时期就以这种社会形态而告终。"②

按照马克思的看法，最初的"人对人的依附关系"包括原始社会、奴隶社会和封建社会三个形态。这里已经表现出生产力和生产关系的矛盾运动，而这一运动直接地看表现为每个社会形态都不能更好地满足人类的物质生活资料需要，表现为物质生活资料的匮乏。但深层次看则表现为人类这一物种始终没有找到一条永久生存之路。因为，只要存在着阶级对抗，人类这一物种就无法实现永久生存的稳定状态。而所谓的"人对人的依附关系"是指，虽然存在着阶级和阶级对抗，但在这种生产方式中并没有因为物质生产资料的过度集中而破坏人类物种的伦理关系，比如封建社会依然存在着马克思所说的"天然的家长"的伦理秩序。在这一阶段，显然作为个体的人是没有自由可言的，因为个体还没有独立性。这就意味着，在"人对人的依附状态"中，尚不存在"一切人对一切人的战争"的可能，因此能够原始地保持这一物种的和谐状态。然而，这种原始的和谐状态毕竟会因为物质生活资料的匮乏（生产力低下）而进一步促使人类寻求新的生产方式，直到资本主义形成，第一次打破了这种依附性关系，把人类物种带向了"以物的依赖性为基础的人的独立性"状态，这便是人类物种在寻求永久生存道路上的第一次自我否定。

（三）世界历史以"前阶级—阶级—消灭阶级"为线索追求永久生存的辩证生命历程

世界历史进程还包含另外一重人类物种追求永久生存的生命逻辑，这就是：前阶级社会形态（正题）—阶级社会形态（反题）—阶级消亡后的社会形态（合题）。这里，对"前阶级社会"的考察，成为马克思和恩格斯的重点关注对象。原始社会的问题直接关系把"阶级"确定为人类物种生命辩证法的合理性。在马克思和恩格斯看来，原始社会的氏族和部落中已经初步建立起人类物种特有的生存机制，比如在原始自然分工方面已经形成了生产关系，部落之间

---

① 《马克思恩格斯文集》第1卷，人民出版社，2009，第521~522页。
② 《马克思恩格斯文集》第2卷，人民出版社，2009，第592页。

的通婚方面反映了自然形成的血族关系。马克思和恩格斯之所以侧重对古代社会的研究，本质上是为了探寻历史唯物主义的规律是如何从原始社会酝酿出来的。因为，历史唯物主义客观规律的显性存在无疑是从阶级社会开始的，在奴隶和奴隶主之间确立的生产关系是第一个阶级社会形态的基本建制。至于在阶级社会之前是否存在生产力和生产关系的矛盾这一问题，最初尚未清楚。因此，对古代社会的生产方式的考察就成为历史唯物主义原理的重要组成部分。对全部古代社会的考察表明，在原始社会阶段同样适用历史唯物主义的基本原理，生产力和生产关系的矛盾运动已经开始成为世界历史的进步动力。

因此，按照历史唯物主义原理书写世界历史应该从阶级社会开始。世界历史的开端可以从阶级社会算起，因为只有阶级产生以后才真正进入恩格斯意义上的"成文史"。只有在"成文史"中才能清楚地记载世界历史中人类物种生命运动的真实轨迹。恩格斯在《家庭、私有制和国家的起源》1884年第一版序言中指出："以血族团体为基础的旧社会，由于新形成的各社会阶级的冲突而被炸毁；代之而起的是组成为国家的新社会，而国家的基层单位已经不是血族团体，而是地区团体了。在这种社会中，家庭制度完全受所有制的支配，阶级对立和阶级斗争从此自由开展起来，这种阶级对立和阶级斗争构成了直到今日的全部成文史的内容。"① 这里，恩格斯的看法是，在人类全部有文字记载的历史中，都是有关人类进行阶级斗争的历史，这与《共产党宣言》中的观点是一致的，即"至今一切社会的历史都是阶级斗争的历史"②。恩格斯也考察了人类社会如何从原始的血族团体转变为国家（阶级）团体的演进历程。

可见，人类物种的生命活动在成文史中是以物种内部的阶级斗争的形式完成的，这是与其他物种完全不同的。这种阶级和阶级对抗的生存状态，毫无疑问会把人类带入战争的混乱以至于无法保证这一物种的永久生存。全部阶级社会的生存状态的共性，正如《1857—1858年经济学手稿》中所指出的："每个人都互相妨碍别人利益的实现，这种一切人反对一切人的战争所造成的结果，不是普遍的肯定，而是普遍的否定。"③ 也就是说，阶级社会是对普遍性生存方式的否定，因此它们构成世界历史以阶级为中间环节的否定环节，因而它注定要被更高的社会形态所扬弃。因此，马克思和恩格斯才毕生致力于消灭阶级和阶级对抗，并揭示资本主义社会形态作为世界历史中最后的阶级对抗形态必将被共产主义所取代的客观规律。

综上所述，马克思的世界历史理论重新确立了世界历史的书写范式。在这一书写范式中，马克思颠倒了黑格尔的世界历史书写范式，并把人类物种的永

---

① 《马克思恩格斯文集》第4卷，人民出版社，2009，第16页。
② 《马克思恩格斯文集》第2卷，人民出版社，2009，第31页。
③ 《马克思恩格斯文集》第8卷，人民出版社，2009，第50页。

久生存作为世界历史进程的主线。而这一主线不仅表现为人类物种追求生产力和生产关系变革的生命活动，而且在更深层次上表现为对人类物种永久生存的终极关怀。世界历史直接表现为人类寻求自由和解放的过程，但自由和解放作为终极生存价值，其本身构成人类物种得以实现永久生存的"合目的条件"。

马克思主义伦理学的自由概念及其三种用法

李义天[*]

【摘　要】"自由"是马克思主义伦理学的基本议题之一。然而，对自由概念的规范性证成或证伪，都必须以澄清这一概念的内涵及其在马克思恩格斯文本中的实际用法为基础。在马克思恩格斯那里，自由概念至少包括三种含义：作为自由权利的自由，作为自由解放的自由，以及作为自由成就的自由。针对不同的用法，马克思恩格斯表达出不同的规范性态度，由此也带来了马克思主义伦理学的自由概念的复杂性与丰富性。

【关键词】马克思主义伦理学；自由；自由权利；自由解放；自由成就

把"自由"理解为马克思主义伦理学在规范层面承认和支持的东西，这很容易。但是，如果缺乏限定，这种观点势必引起巨大的争议。在很多研究作品中，无论是说马克思恩格斯支持自由，还是说马克思恩格斯反对自由，似乎都能找到证据支撑。然而，在回答这个问题之前，还有一个更加关键和基础的问题：究竟什么是马克思恩格斯所使用的"自由"概念？深入马克思主义经典作家的文献，我们会发现，在马克思恩格斯那里，"自由"的用法非常丰富和复杂。它至少包括三种含义：①作为自由权利的自由（liberty）；②作为自由解放的自由（emancipation）；③作为自由成就的自由（fulfillment）。而人们的各种纠结和争议，往往也正是因为他们对马克思恩格斯在具体文本中使用的是何种"自由"并不清楚，甚至有所混淆。因此，对马克思"自由"概念的理解，必须通过区分和澄清来进行。也只有通过区分和澄清，我们才能明白，马克思恩格斯究竟在支持哪种自由？又在反对哪种自由？

---

[*] 李义天（1979~　），伦理学博士，清华大学高校德育研究中心教授、博士生导师，中国人民大学伦理学与道德建设研究中心研究员，教育部青年长江学者，主要研究方向为马克思主义伦理学。

一　作为自由权利的自由

作为自由权利的自由，确实是马克思恩格斯常常表示反对的东西。这个意义上的自由具有很强的现实感。在现代社会中，它们能够被落实为一些具体的行动选项，并且得到法律上和政治上的确认。然而，它们在马克思恩格斯眼里却存在严重的问题。

首先，作为自由权利的自由会导致并加深人与人之间关系的区隔和分裂，使社会成员之间的对抗变得理直气壮，甚至理所应当。对于马克思来说，人与人之间的社会交往和整体联系是人的本质之一。

在《论犹太人问题》里，马克思指出，在市民社会中"自由是可以做和可以从事任何不损害他人的事情的权利"[1]。这些自由权利从何而来？这些能够从事的不损害他人的活动的界限从何而来？马克思说，它们是法律规定的。所以，权利往往又被称为法权。马克思清楚地意识到，在资本主义条件下，这种权利的确定就像"两块田地之间的界限是由界桩确定的一样"[2]，主要目的在于清晰地区分和划界。而人之所以需要进行清晰的区分和划界，则是因为他们（在特定的历史条件下）已经把自身理解为因利益的分割而在本质上与他人无关的、非社会化的个体。社会交往、社会联系或社会关系，似乎已经成为一种外在的、偶发的对象。而法律上、道德上对人的自由权利的确认和保护，也是为了确认和保护他们"作为孤立的、自我封闭的单子的自由"[3]。因此，马克思说得很清楚："这种自由使每个人不是把他人看做自己自由的实现，而是看做自己自由的限制。"[4] 在这个意义上，"自由"当然不是一个褒义词，坚持这样的自由，只会给社会瓦解和社会冲突埋下隐患，甚至使之更加恶化。

那么，作为自由权利的自由，有没有历史进步性？当然有。唯物史观承认，把人与人之间的利益划分开来，是有历史进步意义的。迄今为止，所有的现代国家都在做这件事情。现代法治，尤其是立法活动，就是为了进一步确认每个人到底有什么权利，每个人在什么样的条件下可以合理地让渡自己的权利，每个人在什么样的条件下可以追溯或索要自己的权利。然而，这件事情在马克思主义的整个宏观视野里，却只是人类社会发展的一个阶段性场景而已。在这个阶段，人与人之间的关系不是结合性的，而是分裂性的；他人不是我的自由的实现条件，相反，我的自由恰恰以拒斥对方为条件。之所以如此，根本上是因

---

[1] 《马克思恩格斯文集》第1卷，人民出版社，2009，第40页。
[2] 《马克思恩格斯文集》第1卷，人民出版社，2009，第40页。
[3] 《马克思恩格斯文集》第1卷，人民出版社，2009，第40页。
[4] 《马克思恩格斯文集》第1卷，人民出版社，2009，第41页。

为这个阶段的生产力有限、生产资料有限。于是，表现为自由权利的自由，归根结底，正是在这样的历史条件下，为了对各自利益进行确认和保障而不得不彼此切割。所以，作为自由权利的自由有它的历史进步性，但同样也有明显的历史局限性。

其次，作为自由权利的自由，会导致和加深人与人之间关系的利益化和单调化，使社会成员的交往变得冰冷和刻薄。这一点在资本主义社会尤为明显。所谓"单调化"，是指人与人之间的关系越来越单一，仅仅被体现为商业关系或交易关系。如果说每个人的自由权利总是用来捍卫某种利益的，那么，在资本主义条件下，这种利益就典型地表现为商品利益、金钱利益。从而，人与人之间的关系也就被置换为简单的商品关系和金钱关系。在这种条件下，你有你的权利，你用它捍卫你的利益；但同时，我也有我的权利，我也用它捍卫我的利益。于是，一方面，每个人都可以不必担心自己的利益无端地被他人暴力占有，而可以把他人看作和平、自愿的所有者和交换者。但另一方面，每个人也仅仅需要把他人看作这样的商品所有者和交换者，便足够了。他们相互之间并不关心彼此作为人的存在，而只关心彼此作为某些利益所有者的存在。这些利益及其所有关系又是靠什么确定的呢？就是靠自由权利而确定的。所以，作为自由权利的自由带来的问题是非常大的：它不仅使你我相区隔和分裂，而且使你我仅仅把彼此看作财产或利益的占有者，把彼此之间的关系仅仅理解为一种单向度的利益交换关系。

类似地，马克思在《政治经济学批判（1857—1858年手稿）》中进一步说道："平等和自由不仅在以交换价值为基础的交换中受到尊重，而且交换价值的交换是一切平等和自由的生产的、现实的基础。"① 我们可以看到，在这里被确立的自由，其实就是利益交换的权利或资格。它不是一个很丰厚的概念，而只是涉及你我之间的利益方面的占有与交换。马克思之所以会说，"这种意义上的平等和自由所要求的生产关系，在古代世界还没有实现，在中世纪也没有实现"②，那是因为，在古代社会和中世纪还没有出现充分的交易空间和利益流通交换的必要性。所以，承认和确认个人利益然后把这种利益同个人的一切社会关系相结合，这种情况在古代并未大规模出现。换句话说，只有当利益的普遍占有和自由交换变得重要的时候，自由权利才需要被确立；把自由权利定义为"自由"的内涵，也才成为必要的事情。

最后，作为自由权利的自由，还掩盖了"自由"所蕴含的丰富维度，遮蔽了"自由"的存在意义，而局限于它的工具意义。马克思恩格斯在《共产党宣

---

① 《马克思恩格斯全集》第30卷，人民出版社，1995，第199页。
② 《马克思恩格斯全集》第30卷，人民出版社，1995，第200页。

言》中说得很清楚：“在现今资产阶级生产关系的范围内，所谓自由只不过意味着贸易的自由，买卖的自由。”① 为什么会这样？为什么贸易自由、买卖自由变成最主要的自由？这是因为，在资本主义条件下，生产的根本宗旨不是为了消费，而是为了交换，为了通过交换实现资本的增殖。因此，无论你此前占有多少生产资料，也无论你此前组织创造了多少劳动产品，如果你缺乏贸易和买卖方面的自由权利，不能进入真实而普遍的贸易环境或买卖关系中，那么，你就不能使你的资本获得增殖，你对资本的占有也就变得毫无意义。所以，自由如果是在自由权利的层面上被理解的话，那么，在资本主义条件下，它首要的就应当是为了实现资本增殖而亟须实现的贸易自由、买卖自由。

但是，这种自由仅仅是工具性的。它仅仅服务于那些曾被奴役的市民群体或追逐利润的资产者，而不是所有人，更不是共产主义者。在封建社会，不允许进行自由贸易，不允许商品的自由流通，到处都是关税，到处都是关卡。因此，对于打破古代封建的割据状态来讲，自由贸易具有历史意义。但是，对于旨在消灭阶级的共产主义者来讲，自由贸易又是毫无意义的。

不仅如此，在资本主义条件下，劳动者非但不会从这种自由权利中收获什么自由，反倒会因为这种自由权利而失去更多的存在自由。个人"似乎要比先前更自由些，因为他们的生活条件对他们说来是偶然的；然而事实上，他们当然更不自由，因为他们更加受到物的力量的统治"②，因为他们在"摆脱了行会的束缚"的同时，也"失去了自己使用自己劳动力所必需的资料"③。为此，他们不得不出卖自己的劳动力，尽管他们看起来可以自由地选择出卖给谁；他们不得不受制于资本的掌控，尽管他们仿佛可以自由地选择受制于哪位资本家。

所以这种自由，作为自由权利的自由，绝不是马克思恩格斯希求的东西。他们所期待的真正自由，也绝不等于这种自由。马克思曾指出，"这种个人自由同时也是最彻底地取消任何个人自由"，以及"断言自由竞争等于生产力发展的终极形式，因而也是人类自由的终极形式……对前天的暴发户们来说这当然是一个愉快的想法"④。在这里，"这种个人自由"与"任何个人自由"之间、"自由竞争"与"人类自由的终极形式"之间，存在明显区分。资本主义条件下的作为自由权利的自由，只可能是前一种"自由"，而不会是后一种"自由"。因此，但凡认识到这一点的人，都会在自由权利之外，为马克思的自由概念寻求更丰厚的存在论内涵。正如卢卡斯所说："马克思主义从一开始就致力于一种自由的理想，并将这种理想在未来的实现称为人类的解放。作为一个原则

---

① 《马克思恩格斯全集》第4卷，人民出版社，1958，第482页。
② 《马克思恩格斯全集》第3卷，人民出版社，1960，第86页。
③ 《马克思恩格斯文集》第9卷，人民出版社，2009，第111页。
④ 《马克思恩格斯文集》第8卷，人民出版社，2009，第180~181页。

性问题，马克思主义从未以相同的方式致力于'权利'的宣扬和保护……首先，马克思主义一直都倾向于认为，权利是资本主义社会个人主义和矛盾的产物与反映。其次，马克思主义充其量是常常以一种矛盾的态度来对待资产阶级自由的实现的。最后，马克思主义期待着一种未来的理想社会，在这种社会中，它所宣称的自由将不需要任何保证。"①

二 作为自由解放的自由

与作为自由权利的自由不同，作为自由解放的自由，是马克思恩格斯积极争取的对象。如前所述，马克思恩格斯究竟是反对自由还是支持自由，研究者的观点不一而足。但是，这样的争议产生，与其说是他们的回答有问题，不如说是他们的问法有问题。如果说这里的"自由"是指自由权利，那么，马克思恩格斯当然是反对的。然而，关键在于，马克思恩格斯的自由概念并没有那么简单。在他们那里，还有一种"自由"，就是前引卢卡斯的那段话中提到的，在未来理想社会中被称为人类解放的自由，这是马克思恩格斯所极力争取的东西。

那么，作为自由解放的自由意味着什么呢？它意味着，人们会从某些东西的约束中摆脱出来，把自己从某种压迫和束缚中解脱出来、释放出来。在这个意义上，作为自由解放的自由，首先是一个否定性概念。凭借这种自由，人们试图摆脱的约束至少包括如下几种：第一，从对自然界的无知和不可控所带来的压迫和束缚中摆脱出来；第二，从那些以强制和压迫为特质的异化劳动所带来的压迫和束缚中摆脱出来；第三，从迄今为止人类社会组织方式的压迫和束缚中摆脱出来。

人的解放，首先是从自然界中获得的解放。因此，作为自由解放的自由，首先是要摆脱对于自然界的无知，摆脱由于这种对外部世界的无知而带来的人类生活的不可控状态。于是，对自然规律及其必然性的认识和利用，就构成实现这种解放的关键一步。对此，恩格斯在《反杜林论》里说得很详细："自由就在于根据对自然界的必然性的认识来支配我们自己和外部自然。"②

有人以为，恩格斯这里讲的"自由"主要是指人对自然规律的认识，因而是一个认知活动，仿佛只要认识了这些规律，人便是自由的。其实不然。摆脱自然界所施加给我们的束缚和压迫，绝不仅仅限于认知层面，也绝不仅仅是靠从无知到有知的转变就可以解决的。恩格斯在这里其实说得很清楚，人要摆脱

---

① 〔美〕斯蒂文·卢卡斯:《马克思主义与道德》，袁聚录译，高等教育出版社，2009，第76页。
② 《马克思恩格斯文集》第9卷，人民出版社，2009，第120页。

自然界的束缚，进而在人与自然的关系中获得解放，关键在于"能够有计划地使自然规律为一定的目的服务"，在于"根据对自然界的必然性的认识来支配我们自己和外部自然"。所谓"服务""支配"，全都是实践活动，而不是（狭义的）认知活动。

因此，作为自由解放的自由，即便是在摆脱自然界约束的这个层面上，也是实践性的、存在论的，是对人类的生存方式的刻画，而不是对认识方式的刻画。所以毫不奇怪，就在上面这段话之后，恩格斯指出的并不是人们摆脱自然界束缚所亟须的认知条件，而是其生产力条件——"唯有借助于这些生产力，才有可能实现这样一种社会状态"①。相应地，马克思也在《资本论》中谈及过这一点。要想摆脱自然界的束缚，使之不再作为一种盲目的力量压迫我们，我们真正需要做的还不仅仅是认知它，而是要在生产关系层面做出实践上的调整："社会化的人，联合起来的生产者，将合理地调节他们和自然之间的物质变换，把它置于他们的共同控制之下，而不让它作为一种盲目的力量来统治自己。"②

进一步地，在资本主义条件下，人的解放更具体地表现为从异化劳动中获得解放。而异化劳动并不简单地指称某种劳动过程，而是反映了某种不能得到合理支持的生产关系。之所以不能得到合理支持，是因为在资本主义生产资料的占有关系下，劳动者所参与的劳动在本质上是被迫的、强制的和不自由的。摆脱这些束缚，对资本主义社会的劳动者来说，是最为直接和迫在眉睫的任务。

"生产劳动的强制或不自由"，意味着异化劳动所带来的压迫和束缚令工人无法自主控制和决定生产的内容、过程和方向。尼尔森说："即便工人身处一个充分富有的资本主义社会，他或她的健康和安全都未受到威胁，他或她的自主性——即，他或她掌控自己生活的能力、自我支配的能力——也肯定受到了威胁。"③ 而共产主义之所以能够作为资本主义的一个有效且必然的替代方案，恰恰是因为，它能够帮助工人实现"工厂民主"（workplace democracy），摆脱异化劳动所施加的这种不自由状态："（a）工厂里的人们拥有并控制自己的生产资料；（b）他们集体而民主地决定生产内容；（c）他们以同样的方式来决定在何种条件下进行生产……以及（d）在一种充分民主的氛围中，他们对于如何处置其生产成果拥有发言权。"④

"没日没夜的劳动"意味着异化劳动所带来的压迫和束缚令工人无法自主安排和控制生产的时间长度和繁重程度。作为自由解放的自由，就是要从这种被压迫、被束缚的劳动状态下解放出来，让工人的活动不受他者、不受任何异

---

① 《马克思恩格斯文集》第9卷，人民出版社，2009，第121页。
② 《马克思恩格斯文集》第7卷，人民出版社，2009，第928页。
③ 〔加〕凯·尼尔森：《马克思主义与道德观念》，李义天译，人民出版社，2014，第283页。
④ 〔加〕凯·尼尔森：《马克思主义与道德观念》，李义天译，人民出版社，2014，第283页。

化之物的支配，从而为自己赢得"自由时间"，即劳动者自己"可以支配的时间"。只有拥有"自由时间"，劳动者才可以不仅从事消费产品的生产，而且从事不必承受外在目的压力的自由活动。"作为自由时间的基础"的"真正的社会劳动"也会因此而"取得完全不同的、更自由的性质，这种同时作为拥有自由时间的人的劳动时间，必将比役畜的劳动时间具有高得多的质量"①。

不仅如此，作为自由解放的自由，除了要摆脱来自自然界的束缚和来自生产活动的束缚，还要摆脱迄今为止的人类社会组织形式的压迫和束缚。而这种社会组织形式的典型表现就是国家。国家是来自人与人之间的社会力量，但是，随着漫长的历史变迁，随着国家机器及其暴力机关的完善，国家日益变成一种与个体无关甚至相对立的庞然大物。作为社会组织形式的国家，在马克思恩格斯看来，其实是对于人的一种挑衅、对于人的真实存在方式的扭曲；它通过自身的现实暴力手段禁锢个体的个性，尤其是禁锢无产者的个性。在《德意志意识形态》中，马克思恩格斯说："无产者，为了实现自己的个性，就应当消灭他们迄今面临的生存条件，消灭这个同时也是整个迄今为止的社会的生存条件，即消灭劳动。"② 这种看法也可以说明，为什么马克思后来会对巴黎公社给予极大的赞美。因为，通过巴黎公社，他似乎发现了人类在他生活的时代就可以找到一种不按国家的方式来进行组织的社会形态。

此外，社会组织方式所带来的压迫和束缚还表现在文化观念、利益格局和科层制度等诸多方面。对马克思恩格斯来说，它们同样是无产阶级应当摆脱和废除的对象。无产阶级不仅应当而且能够凭借对自由和真理的向往，凭借对社会的科学观察和理解，克服世俗的地位、利益等力量的压迫和束缚。恩格斯在《路德维希·费尔巴哈和德国古典哲学的终结》中就曾表示，为自由而自由、为真理而真理的精神在"德国最深沉的政治屈辱时代曾经是德国的光荣的伟大理论兴趣"③，而这种精神已经为工人阶级所继承，"在这里，对职位、牟利，对上司的恩典，没有任何考虑。相反，科学越是毫无顾忌和大公无私，它就越符合工人的利益和愿望"④。因此，从既有的社会组织方式所导致的压迫和束缚中加以解脱，对无产阶级而言，既是必须的，也是可行的。

三 作为自由成就的自由

当论及"作为自由解放的自由"时，我们试图表达的，是对某些东西的摆

---

① 《马克思恩格斯全集》第26卷第3册，人民出版社，1974，第282页。
② 《马克思恩格斯文集》第1卷，人民出版社，2009，第573页。
③ 《马克思恩格斯全集》第21卷，人民出版社，1965，第352页。
④ 《马克思恩格斯文集》第4卷，人民出版社，2009，第313页。

脱或克服。比如，摆脱或克服对于自然界的不可知、不可控状态，摆脱或克服生产资料占有关系导致的异化劳动状态，摆脱或克服在阶级分裂的基础上形成的国家组织形式，等等。这些都是否定性、消极性的方面。但是，在摆脱和克服之后，马克思恩格斯又向往或追求什么东西呢？他们想从肯定的、积极的方面予以成就和实现的东西，又会是什么呢？这就涉及作为自由成就的自由，它是马克思恩格斯向往的"真正的自由"。

作为自由成就的自由，用马克思恩格斯的话来说，意味着人的自由全面发展。若用更一般的存在论来说，它意味着人的自我实现、人的本质的充分展开。因此，对这种自由的理解，不能仅仅停留在人对生产劳动或生活计划的自主安排的层面上，要上升到更高的维度，看看其中蕴含马克思恩格斯关于人类存在或本质的哪些基本信念。

应该说，相信人性或人的本质（human essence）存在，相信人性或人的本质是一个可以经由某种途径而生长、实现并有所成就的趋于完整（integrity）乃至完善（perfection）的过程。这个思想很多西方思想家都有，马克思也不完全排斥。对此，我们既可以在马克思恩格斯那里找到相关例证，也可以在一些当代研究者那里找到相关的例证。比如，宋希仁教授说："在阶级和阶级斗争存在的条件下，人的阶级差别并不会在人性中消失；只有在阶级和阶级差别消灭后，阶级性才会在人性中消失，才能有没有阶级性的人性，或如恩格斯所说的'纯粹的人性'。"[1] 那么，这种人性或人的本质是一种什么样的人性或人的本质呢？马克思既不像亚里士多德那样，也不像康德或边沁那样，谋求一种稳定的实体来充当人性的解释，而是把人的本质判定为一种历史的存在。它在阶级社会中表现为阶级性的存在，但在无阶级的社会中又表现为无阶级性的存在。

如果一定要说其中具有什么普遍性的话，可能用"类存在"概念更能解释这一点。塞耶斯就曾指出，马克思的历史主义人性论集中表现在他的"类存在"概念中。这个概念表达了"人作为'有意识的'、'自由的'、'普遍的'、'创造性的'和'社会性的'存在等含义"[2]。也就是说，人是有意识的、人是自由的、人是具有创造性和社会性的，这些就是人的本质。人就是如此这般生活的。他也必须如此这般地生活，才能够生活下来、延续下去。这当然不是观念论的理解，而是基于人类经验和历史的理论。只有首先出现这样一种关于人的本真存在样态、最佳存在样态的设想，才可以考虑什么样的制度安排、什么样的发展道路对具体的人而言是恰当的。

马克思恩格斯相信，通过人的本质的不断发展，最终可以达至"真正的自

---

[1] 宋希仁：《马克思恩格斯道德哲学研究》，中国社会科学出版社，2012，第156页。
[2] 〔英〕肖恩·塞耶斯：《马克思主义与道德》，《哲学基础理论研究》2008年第1期。

由"。在《神圣家族》中,他们说:"从唯物主义意义上来说人是不自由的,就是说,人不是由于具有避免某种事物发生的消极力量,而是由于具有表现本身的真正个性的积极力量才是自由的。"① 这就是他们要谈论的"真正的自由",不是作为自由权利的自由,也不是作为自由解放的自由,而是要去有所实现、有所成就的自由。这个自由存在于哪里呢?依然存在于感性世界中。但这是一个每个人都并未被异化或疏离,并未遭遇压迫和奴役的经验世界。在这里,个人利益与人类利益是相符合的。

对马克思恩格斯来说,"真正的自由"不能体现为思辨性的东西(这是他们同很多思想家的一个重要区别),而是要体现为一种实践性的东西。更具体地说,它还不是一般的实践性,而必须是自觉自愿的劳动。如果"劳动"因为蕴含"有意识的"、"创造性的"和"社会性的"而构成人类本质的核心部分,那么,自觉自愿的劳动则是人类本质的充分实现。马克思在《政治经济学批判(1857—1858年手稿)》中说:"而这种自由见之于活动恰恰就是劳动。"②

自觉自愿的劳动,典型地表现为一种出于个体需要但又满足集体利益的共同劳动。我们始终要记得的是,在马克思那里,如果"个体与集体"或者"个体与共同体"之间存在一种张力的话,那么马克思永远会站在共同性这边。他所期待和论证的那种自觉自愿的劳动,作为真正的自由的表现形式,也必须是指向一种合乎更高要求、更高标准的共同存在状态,指向一种更加确定的规定性和规范性的共同存在空间。它必须也只能在比人们目前所处的资本主义世界更规范、更合理、更高阶的共同体中实现。在那里,社会必要劳动被缩减到最低限度,"与此相适应,由于给所有的人腾出了时间和创造了手段,个人会在艺术、科学等等方面得到发展"③。

更重要的,"真正的自由"必须在历史进程中由无产阶级实现。卢卡斯说:"马克思主义与斯宾诺莎、卢梭、康德和黑格尔以及其他思想家的思想一起,属于我所谓的更宽泛、更复杂或者更丰富的自由观的范畴。它认为,对'真正的自由'的限制可以是内在的、消极的、非个人的……它完全笃信行为者是一种(潜在地)自我导向的存在的观念,这种行为者在与他人的相互认同与交往中达到了自我实现。"④ 但是,比此前或同时期的思辨哲学家特别是德国观念论者更胜一筹的是,对马克思恩格斯来说,自由的实现在任何意义上都不由观念决定,而由历史决定。在这个意义上,作为自由成就的自由,与其被理解为"人道主义的",不如被理解为"新人道主义的"。其"人道主义"的方面体现在,

---

① 《马克思恩格斯文集》第1卷,人民出版社,2009,第334~335页。
② 《马克思恩格斯全集》第30卷,人民出版社,2011,第615页。
③ 《马克思恩格斯文集》第8卷,人民出版社,2009,第197页。
④ 〔美〕斯蒂文·卢卡斯:《马克思主义与道德》,袁聚录译,高等教育出版社,2009,第94页。

这种观点承认并强调人应当摆脱压迫、实现自我；而其"新"的方面则体现在，自由的人道与蕴含客观规律的历史进程之间达成和解。

但是，这样的说法还是显得比较抽象。因为，即便是在历史的进程中而不是在思辨的进程中实现"真正的自由"，也不是所有人都能够做到的。实现"真正的自由"的主体是无产阶级。他们通过取得公共权力，通过改变生产资料的性质，通过转变社会生产方式，从而使人类劳动不再处于异化状态，而逐步形成自觉自愿的活动状态。这就是恩格斯在《社会主义从空想到科学的发展》中所说的："无产阶级将取得公共权力，并且利用这个权力把脱离资产阶级掌握的社会生产资料变为公共财产……随着社会生产的无政府状态的消失，国家的政治权威也将消失。人终于成为自己的社会结合的主人，从而也就成为自然界的主人，成为自身的主人——自由的人。"①

那么，无产阶级为什么能够承担这样的使命？因为无产阶级本身具有某种普遍性，具有某种普遍的力量。因为无产阶级已经被压榨、被剥夺到连普遍适用于每个人的基本诉求、基本需求都不能被满足的状态。在此情形下，无产阶级所提出来的利益诉求，将是适用于所有人的普遍的利益诉求；无产阶级所指向的社会方案，将是最能满足劳动自觉自愿性质和个体全面自由发展的方案。当然，即便这种看法是融贯的，也还面临两个挑战：第一个挑战是，人类的生产技术能够提高到让劳动成果极大丰富的状态吗？第二个挑战是，为什么这件事情必定由无产阶级来实现，仅仅因为无产阶级所诉诸的基本利益是适用于每个人的吗？如果无产阶级的衣、食、住所、教育等基本利益都能够得到满足，那么，他们的革命动力或者推动这个世界去实现真正自由的动力又在哪里？

对于这些极具挑战性的问题，还有很大的空间亟待填充。但这一点都不奇怪，因为马克思自己从来就不以一个伦理学家自居。他所留下的思想遗产，与其说能够帮助我们很快塑造出一种马克思主义伦理学的范式框架，不如说会给伦理学体系带来巨大的刺激乃至动摇。从这个意义上讲，认真对待马克思的思想遗产，从中寻求或建构一种与我们的当下、与我们的整个伦理思想脉络相融贯的马克思主义伦理学，就变得格外重要。

---

① 《马克思恩格斯全集》第 25 卷，人民出版社，2001，第 414 页。

守正与创新：恩格斯晚年对社会发展规律理论的思想贡献

李国泉　邱友亮*

【摘　要】在恩格斯晚年，坚持和发展马克思主义社会发展规律理论面临复杂的境遇。一方面，新一代的马克思主义理论家、革命家逐渐成长起来，推动社会发展规律理论的广泛传播与蓬勃发展；另一方面，在德国社会民主党内外，此起彼伏的错误论调所制造的重重思想迷雾，使社会发展规律理论面临简单化阐释和污名化攻击的双重挑战。面对理论上的严峻考验，恩格斯坚持将捍卫与论战、守正与创新相结合，既深刻揭示社会基本矛盾运动的辩证内蕴，又科学论证社会发展规律实现方式的复杂性，并创造性阐释历史合力论的要义。在晚年著述中，恩格斯以守正创新的态度生动展示了对待马克思主义社会发展规律理论应有的方法论原则，为科学认识和对待社会发展规律理论提供了重要的依据和启示。

【关键词】恩格斯晚年；社会发展规律理论；马克思主义；唯物史观

习近平总书记指出："时代课题是理论创新的驱动力。马克思、恩格斯、列宁等都是通过思考和回答时代课题来推进理论创新的。"① 诚然，1883年马克思逝世后，作为奏响马克思主义乐曲的"第二小提琴手"，恩格斯凭借战斗到底的坚强决心和顽强意志，毅然肩负起了捍卫和发展马克思主义社会发展规律理论的历史重任。面对国际共产主义运动出现的新动向、新形势和新挑战，恩格斯通过对部分经典著作撰写"按语""序言""导言""跋"等，并结合通信、访谈等方式，对马克思主义社会发展规律理论作出特定语境下的再阐释，使社会发展规律理论放射出更加灿烂的真理光芒。探讨恩格斯晚年对社会发展规律

---

* 李国泉（1988~　），法学博士，复旦大学马克思主义学院副教授，主要研究方向为唯物史观与马克思主义中国化；邱友亮（1999~　），复旦大学马克思主义学院博士研究生，主要研究方向为马克思主义中国化。

① 《习近平著作选读》第2卷，人民出版社，2023，第333页。

理论的思想贡献，是研究马克思主义社会发展规律理论的重要议题。

一 恩格斯晚年坚持和发展社会发展规律理论面临的现实境遇

通常而言，所谓"恩格斯晚年"的时间界定并非机械地遵从年龄阶段的划分，而是将马克思的逝世作为重要时间节点。时值世界政治经济形势出现剧烈变动，无产阶级革命的外在环境发生深刻变化之际，如何为社会发展规律理论注入时代活力，是恩格斯作为无产阶级的革命导师所要回应的重大课题。

（一）社会发展规律理论顺势得到了广泛传播与蓬勃发展

19世纪八九十年代，在马克思恩格斯的亲切关怀与直接指导下，一批马克思主义理论家、革命家逐渐成长起来，为保卫、宣传和丰富社会发展规律理论作出了独特贡献。比如，在社会发展规律理论受到非议和诘难时，笃定地与恩格斯站在一起的弗兰茨·梅林，不仅理直气壮地驳斥了资产阶级学者的无耻诽谤，而且从方法论的视域出发，阐述了社会发展规律理论的核心要义，深刻诠释了这一理论诞生的历史必然性及其革命性意义。梅林指出，"历史唯物主义消灭了每一种任意的历史结构；它排斥了每一种想把多变的人类生活视为一律的死板公式"，因而是"研究人类发展过程的科学方法"①。这些认识曾受到恩格斯的高度赞赏。再如，在国际工人运动中享有盛誉的保尔·拉法格，不但在法国社会主义革命斗争中作出突出贡献，还在关于社会发展规律理论的思想论战中，提出了许多精辟独到的见解。在正确论证社会存在与社会意识辩证关系的基础上，拉法格以清晰透彻的语言剖析了社会发展的根本动力。他强调，尽管政治制度、哲学宗教以及意识形态对人类社会历史发展产生了巨大影响，但要厘清"历史运动的基本原因"，就必须深入"物质生活的生产方式中去寻找"②。这一观点廓清了社会发展规律理论在实践中碰撞出的思想困惑。

总体而言，在恩格斯晚年涌现的一批优秀的理论战士，为社会发展规律理论的捍卫与传播作出了重要的贡献。当然，我们也要看到，由于理论素养不尽相同，他们对许多核心原理的解释与发挥，除了一些富有启发性的思想闪光点之外，也存在不少理论缺陷，有些甚至存在重大认识误区。这一系列理论瑕疵，引起了德国社会民主党在思想上和策略上的极大混乱，在历史上产生了深远影响。

---

① 〔德〕梅林：《保卫马克思主义》，吉洪译，人民出版社，1982，第20、25页。
② 拉法格在文本中对"基本"和"物质生活的生产方式"加了着重号。参见〔法〕保尔·拉法格《思想起源论》，王子野译，生活·读书·新知三联书店，1963，第36页。

（二）社会发展规律理论面临简单化阐释和污名化攻击的双重巨大挑战

当马克思主义社会发展规律理论逐渐在理论与实践上占据指导地位的时候，德国社会民主党内外此起彼伏的错误论调所制造的重重迷雾，使社会发展规律理论直接面临双重巨大挑战。这是恩格斯晚年捍卫并创新社会发展规律理论的重要动因。

一方面，在德国社会民主党内，受资产阶级思潮的影响，以机会主义面貌出现的反对集团——"青年派"，以党内的思想家和领导人自居，力图用庸俗化和简单化的阐释进路对待社会发展规律理论，最终使其面目全非。他们不仅大肆宣称"经济因素是唯一决定性的因素"[1]，认为"你的活动有什么用呢，一切宣传和组织工作有什么用呢？——推动人们向前的是经济发展，而不是你的活动"[2]，而且从教条式的理解框架出发，只是将社会发展规律理论视为某种套语或标签贴到事物上，便认为完成了理论的现实化和革命化。对此，恩格斯满怀忧虑地指出："在理论方面，我在这家报纸上看到了（一般来说在'反对派'的所有其他报刊上也是这样）被歪曲得面目全非的'马克思主义'，其特点是：第一，对他们宣称要加以维护的那个世界观完全理解错了；第二，对于在每一特定时刻起决定作用的历史事实一无所知；第三，明显地表现出德国著作家所特具的无限优越感。"[3] 毫无疑问，"青年派"教条主义式的套用和阐发，给社会发展规律理论的传播带来了严重的消极影响，予以对手攻击和诋毁社会发展规律理论的口实。

另一方面，在资产阶级理论家阵营，以保尔·巴尔特为代表的德国唯心主义哲学家，站在实证主义的立场上，恶意歪曲马克思主义社会发展规律理论。他们从先入为主的逻辑基点出发，不仅全盘否认马克思在哲学史上的原创性贡献，并且别有用心地把社会发展规律理论污蔑为"技术经济历史观"，进而将其贬低为"社会静力学"[4]，妄称马克思和恩格斯从未将上层建筑对经济基础的能动反作用纳入理论视野。这些理论误读遮蔽了社会发展规律理论的辩证意蕴，得到了资产阶级社会学家的广泛宣扬，同时，为国际共产主义运动中修正主义思潮的历史出场提供了理论前提。巴尔特在研究方面的轻浮态度引起了恩格斯的强烈愤慨，他指出："巴尔特对马克思的批评，真是荒唐可笑。他首先制造一种唯物主义的历史理论，说什么这应当是马克思的理论，继而发现，在马克思

---

[1] 《马克思恩格斯文集》第10卷，人民出版社，2009，第591页。
[2] 殷叙彝：《一次大学生和文学家的骚乱——论德国社会民主党内的"青年派"》，《国际共运史研究资料》1981年第1期。
[3] 《马克思恩格斯文集》第4卷，人民出版社，2009，第396页。
[4] 〔苏〕丽·格·戈尔什科娃：《十九世纪九十年代恩格斯对历史唯物主义的发展》，孙魁译，人民出版社，1981，第47~48页。

的著作中根本不是这么回事。但他并未由此得出结论说，是他，巴尔特，把某些不正确的东西强加给了马克思，相反，却说马克思自相矛盾，不会运用自己的理论！"① 质而言之，马克思主义社会发展规律理论遭遇严峻的考验，亟待恩格斯对此作出强有力的澄明与发展。

二 恩格斯晚年对社会发展规律理论的捍卫与创新

在马克思逝世次日，恩格斯在致老战友约翰·菲力浦·贝克尔的书信中，悲痛而又无畏地表示："现在，我们两人差不多是1848年以前的老近卫军中最后的两个人了。这又有什么关系，我们一定要坚守岗位。"② 恩格斯不仅捍卫了马克思主义社会发展规律理论的基本原理，而且结合新的历史条件对其作出了创造性的贡献。

（一）深刻揭示社会基本矛盾运动的辩证内蕴

在推动哲学革命并创立社会发展规律理论时，青年马克思为了与"唯意志论""绝对精神论"等唯心史观彻底划清界限，在其著作中关于经济因素对社会历史发展的决定性作用的强调，必然带有突出的倾向性。在恩格斯晚年，这种倾向性在社会发展规律理论大众化的过程中，逐渐分化乃至异化出了两种错误思潮，即庸俗化、机械化的"唯经济决定论"和"自发经济决定论"。针对这些误解和曲解，恩格斯深刻揭示了社会基本矛盾运动的辩证内蕴，为马克思主义社会发展规律理论的深化和发展作出了卓越贡献。

恩格斯强调了以生产方式为基础的经济因素在社会历史发展过程中具有"归根到底"的决定性作用，这一限定语饱含鲜明的唯物辩证法色彩。恩格斯对此反复地进行了说明。"我们把经济条件看做归根到底制约着历史发展的东西。"③ "根据唯物史观，历史过程中的决定性因素归根到底是现实生活的生产和再生产。"④ "根据唯物主义观点，历史中的决定性因素，归根结底是直接生活的生产和再生产。"⑤ 基于语义分析可知，"归根到底"的辩证内蕴体现在如下方面。一是说明历史的决定性因素具有丰富性。"唯经济决定论"的理论误区在于将经济因素视为社会历史发展的唯一因素，从而不仅忽视政治法律制度和思想观念文化等上层建筑的重要作用，并且没能看到"人是本质、是人的全

---

① 《马克思恩格斯文集》第10卷，人民出版社，2009，第616~617页。
② 《马克思恩格斯全集》第35卷，人民出版社，1971，第457页。
③ 《马克思恩格斯文集》第10卷，人民出版社，2009，第668页。
④ 《马克思恩格斯文集》第10卷，人民出版社，2009，第591页。
⑤ 《马克思恩格斯文集》第4卷，人民出版社，2009，第15页。

部活动和全部状况的基础"①，因而无法透视作为历史主体的人的能动作用。而"归根到底"一词，则表明社会历史发展的层次性与曲折性无法从单个要素中得到全面理解。二是说明经济因素在影响历史发展的诸多因素中具有根本性。在历史长河中，许多重大事件从表面上看，似乎是政治的或思想的因素直接导致了结果的发生。但究其根源，依然是较为隐蔽的经济因素在发挥根本性和全局性的影响。当然，这种影响时常并不会直接作用于某个具体的人或事物。对这一原理的辩证内蕴认识不足，自然无法准确理解社会发展规律理论的科学性和真理性。

进而，恩格斯着重分析了上层建筑中各因素之间的相互作用与相互影响，论证了具有相对独立性的上层建筑所能够发挥的重要作用。在通信中，在坚持经济因素起决定性作用的前提下，恩格斯笔锋一转，尖锐地批评道："如果有人在这里加以歪曲，说经济因素是唯一决定性的因素，那么他就是把这个命题变成毫无内容的、抽象的、荒诞无稽的空话。"② 恩格斯指出，作为一个复杂的有机整体，上层建筑包括艺术、文化、宗教、哲学等思想观念和意识形态，以及相应的制度、机构、组织等物质性实体，即思想上层建筑和政治上层建筑。在上层建筑中，各个因素分别承担的社会功能有所区别，因而与经济基础发生交互作用的方式也不尽相同：居于主导地位的政治、法律及其物质结构，直接体现并反映统治阶级的根本利益，能够直接与经济基础发生联系。与之相对，各种思想观念有其相对独立性和历史继承性，例如距离经济活动较远的哲学与宗教，既要反映现实的政治经济状况，又要受到既有的哲学基础和教义体系的影响，故而需要通过中介环节，间接地与经济基础发生联系。总之，一旦上层建筑形成后，就有其自身运行的规律。它既可以促进、引领经济基础向前发展，也可能阻碍、束缚其前进，在一定条件下，甚至也能够对社会历史起到决定性作用。

由此可见，恩格斯从社会有机体的视域出发，丰富了社会基本矛盾推动社会发展的规律。其中，对人类社会历史的剖析，突破了线性的单值解析框架，转向了多元、多变量的综合分析，因而始终贯穿着唯物辩证的思维方式。

（二）科学论证社会发展规律实现方式的复杂性

马克思主义社会发展规律理论不是限于书斋或束之高阁的学问，而是解释世界和改变世界的有力思想武器。在社会发展规律理论走向现实的过程中，迎面而来的便是具体的实践环境和历史条件。关于"实践环境和历史条件"所涵

---

① 《马克思恩格斯文集》第1卷，人民出版社，2009，第295页。
② 《马克思恩格斯文集》第10卷，人民出版社，2009，第591页。

盖的内容，恩格斯指出："我们自己创造着我们的历史，但是第一，我们是在十分确定的前提和条件下创造的。其中经济的前提和条件归根到底是决定性的。但是政治等等的前提和条件，甚至那些萦回于人们头脑中的传统，也起着一定的作用，虽然不是决定性的作用。"① 概言之，马克思主义论域中的实践环境和历史条件，既包括经济条件，也包括政治的和历史文化的重要前提。承续这一思想逻辑，当社会发展规律在特定的时空场域中通过"一切因素间的相互作用"② 而展开时，社会发展规律的作用形式及其结果的复杂性也就随之呈现。

沿袭马克思长期的理论探索，恩格斯在晚年著作中对社会发展规律实现方式的复杂性作了科学论证。比如，19世纪90年代，恩格斯以俄国农村公社为现实观照，深入剖析了俄国社会发展道路及其前景，重点阐明了社会发展规律在俄国的特殊实现形式。此前，马克思和恩格斯一致认为："假如俄国革命将成为西方工人革命的信号而双方互相补充的话，那么现今的俄国公有制便能成为共产主义发展的起点。"③ 这是对"革命是历史的火车头"科学论断的灵活运用。回顾这一时期马克思恩格斯的表述，他们反复使用了诸如"只要……就……""假如……便能……"等条件句式。可以看出，马克思恩格斯是在极为审慎地对俄国社会历史演进作出推测，并认为在严格的历史条件下俄国具备跨越"卡夫丁峡谷"的可能性。

但仅不到20年，俄国资本主义的进一步发展、农村公社经历的巨大变迁，促使恩格斯对这一问题进行重新思考。一方面，资本主义时代潮流的巨大冲击，预示着俄国农村公社行将解体的历史命运，社会发展规律理论的普遍性得以充分显现。在听闻俄国自由主义民粹派对农村公社存在幻想与留念时，恩格斯清醒而坚定地指出："从公社农业和宗法式家庭工业向现代工业过渡的结果……最终必将危及公社的存在，并把资本主义制度扩展到农业方面去。"④ 而妄图通过货物贸易保留"纯粹农业国"领先地位的想法，也丝毫不具备实现的历史可能性。此时，经济因素的实践所发挥出的决定性作用，以一种不可抗拒的力量合乎规律地推动俄国向资本主义社会转型。另一方面，根据普遍性与特殊性相统一的历史辩证法，俄国迈入社会主义社会的特殊历史道路使其仍然具有"跨越"的可能性。固然，恩格斯批判了农村公社是俄国社会发展的优越所在这一错误观点，但他依然坚定捍卫了马克思的基本观点。在《〈论俄国的社会问题〉跋》中，恩格斯在深思熟虑的基础上，以清晰明了的文字再次说明："那些刚刚进入资本主义生产而仍然保全了氏族制度或氏族制度残余的国家，可以利用

---

① 《马克思恩格斯文集》第10卷，人民出版社，2009，第592页。
② 《马克思恩格斯文集》第10卷，人民出版社，2009，第591页。
③ 《马克思恩格斯文集》第2卷，人民出版社，2009，第18页。
④ 《马克思恩格斯文集》第10卷，人民出版社，2009，第624~625页。

公有制的残余和与之相适应的人民风尚作为强大的手段,来大大缩短自己向社会主义社会发展的过程,并避免我们在西欧开辟道路时所不得不经历的大部分苦难和斗争。但这方面的必不可少的条件是:目前还是资本主义的西方作出榜样和积极支持……然而那时它们的成功也是有保证的。"① 恩格斯的这一科学设想,与马克思所作的深刻概括并非完全相同,但两人在根本立场、基本观点和理念旨趣上内在地一致。通过对俄国社会发展的必然性与偶然性的透彻分析,恩格斯系统论证了社会发展规律实现方式的复杂性。

(三) 创造性阐释历史合力论的要义

社会发展规律既是人类历史演变的客观规律,同时又是"人们自己的社会行动的规律"②。社会历史就是人的本质力量对象化的过程。因此,人的存在及其主体性为解开社会发展规律理论的辩证实质提供了一把锁钥。青年时期的马克思恩格斯,在持有"历史不过是追求着自己目的的人的活动而已"③ 这一观点的同时,更加强调客观的物质生产方式的重要性,从而刻意地对人的目的、欲望、意志等主观因素进行淡化。当恩格斯面临"青年派"对人的主体力量的排斥时,对个体意志综合而成的历史合力的强调也就呼之欲出了。那么,值得追问的是,人的主观因素究竟是如何深度介入并影响人类历史进程的?

首先,作为分力的单人意志能够联合、团结、凝聚成为一整个历史合力。在发生学意义上,每个意志的生成过程都携带历史性和社会性的烙印,换言之,"是由于许多特殊的生活条件,才成为它所成为的那样"④。当然,由此合乎逻辑地作出进一步推断,历史合力是由无数的个体意志交错碰撞或相互融合而系统构成的集合体。无论是杰出伟人还是普通群众,每个人的意志都有其自身的独特性,都对历史合力的形成产生了一定的作用,但这种作用从来不能抽离于社会关系而单独地发挥,而是必须始终处于历史洪流的整体中,作为关系性、社会性的存在,才能充分发挥其历史效用。对此,恩格斯认为:"每个意志都对合力有所贡献,因而是包括在这个合力里面的。"⑤

其次,由人民群众凝结而成的历史合力构成了社会历史前进的最终动力,但其呈现的最终结果并不一定完全符合预期。在社会发展规律理论的视域中,人类社会发展史与自然发展史的本质差异在于,人的主体能动性与实践目的性,全面参与并实质影响了社会历史的进程,而自然界则"全是没有意识的、盲目

---

① 《马克思恩格斯文集》第4卷,人民出版社,2009,第459页。
② 《马克思恩格斯文集》第9卷,人民出版社,2009,第300页。
③ 《马克思恩格斯文集》第1卷,人民出版社,2009,第295页。
④ 《马克思恩格斯文集》第10卷,人民出版社,2009,第592页。
⑤ 《马克思恩格斯文集》第10卷,人民出版社,2009,第593页。

的动力"在"彼此发生作用"①。恩格斯指出:"在社会历史领域内进行活动的,是具有意识的、经过思虑或凭激情行动的、追求某种目的的人;任何事情的发生都不是没有自觉的意图,没有预期的目的的。"② 需要注意的是,在恩格斯看来,历史也并不会完全根据预期或设想的那样产生最终结果,相反,历史所展现的真实图景实际上充满偶然性和非预期性。其原因在于,每个个体意志所蕴含的力量是非均衡的,其性质也大不相同:或是革命进步的,抑或反动倒退的,这就造成了社会历史的曲折性。这一观点事实上是对马克思本人思想的继承与发展。马克思曾强调:"运动的整体虽然表现为社会过程,这一运动的各个因素虽然产生于个人的自觉意志和特殊目的,然而过程的总体表现为一种自发形成的客观联系;这种联系尽管来自自觉的个人的相互作用,但既不存在于他们的意识之中,作为总体也不受他们支配。"③ 很显然,历史合力论的思想要义表现为内部必然性与外在偶然性的辩证统一,这既是对人民群众蕴藏的磅礴伟力的高度肯定,又直接指向了社会历史轨迹的复杂性。

三 恩格斯晚年坚持和发展社会发展规律理论的方法论原则

恩格斯既是坚持社会发展规律理论的典范,同时也是推进社会发展规律理论时代化的典范。列宁指出:"不研读恩格斯的全部著作,就不可能理解马克思主义,也不可能完整地阐述马克思主义。"④ 在晚年著述中,恩格斯公开树立起了社会发展规律理论这面光辉而鲜明的旗帜,不断推进社会发展规律理论成为颠扑不破的科学真理,深刻彰显了这一理论的批判性、发展性和时代性。毋庸讳言,倘若没有恩格斯晚年的一系列重要著作,马克思主义社会发展规律理论恐怕很难以一个丰富完善的科学理论形态呈现。恩格斯始终坚持以科学的态度对待科学,以真理的精神追求真理,生动展示了守正与创新社会发展规律理论应有的方法态度。

(一)坚持涵养忠于原著、忠于原理的理论品格

恩格斯指出:"社会主义自从成为科学以来,就要求人们把它当做科学来对待,就是说,要求人们去研究它。"⑤ 所谓"当做科学来对待"的研究,实质上

---

① 《马克思恩格斯文集》第4卷,人民出版社,2009,第301页。
② 《马克思恩格斯文集》第4卷,人民出版社,2009,第302页。
③ 《马克思恩格斯全集》第30卷,人民出版社,1995,第147页。
④ 《列宁专题文集 论马克思主义》,人民出版社,2009,第50页。
⑤ 《马克思恩格斯文集》第2卷,人民出版社,2009,第219页。

指涉的是以阅读和理解原著为切入点,从中深刻体认马克思主义经典作家将基本原理与历史事件相结合的分析理路,全面透视马克思主义"行"的内在机理,从而真正坚持涵养忠于原著、忠于原理的理论品格。

在晚年书信中,如何研习马克思主义尤其是社会发展规律理论,是恩格斯所关注的重点问题。其中,对马克思本人著作的重视和强调,是贯穿其中的一条鲜明主线。在《资本论》第三册增补中,恩格斯指出:"像马克思这样的人有权要求人们听到他的原话,让他的科学发现原原本本按照他自己的叙述传给后世……对于那些希望真正理解它的人来说,最重要的却正好是原著本身。"[①]在致布洛赫的信中,恩格斯强调:"我请您根据原著来研究这个理论,而不要根据第二手的材料来进行研究——这的确要容易得多。"[②]他始终认为,理论学习没有捷径可走,而"一些简述读物和别的第二手资料"不可避免地带有"引入迷途"[③]的风险。同样,"青年派"和保尔·巴尔特等人之所以能够有意或无意地制造关于社会发展规律理论的错误论调,正是因为他们没有忠实于马克思主义经典原著,没能注意到在原著中"这些原理具有非常明确的界限"[④],甚至通过主观预设的前置立场,将社会发展规律视为普遍适用的抽象公式,简单套用并强行阐释一切社会现象,由此形成了"带有绝对普遍的、因而是不正确的意义"[⑤]。有鉴于此,为了尽可能地给予详细具体的指导,恩格斯不厌其烦地罗列了一串书单,包括《路易·波拿巴的雾月十八日》《资本论》《反杜林论》《路德维希·费尔巴哈和德国古典哲学的终结》,等等。这些著作或是"运用这个理论的十分出色的例子"[⑥],抑或"对历史唯物主义作了就我所知是目前最为详尽的阐述"[⑦]。可以说,恩格斯倡导的忠于原著、忠于原理的理论品格与研究方法,既扭转了当时关于社会发展规律理论的错误认识,又生动展现了恩格斯的学术风范。

(二)注意在"总的联系"中把握社会发展规律理论的整体性

忠于原著、忠于原理并不意味着必然会走向生搬硬套的教条主义。作为正确认识人类社会发展规律的新理论范式,社会发展规律理论不应被用以剪裁历史,而应在坚持系统观念的基础上保持其思想完整性,进而从整体性上进行充分的把握和运用。在通信中论及自己的著述时,马克思评价道:"不论我的著作

---

① 《马克思恩格斯文集》第7卷,人民出版社,2009,第1005页。
② 《马克思恩格斯文集》第10卷,人民出版社,2009,第593页。
③ 《马克思恩格斯全集》第36卷,人民出版社,1975,第200页。
④ 《马克思恩格斯全集》第36卷,人民出版社,1975,第84页。
⑤ 《马克思恩格斯全集》第36卷,人民出版社,1975,第84页。
⑥ 《马克思恩格斯文集》第10卷,人民出版社,2009,第593页。
⑦ 《马克思恩格斯文集》第10卷,人民出版社,2009,第593页。

有什么缺点，它们却有一个长处，即它们是一个艺术的整体。"① 事实上，整体性是社会发展规律理论的内在特质与核心原则，而对系统观念的运用则构成恩格斯晚年捍卫与创新社会发展规律理论的重要线索。

1894年1月，在致瓦尔特·博尔吉乌斯的书信中，恩格斯在阐明一系列社会发展规律理论的基本原理后，进一步指出："请您不要过分推敲上面所说的每一句话，而要把握总的联系。"② 1895年3月，在致康拉德·施米特的信中，恩格斯批评了施米特在理论上采取重视枝节问题而忽视全貌的折中主义方法，他认为："这种方法丢掉了事物的总的概貌，过于经常地陷入一种几乎是无休止、无结果的对枝节问题的思辨中……在这些地方，我认为您没有经常注意总的联系。"③ 此外，恩格斯在致理查·费舍的信中重申，马克思主义经典著作需要系统地、整体地进行学习，而不能满足于"使人莫名其妙"的"支离破碎的阅读"④。据此而言，对文本、原理以及竖立其上的社会发展规律理论的系统性把握，在逻辑上必须优先于某些具体的细节性论断。文本中的每一句话并非文本全貌，而是构成整体的要素。如果不是在系统论的视域下整体地把握文本，而是孤立地考察其中的某一句话，就必然会产生理论误读。历史上的许多学者对社会发展规律理论或是走向无意的误解，或是采取有意的歪曲，其源出于此。他们将犹如"一整块钢"的社会发展规律理论肢解为互不相关甚至是相互对立的片段，并把其中一个片面的部分无限夸大为至高无上的绝对真理，由此自然无法得到正确认识。因此，要深刻把握、全面领会马克思主义社会发展规律理论，不能片面地学习，也不能部分地阐释，特别是不能"对这些原理的前提却只是一笔带过"⑤，而应该运用系统的世界观和方法论加以审视，坚决维护社会发展规律理论体系的完整性。

（三）用发展的眼光推进社会发展规律理论的时代化

"每个原理都有其出现的世纪。"⑥ 历史地看，在马克思恩格斯一道创立社会发展规律理论之前，古往今来无数的哲学家和思想家，从未停止过研究社会历史内在规律的脚步。然而，由于客观历史条件的制约，加之唯心主义历史观在意识形态上长期占据统治地位，他们没能对历史背后的规律作出科学的认识与分析。马克思主义社会发展规律理论的创立，照亮了人类探索历史规律和寻

---

① 《马克思恩格斯文集》第10卷，人民出版社，2009，第231页。
② 《马克思恩格斯文集》第10卷，人民出版社，2009，第670页。
③ 《马克思恩格斯文集》第10卷，人民出版社，2009，第692~693页。
④ 《马克思恩格斯文集》第10卷，人民出版社，2009，第702页。
⑤ 《马克思恩格斯全集》第36卷，人民出版社，1975，第83~84页。
⑥ 《马克思恩格斯文集》第1卷，人民出版社，2009，第607页。

求自身解放的道路，但这并不意味着社会历史规律研究的完成与终结。因此，随着人类历史的不断向前发展，对社会发展规律的真理性认识也应当随之不断地丰富。正如恩格斯所言："我们的理论是发展着的理论，而不是必须背得烂熟并机械地加以重复的教条。"①

在恩格斯晚年，面对来自资产阶级反动学者和党内机会主义派的双重挑战，恩格斯实现了原则守正和思想创新的辩证统一，真正贯彻了他与马克思在《共产党宣言》序言中反复提及的"这些原理的实际运用……随时随地都要以当时的历史条件为转移"②的精髓和灵魂。具体来看，一方面，恩格斯基于对国家权力、法和意识形态如何对经济基础产生能动反作用的深入剖析，有力论证了上层建筑中各种因素如何相互影响并反作用于经济基础，弥补了过去在论战中两人对这一基本原理"通常也强调得不够"③的遗憾和缺陷；另一方面，恩格斯在坚持社会发展规律客观性的基础上，深刻揭示了人类社会发展的内在规律与人的自由意志和主观能动性之间的关系，通过"历史合力论"进一步拓展了社会发展规律理论的丰富内涵，推动了社会发展规律理论的创新与发展。历史和实践雄辩地证明，恩格斯晚年在经济基础与上层建筑的复杂关系以及历史发展的必然性和偶然性等诸多议题上的一系列理论成果，使马克思主义社会发展规律理论适应了19世纪末国际共产主义运动的现实需要，为后世学习和理解社会发展规律理论提供了不可或缺的思想资源。

四　结束语

作为"当代社会主义最杰出的代表人物之一"④，恩格斯在晚年对马克思主义社会发展规律理论的守正与创新，其背后所展现的精神特质与理论品格，对我们深化关于党的理论创新的规律性认识，进而开辟21世纪马克思主义发展新境界具有重要的启示意义。总体而言，21世纪马克思主义需要不断回应并解答好全新的时代之问，这就决定了21世纪马克思主义必然以不同于先前的理论新样态而出现。党的十八大以来，习近平新时代中国特色社会主义思想以一系列原创性的理论贡献标注了马克思主义发展的新高度，使马克思主义的开放性和时代性在中国又一次得到充分彰显。新时代中国共产党人清醒地认识到，"马克思主义中国化取得了重大成果，但还远未结束"⑤。因此，为了让马克思主义社

---

① 《马克思恩格斯文集》第10卷，人民出版社，2009，第562页。
② 《马克思恩格斯文集》第2卷，人民出版社，2009，第5页。
③ 《马克思恩格斯文集》第10卷，人民出版社，2009，第657页。
④ 《马克思恩格斯文集》第3卷，人民出版社，2009，第491页。
⑤ 习近平：《在哲学社会科学工作座谈会上的讲话》，人民出版社，2016，第9页。

会发展规律理论在中国继续迸发出崭新的生机与活力，我们理应学习恩格斯严谨科学的理论态度与守正创新的思想方法，始终面向不断变化的现实世界，研究在历史发展过程中迫切而重大的理论与现实问题。同时，积极总结实践经验，从实践中不断凝练新的理论观点，以此推动马克思主义社会发展规律理论实现新发展、新运用。

党史党建论苑

论中共三大的历史地位与深远意义

薛庆超*

【摘　要】中国共产党第三次全国代表大会是中国近现代史发展关键时刻的一次关键性会议。它正式确定建立以国共合作为基础的统一战线，开创统一战线理论与实践发展的先河。深入研究中共三大开启统一战线实践的历史经验，对在中国特色社会主义新时代实现祖国统一和中华民族伟大复兴具有重要意义。

【关键词】中共三大；国共合作；统一战线

1923年6月，中共三大在广州举行。中共三大彪炳史册的重大贡献是正式确定建立国共合作的统一战线。2023年6月是中共三大召开100周年。《中共中央关于党的百年奋斗重大成就和历史经验的决议》指出："建立最广泛的统一战线，是党克敌制胜的重要法宝，也是党执政兴国的重要法宝。"[①] 中国特色社会主义进入新时代，深入研究中共三大开启的以国共合作为基础的统一战线的历史经验，对实现祖国统一和中华民族伟大复兴具有重要意义。

一　中共三大决定建立国共合作的统一战线，明确了中国共产党人在国共合作中担负的重要责任以及中国革命的领导力量

中共三大正式确定建立国共合作的统一战线。中国共产党成立后，立即成为中国革命的领导核心。中共三大深入分析中国社会实际情况，认为："宜有一个势力集中的党为国民革命运动之大本营，中国现有的党，只有国民党比较是一个国民革命的党，同时依社会各阶级的现状，很难另造一个比国民党更大更

---

* 薛庆超（1955~ ），中共中央党史和文献研究院研究员，主要研究方向为中共党史、马克思主义中国化研究。

① 《中共中央关于党的百年奋斗重大成就和历史经验的决议》，《人民日报》2021年11月17日。

革命的党，即能造成，也有使国民革命势力不统一不集中的结果。"① 为此，中共三大提出："共产国际执行委员会议决中国共产党须与中国国民党合作，共产党党员应加入国民党，中国共产党中央执行委员会曾感此必要，遵行此议决，此次全国大会亦通过此议决。"②（议决即决议，是当时的政治术语）中共三大在决定国共合作时明确："我们加入国民党，但仍旧保存我们的组织，并须努力从各工人团体中，从国民党左派中，吸收真有阶级觉悟的革命分子，渐渐扩大我们的组织，谨严我们的纪律，以立强大的群众共产党之基础。"中共三大向全党提出明确要求："我们在国民党中，须注意下列各事：（1）在政治的宣传上，保存我们不和任何帝国主义者任何军阀妥协之真面目。（2）阻止国民党集全力于军事行动，而忽视对于民众之政治宣传，并阻止国民党在政治运动上妥协的倾向，在劳动运动上改良的倾向。（3）共产党党员及青年团团员在国民党中言语行动都须团结一致。（4）须努力使国民党与苏俄接近时时警醒国民党，勿为贪而狡的列强所愚。"③中共三大决定采取共产党员以个人身份加入国民党的方式实现国共合作。第一次国共合作意味着"双赢"——既有利于孙中山实现改造国民党的愿望，使民党获得新生；也有利于中国共产党走上更广阔的政治舞台，得到更多锻炼和更大发展。因此，决定建立以国共合作为基础的统一战线是中共三大的重大历史性功绩，具有深远的历史意义。

中共三大进一步深化与拓展了中共二大关于统一战线的政策。中共二大改变了中共一大文件中的有关规定，最早提出关于统一战线的思想。在《关于"民主的联合战线"的议决案》中明确号召全国的工人、农民团结在共产党的旗帜下进行斗争；同时提出联合全国一切革命党派，联合资产阶级民主派，组织民主的联合战线。中共二大后，中国共产党进一步认识到，应该联合孙中山领导的国民党，建立工人阶级和民主力量的联合战线。然而，以什么形式进行合作的问题却没有得到解决。其实，第一次国共合作建立统一战线前，国民党实质上是一个空壳子——知名度很高，但缺乏坚强有力的各级组织；影响力很大，但缺乏实际内涵；上层老气横秋，缺乏中青年骨干力量；特别是因不接地气而成为"空中楼阁"，与劳苦大众基本上没有联系。一开始，中国共产党主张两党实行党外合作。但是孙中山不接受党外联合，只同意共产党员以个人身份加入国民党。1922年8月，中共中央在西湖会议上决定，在孙中山改组国民党的条件下，由共产党少数负责人先加入国民党，同时劝说全体共产党员以个人名义加入国民党。中共三大高屋建瓴，指明了共产党人在国共合作中担负的重要责任，这是中国共产党从创建时期进入大革命时期的转折点。中共三大闭

---

① 《建党以来重要文献选编（1921~1949）》第1册，中央文献出版社，2011，第259页。
② 《建党以来重要文献选编（1921~1949）》第1册，中央文献出版社，2011，第259页。
③ 《建党以来重要文献选编（1921~1949）》第1册，中央文献出版社，2011，第259页。

幕后，中共中央 1923 年 8 月发表《中国共产党对于时局之主张》，最后三呼口号："打倒利用军阀侵略中国的列强""打倒勾结列强压迫人民的军阀""全中国国民革命者联合起来"。其中前两句口号准确、概括地体现了中共二大制定的反帝反封建的民主革命纲领，第三句口号则科学、凝练地体现了中共三大的主要内容，向中国人民发出建立统一战线的历史任务。这三个口号浑然一体、密不可分，正是中共三大继承二大精神、深化与拓展二大内容的集中体现。

中共三大选举的中央执行委员会成为推动大革命迅猛发展的领导核心。1923 年 5~9 月，广州成为中共中央所在地。1922 年 7 月 18 日，共产国际决定将中共中央驻地由上海改为广州。共产国际代表马林将这一决定带到中国后，中共中央领导机关 1923 年 5 月由上海迁至广州。中共三大选举产生了新一届中央执行委员会。目前，能够反映中共三大选举结果的最早、最详细的原始历史文献有两份，一份是共产国际驻中国代表马林用德文撰写，向共产国际执行委员会、共产国际执行委员会东方部远东局和赤色职工国际提交的报告①；另一份是中国共产党早期领导成员瞿秋白撰写的《中国共产党历史概论》中记录的中共第三届中央执行委员会选举结果。马林在报告中写道，在中共第三届中央执行委员会选举中，陈独秀 40 票，票数最高；然后是蔡和森 37 票，李守常（李大钊）37 票，王荷波（工人）34 票，毛泽东 34 票。然后，中共第三届中央执行委员会在广州春园二楼举行会议，研究中共中央局成员及分工。中共三大最后一项议程，瞿秋白、张太雷教唱《国际歌》（从此，在中国共产党全国代表大会闭幕式上全体代表集体高唱《国际歌》成为历史传统，从中共三大开始到中共二十大，持续近百年）。中共三大结束后，共产国际执行委员会的指示从莫斯科辗转到达中共中央。共产国际指示强调要加强共产党，使其成为群众性的无产阶级政党，要在工会中聚集工人阶级的力量，这就是共产党人的首要任务。共产国际的指示对中国共产党进一步探讨中国革命问题具有积极意义，对指导中共中央加强对大革命的领导具有重要意义，有力地提升了中共中央对大革命的领导力、组织力和共产党人在大革命时期的战斗力、凝聚力和创造精神。共产国际的指示进一步明确了中国共产党领导中国革命的前进方向。

二　中共三大确定中国共产党的中心工作，使毛泽东首次进入中央领导核心，对中共百年历史产生深远影响

把马克思主义基本原理同中国具体实际相结合贯穿百年党史。中共三大在

---

① 原件现存荷兰皇家文理学院阿姆斯特丹国际社会史研究所档案馆。苏联解体初期，俄罗斯档案管理部门入不敷出，公开出售大批历史档案，荷兰皇家文理学院阿姆斯特丹国际社会史研究所大批收购。马林关于中共三大选举情况给共产国际等的报告就是其中之一。

这方面已经有许多积极成果，特别是毛泽东首次进入中国共产党中央领导核心，更是对百年党史具有重要的、不可忽略的意义。

中共三大提出了中国共产党的中心工作和大革命的历史使命。《中国共产党第三次全国大会宣言》指出："同时拥护工人农民的自身利益，是我们不能一刻疏忽的；对于工人农民之宣传与组织，是我们特殊的责任；引导工人农民参加国民革命，更是我们的中心工作；我们的使命，是以国民革命来解放被压迫的中国民族，更进而加入世界革命，解放全世界的被压迫民族和被压迫的阶级。"① 这是中共三大对中共二大提出的反帝反封建的民主革命纲领的进一步深化和具体化。《中国共产党第三次全国大会宣言》提出的政治口号是"中国国民革命万岁！""全世界被压迫的民族解放万岁！""全世界被压迫的阶级解放万岁！"② 这说明，中国共产党在早期工作中就十分关注工人农民的切身利益，注重深入工人农民，从而孕育了"人民至上"的历史基因。

中共三大通过了一系列文件和决议，重视制度建设，为全面加强党的建设提供了经验。中共三大根据政治形势、革命任务和组织发展情况，通过了《中国共产党第三次全国大会宣言》等一系列重要文件，通过了《农民问题议决案》《青年运动议决案》《妇女运动议决案》《关于党员入政界的议决案》等一系列具体问题的决议，通过了《中国共产党党纲草案》《中国共产党第一次修正章程》《中国共产党中央执行委员会组织法》等一系列制度建设的重要文件。其中新修正党章规定，发展党员的入党介绍人由1人增加为2人，并第一次规定实行党员候补期制度。这两条制度历经百年，至今仍然有效。《中国共产党中央执行委员会组织法》规定："中央执行委员会及中央局之一切决定，以多数取决，但召集临时全党大会之议决，需以三分之二的多数议决。"这反映了中国共产党成立初期就非常重视民主集中制问题。中共三大制定的一系列制度标志着中国共产党重视制度建设的良好开端。党的制度建设具有政治性、理论性、指导性和长远性。我们党通过制度建设将党的理论发展和实践经验及时进行总结、深化和升华，通过制度建设将开创新局面的路线、方针和政策用制度形式确定下来，这就奠定了进一步深化理论创新和实践创新的重要依据和坚实基础。同时，制度建设具有传承性、延续性和持久性，通过制度建设来一步一步地记录、发展、传承、丰富和完善党的制度，我们党可以保持事业发展的连续性和稳定性。凡此种种说明，制度建设具有非同寻常的意义。

中共三大使毛泽东首次进入中央领导核心。在中共三大上，毛泽东作为中共湖南组织代表出席会议并发言，介绍湖南工人运动和农民运动情况，强调农

---

① 《建党以来重要文献选编（1921~1949）》第1册，中央文献出版社，2011，第277页。
② 《建党以来重要文献选编（1921~1949）》第1册，中央文献出版社，2011，第277页。

民问题的重要意义。在中共三大上，毛泽东第一次当选为中共中央委员、第一次当选为中共中央局委员、第一次担任中共中央局秘书，并在中共三大后第一次担任中共中央组织部部长（1924年5月，中共中央正式决定分设中央组织部、中央宣传部、中央工农部等，毛泽东任中央组织部部长）。从《中国共产党中央执行委员会组织法》的规定可以清楚知道，中共中央一切文件必须由中央执行委员会委员长和秘书共同签字方能发出，中央一切会议必须由中央执行委员会委员长和秘书召集才能举行。1923年7月2日，中共中央局委员长陈独秀、秘书毛泽东致信共产国际，报告中共三大及会后的活动情况："目前党内存在的一些困难已经在这次会议上获得解决。"① "此次会议后，我们决定把中央执行委员会的机关搬到上海工作，这不仅因为上海是工业最发展的中心区，而且也便于对全国工作进行指导和传达。"② 这是毛泽东和陈独秀按照《中国共产党中央执行委员会组织法》联署文件的例证之一。1923年9月上旬，中共中央机关由广州迁到上海，毛泽东与蔡和森、向警予等，住在中共中央局机关。同年9月10日，中共中央专门为"润之同志因事赴湘"③ 向全党发出通告。中共三大使毛泽东进入中共中央领导核心，成为中国共产党的重要领导成员，成为推动中国大革命浪潮蓬勃发展的核心人物之一。

三 中共三大决定建立的国共合作统一战线，有力地推动中国革命迅猛发展，统一战线成为中国共产党的重要法宝

中共三大使统一战线由党的决议成为具体实践，由理论化为具体行动。为了进一步研究贯彻中共三大决议，同年11月中国共产党第三届第一次中央执行委员会指出，国民革命运动是目前党的全部工作，"当以扩大国民党之组织及矫正其政治观念为首要工作"④，国民党 "有组织之地方"，同志们要一并加入，"无组织之地方" 更要为之创设组织。由于中国共产党当时尚处于幼年时期，党员甚少，各级组织有待发展，共产党通过上述办法团结国民党革命派，全力以赴争取 "站在国民党中心地位" 发挥领导作用。1923年10月，共产国际驻中国代表、苏联政府代表鲍罗廷到达广州后，孙中山积极推进改组国民党，改组国民党进入实质性阶段。1924年1月，国民党一大在广州举行，这是国民党成立后、在共产党帮助下举行的第一次全国代表大会。鲍罗廷起草《中国国民

---

① 《毛泽东年谱（1893~1949）（修订本）》上卷，人民出版社、中央文献出版社，1993，第114页。
② 《毛泽东年谱（1893~1949）（修订本）》上卷，人民出版社、中央文献出版社，1993，第114页。
③ 《毛泽东年谱（1893~1949）（修订本）》上卷，人民出版社、中央文献出版社，1993，第118页。
④ 《建党以来重要文献选编（1921~1949）》第1册，中央文献出版社，2011，第348页。

党第一次全国代表大会宣言》（以下简称《宣言》），共产党人瞿秋白翻译，孙中山同意。大会通过的《中国国民党章程》（以下简称《章程》）确认共产党员以个人身份加入国民党。《宣言》和《章程》共同成为国共合作的政治基础。国民党一大选举产生中国国民党中央执行委员会，共产党员当选中央执行委员和候补执行委员，占委员总数的1/4。改组后的国民党成为革命联盟，成为国共联合战线的组织形式。但是，国民党内的地主、买办、官僚、政客和南方军阀仍然占有一定地位，成为国民党右派的主要基础。

  毛泽东积极从事统一战线工作，成为国民党一大代表和候补中央执行委员。在中共三大期间，毛泽东多次利用休息时间，找湖南老乡、著名国民党人谭延闿谈国共合作问题，做争取谭延闿合作的工作。中共三大结束后，毛泽东与陈独秀、李大钊到国民党领导成员廖仲恺家里，谈国共合作问题。因为毛泽东在第一次国共合作的统一战线中发挥了重要作用，所以作为国民党湖南组织的代表，出席了1924年1月举行的国民党第一次全国代表大会。会议期间，毛泽东被指定为国民党章程起草委员会委员，并在会上多次发言。1月29日，国民党一大讨论"比例选举制为大会政纲之一"议案。毛泽东在发言中对此案表示明确反对："比例制有害于革命党，因少数人当选即有力量可以破坏革命事业，是予少数派以机会也。本席根本反对本案，以为不能讨论，不能表决。"① 毛泽东指出："比例选举制虽为社会党所赞成，但当其未成功时固是如此，若成功后即不尽然。此制很有害于革命之本身，盖以自由给予反对党，革命事业便十分危险。"② 由于毛泽东等人坚决反对，这一提案未被通过。在国民党一大选举时，毛泽东由孙中山亲自提名，被列为国民党中央执行委员会候补执行委员，顺利当选。会后，毛泽东作为国民党中央候补执行委员，出席孙中山主持召开的国共合作后的国民党第一届中央执行委员会、监察委员会第一次全体会议，并被派到国民党上海执行部工作。现在，中国台湾地区国民党"中央"党部的党史馆里，依然保存着毛泽东在国民党上海执行部工作期间给国民党中央的有关报告等历史文献。在中共三大后建立的国共合作统一战线期间，毛泽东在国民党一大、二大上均当选为候补中央执行委员，曾任国民党中央宣传部代理部长；主办第六届中央农民运动讲习所，并讲课《中国农民问题》《农村教育》《地理》和专题讲座《中国社会各阶级的分析》；曾任国民党上海执行部执行委员暨组织部秘书和文书科主任。毛泽东是第一次国共合作的统一战线时期的重要政治人物之一。他在大革命时期的亲身实践与丰富经验为其高度重视统一战线、确立统一战线为中国共产党的三大法宝之一，奠定了坚实基础。

---

① 《毛泽东年谱（1893～1949）（修订本）》上卷，人民出版社、中央文献出版社，1993，第122页。
② 《毛泽东年谱（1893～1949）（修订本）》上卷，人民出版社、中央文献出版社，1993，第122页。

为贯彻中共三大精神，国共合作创办黄埔军校，建立新型武装力量。中国革命迅猛发展，迫切需要建立可靠的革命武装力量。根据国民党一大决定，国共合作创办黄埔军校。毛泽东担任国共合作的国民党上海执行部执行委员期间，是黄埔军校在长江流域和北方地区招收学员的复考官之一（一些原国民党军队高级将领在回忆录里对此有亲身经历的回忆），又曾应邀到黄埔军校讲课，是黄埔军校的"兼职教官"。1924年11月，共产党人周恩来出任黄埔军校政治部主任，迅速建立令人耳目为之一新的军校政治工作。周恩来明确指出，军校政治部的教学目标是要培养"须有为人民所用之军队"的"真正之革命军"，而那些"不知人民痛苦，不知政治意义"的军队都是旧军阀的军队。[①] 他强调，黄埔军校培育人才的目标与以往军队主要为军阀个人或其势力集团所用的目的完全不同。为了追求革命的高尚目标，革命军人必须有正确的政治意识、牺牲精神、纪律观念、专业知识，从而成为拥有健全人格的军事政治人才，以承担救国救民的国民革命的最终使命。同时，中国共产党选派大批共产党员、青年团员和进步青年到黄埔军校工作和学习。黄埔军校与旧式军校最大区别是政治教育与军事训练并重，注重培养学生的爱国思想和革命精神。特别是周恩来任黄埔军校政治部主任后，朝气蓬勃，大胆创新，建立政治工作制度，加强政治教育，指导中国青年军人联合会活动。共产党人恽代英、萧楚女、熊雄、聂荣臻等曾任黄埔军校政治教官等职务。由此，黄埔军校聚集了周恩来、鲁易、熊雄、恽代英、聂荣臻、萧楚女、张秋人、于树德、孙炳文等著名政治教官。黄埔军校政治部明确要求政治课的授课内容和教学重点集中于向学员灌输革命思想、政治理论和国际国内时事动态。与此同时，黄埔军校政治工作制度逐步推广到国民革命军。1924年11月，周恩来和中共广东区委经孙中山同意，从黄埔军校一期毕业生中抽调一部分来建立"建国陆海军大元帅府"铁甲车队，这成为中国共产党领导的第一支革命武装力量。后来，铁甲车队扩建为叶挺独立团（现为中国人民解放军中部战区陆军某机械化部队）。铁甲车队和叶挺独立团成为中国共产党创建人民军队的开端。

关于邓小平与第一次国共合作的统一战线。第一次以国共合作为基础的统一战线形成后，由于国共两党北方领袖李大钊对冯玉祥进行了卓有成效的统一战线工作，造就了中国共产党在西北地区与冯玉祥部队进行合作的重要契机。中国共产党在西北地区与冯玉祥部队进行合作的初始阶段，根据冯玉祥的请求，中共中央派遣共产党人刘伯坚、刘志丹等到冯玉祥部队开展政治工作，同时由共产党人史可轩、邓小平等创办"第二黄埔"——西安中山军事政治学校。于是，1926年底，受中国共产党派遣，邓小平结束7年旅欧生涯，离开莫斯科中

---

① 周恩来：《在东莞商务分会的讲话》，《民国日报》1925年2月18日。

山大学回国，到冯玉祥部队从事军队政治工作，投入反帝反封建的大革命。邓小平归国后担负的第一个重要职务是西安中山军事政治学校政治处处长兼政治教官和中共组织的书记。西安中山军事政治学校是在大革命形势推动下，中国共产党倡导创办的为国民革命培养军政干部的学校，从校长到大部分教官都是共产党员。乌斯曼诺夫等5位苏联顾问任教官。全校学生700多人，大多为进步青年。学校开设课程主要有：社会科学概论、帝国主义侵华史、列宁主义概论、土地问题、农民问题、军队政治工作等；军事理论和军事训练也是授课的重要内容。邓小平负责政治工作，并亲自讲授政治课，给学员讲大革命形势与任务、法国大革命和俄国十月革命等，要求每个革命军人都应树立革命理想，明确奋斗目标，养成遵守纪律、吃苦耐劳、英勇善战的作风。由于邓小平和共产党员的共同努力，西安中山军事政治学校培养了一批军政干部。大革命失败后，西安中山军事政治学校的许多教官、学员和毕业生成为中国共产党领导的渭华起义的骨干力量，其中有的在革命战争中锻炼成为西北红军著名领导人，有的在革命战争中英勇牺牲。邓小平亲身参与了第一次以国共合作为基础的统一战线，使他对统一战线的来龙去脉、重要作用和经验教训了然于胸，后来成为统一战线的重要领导人。

第一次国共合作的统一战线推动群众运动和大革命蓬勃发展。中共三大和国民党一大后，第一次国共合作正式形成，从广东到全国各地，大多数共产党员和青年团员加入了国民党。经过国共两党共同努力，革命影响很快从华南地区珠江流域传播到华中地区黄河流域和华北广大地区，投身大革命的人员从国共两党成员扩大到广大工人、农民、士兵、青年学生和中小商人。并且以广州为中心，汇集起全国四面八方的革命力量，形成反帝反封建新局面，有力地推动了工人运动、农民运动、学生运动和妇女运动等全面开展。在工人运动方面，1924年5月广州召开工人代表会议，会议代表160多人，代表70个工会和10多万名工人，决定成立工人代表会议执行委员会，促进了广东工人运动发展。随后，广州沙面罢工持续月余并赢得胜利，轰动广州、香港，打破"二·七"惨案后工人运动的低潮状态，推动各地工人运动在中国共产党领导下走向复兴。在农民运动方面，在共产党人的有力推动下，国民党中央农民部颁布《农民协会章程》。中共广东区委派遣特派员到各县建立农民协会，组织农民自卫军，向农村封建势力发起猛烈进攻。为培养农民运动骨干，1924年7月起，由共产党人彭湃、毛泽东等相继主持，在广州举办六届中央农民运动讲习所，有力促进全国农民运动发展。在学生运动方面，由共产党组织和青年团组织指导，许多省市建立学生联合会，带领青年学生积极参加废除不平等条约运动和国民会议运动，宣传中国共产党的主张。在妇女运动方面，共产党人推动国民党中央及各级党部设立妇女部，向警予、杨之华等女共产党员成为妇女运动开拓者。各地妇女运动日益蓬勃发展。以中共三大为起点，国共合作黄埔建军，消灭军阀，统一广东，北伐战争势如破竹，革命浪潮滚滚向前。以共产党员、青年团员为骨干的叶挺独立团充当"北伐先锋"，连战皆捷；北伐军兵分三路，进军神速。同时，中共三大开创统一战线实践的先河有力推动共产党组织的发展。中共三大成为中国共产党走向全国并成为群众性无产阶级政党的起点。中国共产党的组织迅速发展，从中央到省、市、县的各级组织一直延伸到区、乡、村的各级基层组织，中国共产党的组织力、战斗力、凝聚力和影响力空前提升，很快成为从中心城市辐射到边疆地区的全国性大党。

强国论坛

马克思科技创新思想的理论意蕴和当代价值

张润坤*

【摘　要】在马克思已有著述中，可根据社会生产、社会主体、社会历史运动的三大方面，概述马克思的科技创新思想。就社会生产而言，马克思阐明了机器对资本主义社会生产力的推动作用，但在资本主义生产关系中仍旧对劳动者起否定作用，并在资本主义世界市场中强化剥削与权力关系。就社会主体而言，资本主义社会条件下的科技创新直接作用于劳动者，带来了劳动的抽象化、劳动强度的提升以及社会阶级的对立，科技创新的主体性根源使劳动者仍然具有主动性。就社会历史运动而言，科技创新具有解放性力量，技术能够脱离资本主义社会生产并在新社会条件下得以发展。对马克思科技创新思想的理论考察，是今日对新技术展开反思和批判、对新技术得以诞生的社会关系进行考察的必要前提。

【关键词】科技创新；社会生产；活劳动；一般智力；技术批判

　　如果说马克思在其著述中密切关注并批判资本主义社会及其生产方式的诞生、发展和瓦解趋势，那么在这样一条线索中，科技创新无疑扮演了重要的角色。尽管马克思并未专题性地对科技创新加以论述，但我们仍可梳理总结马克思对科技创新的论述。在马克思看来，从最基础的层面上讲，科技创新能够直接地推动社会生产的发展，并推动社会结构的变迁和历史的运动；从主体性的层面上讲，科技创新的效应既直接作用于社会历史运动中的主体，又有明确的主体性来源；从客观社会历史运动的层面上讲，科技创新参与资本的积累与劳动的剥削，但最终又能够完成科技与资本的切割，实现技术的共产主义应用。对马克思科技创新思想的梳理，可根据社会生产、社会主体、社会历史运动三大方面，阐明其理论意蕴，并由此展开对其当代价值的阐发。

---

* 张润坤（1995~　），哲学博士，复旦大学马克思主义研究院助理研究员，主要研究方向为马克思主义哲学。

一 社会生产视角下的科技创新

马克思对科技创新的考察从属于其对社会生产的研究,宜根据马克思对生产力与生产关系的研究,来探寻马克思对科技创新的讨论。若从生产力的角度来看,可分为四项要点。第一,科技创新表现为机器的应用以及对生产力发展的促进作用。第二,资本主义生产要求科技创新的不断推进。第三,资本主义社会中的科技创新无法使劳动者在参与社会生产的过程中获取逐步提升的劳动报酬。第四,科技创新在带来生产力发展的同时加深国内外市场竞争的激烈程度。对此我们分别来加以讨论。

19世纪资本主义社会的科技创新主要表现为各类新机器的生产性运用,在《机器。自然力和科学的应用》中,马克思专门讨论了机器被纳入资本主义社会生产带来的变化。机器并不天然地参与社会生产,甚至对于资本主义生产方式来讲,更为根本的是劳动而非机器,也正因此,生产力的提高从源头处来讲,依靠的是劳动。但正是机器参与到了劳动过程中,使社会生产力的提高得到了助力。马克思指出:"通过简单协作和分工来提高生产力,资本家是不费分文的。它们是资本统治下所具有的一定形式的社会劳动的无偿自然力。应用机器,不仅仅是使与单独个人的劳动不同的社会劳动的生产力发挥作用,而且把单纯的自然力——如水、风、蒸汽、电等——变成社会劳动的力量。"[①] 对于刚刚诞生的资本主义社会而言,机器的运用绝非必要的,甚至对于成熟运作的资本主义生产方式而言,机器的运用亦非随处可见,劳动对资本的从属关系未必要借助于机器来完成,在"形式从属"的条件下,劳动者甚至未必要加入资本主义的工厂中从事劳动。但是,随着机器的诞生和应用,生产力的进步得到了第一重助力,而相较于传统的手工业生产或传统的简单协作和分工而言,机器的应用成为科技创新的第一重表现。

在机器加入资本主义社会生产之后,后者对机器的占有和应用要求机器本身发展进步,即在现有生产力技术条件下不断推进科技创新。马克思明确地看到了这一循环往复、相互促进的过程,即科技创新推动生产力的发展,而生产力的发展和竞争的需要促使技术不断追求进步以带来更大的竞争力。但是,在这一过程中,伴随科技创新的却是劳动对生产的参与逐步减弱。如果根据马克思在《资本论》中所详细阐释的社会生产过程来看,作为生产要素的机器在参与生产的过程中扮演着商品的角色。"机器具有价值;它作为商品(直接作为机器,或间接作为必须消费掉以便使动力具有所需要的形式的商品)进入生产

[①] 《马克思恩格斯全集》第32卷,人民出版社,1998,第366页。

领域，在那里，它作为机器，作为不变资本的一部分而起作用。机器和不变资本的任何部分一样，把它本身包含的价值加到产品上，也就是说，它使产品由于加进生产它本身所需要的劳动时间而变贵。"[①] 如此看来，随着技术的进步和先进机器的运用，生产过程中的直接的劳动所占的比例将逐步减少，作为机器的操纵者，劳动者所获取的工资在商品价值中所占的比例亦将逐步减少。

那么，商品总体价格的提高是否能够使劳动者从中切实地得到好处呢？马克思认为答案是否定的。首先，从机器与劳动的关系角度来看，"使用机器会使一定量原料所吸收的劳动量减少，或使在一定劳动时间内转化为产品的原料数量增加"[②]。这带来的问题是，劳动者在参与社会生产的过程中，尤其是在参与分配的过程中，所获得的劳动报酬将相对减少，或者说，在这一过程中相对剩余价值剥削得到了深入的推进。其次，从作为商品、其生产需要劳动参与的机器自身来看，对机器的制造（这也是一个商品生产过程）并不能弥补劳动者直接劳动的损失。"随着机器脱离自己的幼年时期，在规模上和性质上不同于它们最初所代替的手工业工具，它们日益增大和昂贵，需要更多的劳动时间来进行自身的生产，提高了自己的绝对价值，虽然相对说来，它们变得便宜，就是说，效率高的机器按它的功效来算比效率低的机器便宜，也就是说，生产机器本身所花费的劳动时间量在增长程度上远远小于它所代替的劳动时间量。"[③] 于是，我们可以更加明白，资本主义社会条件下的科技创新、机器的进步，带来的反而是对劳动进一步的压榨和剥削。

资本主义社会条件下的科技创新对劳动的压榨和剥削不仅表现在商品生产过程中劳动报酬分配的比例问题上，还表现在科技创新带来的更加激烈的竞争。"当新机器在使用它的生产部门占统治地位以前，采用新机器的初步结果之一是，延长那些仍然使用旧的不完善的生产资料从事劳动的工人的劳动时间。"[④] 这种竞争在一个国家之内导致的是同产业之间应用不同机器的工人之间的不平等，同时这种不平等还将经由世界市场蔓延开来，对于把持先进机器的国家而言，商品输出或倾销的主动权便被其牢牢把握，对更加精美的具有强技术竞争力的商品的生产和销售的主动权更是使其能够占据世界市场中的优势地位。这进一步导致一种吊诡的状况，科技创新在单一国家之内的突破和进展，可能通过社会生产力的增长、在世界市场之内竞争力的提升，带来短时间的、较大的经济效益，从而有利于使聚集在相应产业周围的劳动者在工资方面获得相对的比较优势，并有利于实现对特定国家资本主义社会矛盾的掩盖，实现资本主义

---

① 《马克思恩格斯全集》第32卷，人民出版社，1998，第366～367页。
② 《马克思恩格斯全集》第32卷，人民出版社，1998，第367页。
③ 《马克思恩格斯全集》第32卷，人民出版社，1998，第368页。
④ 《马克思恩格斯全集》第32卷，人民出版社，1998，第372页。

在一段时间之内的稳定运作。

二 社会主体视角下的科技创新

从社会生产的领域来看，科技创新虽然带来了生产力的提高和技术的进步，但一如马克思对亚当·斯密的批判——资本主义的自由竞争的市场中每个人对特殊利益的追求并不会像斯密所设想的那样，成就社会整体的共同利益，科技创新对生产力进步的加持，同样无法在资本主义生产关系中带来对社会成员的普遍利益。尽管特定国家可能因其在科技创新竞争中占据优势地位而受益，但马克思从未将科技创新视作统治阶级的帮凶。在欧洲资产阶级推翻封建社会的过程中，"火药、指南针、印刷术——这是预告资产阶级社会到来的三大发明。火药把骑士阶层炸得粉碎，指南针打开了世界市场并建立了殖民地，而印刷术则变成新教的工具，总的来说变成科学复兴的手段，变成对精神发展创造必要前提的最强大的杠杆"①。马克思这段话提示我们，若要把握科技创新的完整意义，便需要跳出资本主义社会条件，反思资本主义社会中的科技创新的局限性，探查科技创新为何推动了西欧封建社会的崩溃，并在何种意义上能够带来资本主义社会内在矛盾的暴露乃至于其社会的崩溃和瓦解。尽管马克思大量着墨于对资产阶级社会的批判，但马克思仍然有着前资本主义社会和后资本主义的视野，而这一视野将有助于审视科技创新，也有助于审视贯穿于不同社会之中的社会历史主体。正如我们在前文谈到的，科技创新事关社会生产，但总归是关于社会主体、关于人的，科技创新作用于人且来自于人——这正是求解科技创新解放性力量的钥匙，马克思对此亦作了深入的思考。

（一）科技创新的受众

凭借社会生产，科技创新直接作用于社会主体，马克思重点关注到了作为科技创新受众的无产者。在《共产党宣言》中，马克思以具有高度概括性的话语写道："由于推广机器和分工，无产者的劳动已经失去了任何独立的性质，因而对工人也失去了任何吸引力。工人变成了机器的单纯的附属品，要求他做的只是极其简单、极其单调和极容易学会的操作。因此，花在工人身上的费用，几乎只限于维持工人生活和延续工人后代所必需的生活资料。但是，商品的价格，从而劳动的价格，是同它的生产费用相等的。因此，劳动越使人感到厌恶，工资也就越减少。不仅如此，机器越推广，分工越细致，劳动量也就越增加，这或者是由于工作时间的延长，或者是由于在一定时间内所要求的劳动的增加，

---

① 《马克思恩格斯全集》第 47 卷，人民出版社，1979，第 427 页。

机器运转的加速，等等。"① 对这段话的分析，使我们能够看到，科技创新在无产者身上产生了三重影响。

第一，伴随着机器的进步，无产阶级的劳动愈发抽象化。正如前述，劳动者的劳动未必要借助于先进的机器，而当先进的机器进入资本主义社会的劳动过程中，机器的推广和应用便起到了"反客为主"的作用，使无产阶级成为机器的附庸，在此条件下，工人只需要学会操作机器即可在生产领域中立足。除了对简单劳动的直接代替外，机器的进步所实现的是对复杂劳动步骤的拆解，原本需要能工巧匠才能完成的劳动，在流水线中被分解为不同的简单劳动项目，即"极其简单、极其单调和极容易学会的操作"②，劳动愈发抽象化为简单操作，甚至只需要看守机器的运行即可。劳动的抽象化同时也伴随着无产阶级生活条件的抽象一致，"机器使劳动的差别越来越小，使工资几乎到处都降到同样低的水平，因而无产阶级内部的利益、生活状况也越来越趋于一致"③。这种一致性正指向工人阶级的生活条件跌落到一致的低、一致的仅能满足基本生活需要和延续后代的要求。

第二，伴随着劳动抽象化，无产阶级的劳动强度不降反增。机器进步带来了生产力的提高，但同时也可能带来一种想象，即机器似乎将彻底替代甚至解放工人的劳动，使工人阶级能够从繁重的劳动中抽身，转而实现时间的自由支配。然而这在资本主义社会中只能是一种"幻想"，其不切实际之处在于其并未能理解资本主义生产的强制性，对于竞争性市场而言，机器的推广所追求的是产量的增加和对市场的占有，乃至于在世界市场被打开的条件下对外国市场进行倾销，其背后的逻辑在于资本不断增值的内在要求。而这一点在《资本论》中以及罗莎·卢森堡的《资本积累论》中得到了进一步的说明，飞速扩大的再生产需要不断寻找"有支付能力的需求"④，否则生产过程将遭到断裂和危机，换言之，科技创新只是促进了享受先进技术的生产者更有能力寻找需求、占有市场，但并不能够使先进技术的占有者降低劳动强度。

第三，伴随着机器运转的加速，社会阶级愈发分化，劳动者内部同样也发生了分化。资本主义社会生产对科技创新有长久的需求，也就是说，既要有人操纵机器，又要有人改进并生产作为生产资料的机器。就"改进并生产机器"的一侧而言，脑力劳动和体力劳动的分工在资本主义社会中表现为阶级分化，

---

① 《马克思恩格斯文集》第2卷，人民出版社，2009，第38页。
② 《马克思恩格斯选集》第1卷，人民出版社，2012，第407页。
③ 《马克思恩格斯文集》第2卷，人民出版社，2009，第40页。
④ 〔德〕罗莎·卢森堡：《资本积累论》，彭尘舜、吴纪先译，生活·读书·新知三联书店，1959，第87页。

并且"单个工人和单个资产者之间的冲突越来越具有两个阶级的冲突的性质"①。这正应了培根著名的"知识就是力量"的宣告——掌握了知识便掌握了社会权力,而这正是阶级社会中的度量衡之一。而就"操纵机器"的一侧而言,马克思从未停留于对劳动之抽象化的批判,如果说机器的运用使劳动被分解、劳动难度被降低,那么对于劳动者来说,对仍旧无法被机器彻底代替的复杂劳动的追求便是为使自身脱离抽象劳动泥潭而进行的自我挣扎,这意味着要在资本主义社会生产体系中守住人与机器的区别,或守住"精工巧匠"在劳动力市场中对工资进行讨价还价的余地,但这同时也意味着劳动者的分化与残酷竞争,这正是马克思在《1844年经济学哲学手稿》中明确指出的劳动者内部关系的异化。

(二)科技创新的主体性来源

从上述讨论中可知,对知识的掌握能够使特定社会成员在生产和科技创新的浪潮中取得当时的优势地位,这提示我们关注马克思对科技创新的动力或来源的思考,在《1857—1858年经济学手稿》中,马克思明确地通过对"社会知识"和"一般智力"的探讨揭示了科技创新的动力,并向我们强调,正是因为活劳动与一般智力之间存在无法切割的关系,所以对于劳动者而言,科技创新决然不可能完全站在资本主义社会生产与剥削一侧。

首先,马克思指出资本主义社会的科技创新背后是资本与劳动在"一般智力"上的争夺与对抗。马克思写道:"自然界没有造出任何机器,没有造出机车、铁路、电报、自动走锭精纺机等等。它们是人的产业劳动的产物,是转化为人的意志驾驭自然界的器官或者说在自然界实现人的意志的器官的自然物质。它们是人的手创造出来的人脑的器官;是对象化的知识力量。"② 在科技发展的过程中,当人们从粗糙的工具更换到精致的工具,这一切都不是自然的结果,而是人手与人脑共同作用的结果,是人们将知识对象化为实践性的力量的结果,换言之,科技创新来自社会生产过程中知识力量的不断的对象化过程。马克思继续强调:"固定资本的发展表明,一般社会知识,已经在多么大的程度上变成了直接的生产力,从而社会生活过程的条件本身在多么大的程度上受到一般智力的控制并按照这种智力得到改造。它表明,社会生产力已经在多么大的程度上,不仅以知识的形式,而且作为社会实践的直接器官,作为实际生活过程的直接器官被生产出来。"③ 作为固定资本的机器的诞生、创新、应用,是"一般社会知识"而非"个人知识"作用的结果,在科技创新的历史长河中,虽然出

---

① 《马克思恩格斯文集》第2卷,人民出版社,2009,第40页。
② 《马克思恩格斯全集》第31卷,人民出版社,1998,第102页。
③ 《马克思恩格斯全集》第31卷,人民出版社,1998,第102页。

现了极具发明力的一些天才,但科技创新从不只依靠个人,而是社会的事业。在马克思的语境中,"一般智力"指社会所能够达到的、对象化在技术对象中的智力,在科技创新的过程中,一般智力对象化在固定资本当中,随着社会实践的开展,对象化在愈发先进的固定资本中的一般智力既得到了提升又起到对社会生产加以改造的作用。于是我们便能够看到,机器的技术水平越提高,对象化在机器中的社会知识水平越高,一般智力对社会生产的参与水平也就越高,资本与作为社会主体的劳动者的对抗性也就越高。在劳动者最初的针对资本主义社会的反抗行动中,工人对机器的直接破坏并不只是一个简单的行为,这正意味着工人能够感知到,机器既是其劳动的规定性力量,是使其自身劳动不断为自身造成痛苦的力量,同时也是不该被资本所夺走的力量,对机器的砸毁不是对机器本身的简单否定,而是对"异己"力量的否定,是对被资本所绑架的机器和科技创新的否定。

其次,马克思指出资本主义社会的科技创新来自"社会个人"的实践性努力。伴随着机器的发展,工人愈发只是"站在生产过程的旁边"。托尼·史密斯(Tony Smith)从马克思的《1857—1858年经济学手稿》和《资本论》中看到,在马克思对科技创新的讨论中既有工人的去技能化、去知识化的问题,但更重要的是,在这一过程中也有工人的技能化和知识化。[①] 马克思特别强调:"表现为生产和财富的宏大基石的,既不是人本身完成的直接劳动,也不是人从事劳动的时间,而是对人本身的一般生产力的占有,是人对自然界的了解和通过人作为社会体的存在来对自然界的统治,总之,是社会个人的发展。"[②] 科技创新的天才构想可能与天才个人有关,但科技创新从来都诞生在人与自然的交汇过程中,人凭借对自然的深入了解,凭借社会力量的支撑,所完成的社会整体科技水平的提高,这一过程表现为知识的进步,同时也是实践的过程。

最后,马克思指出资本主义社会的科技创新无法夺走活劳动所产生和掌握的"社会知识",这正是劳动之反抗资本并确立自身在科技创新中的核心地位的坚实基础。如果说马克思在对一般智力的讲述中已然特别强调劳动、劳动者与科技进步的密切联系,那么紧接着便可得到的推论:离开了劳动,社会知识的积累和对象化便不再可能,这也就意味着科技创新将寸步难行。任何科技创新都无法脱离社会劳动的积累和社会知识的对象化,劳动者从来不需要所谓的"向导"来向他们说明自己的劳动将产生怎样的科技进步成果,反而真正的科技创新将直接地诞生在劳动者的力量当中。保罗·维尔诺(Paolo Virno)就此

[①] Tony Smith. The "General Intellect" in the *Grundrisse* and Beyond, in: Riccardo Bellofiore, Guido Starosta, Peter D. Thomas: In Marx's Laboratory (Leiden, Boston: Brill, 2013), pp. 213-231.

[②] 《马克思恩格斯全集》第31卷,人民出版社,1998,第100~101页。

强调，一般智力的分享将构成每一种实践的有效基础。① 这正如当代对人工智能模型的训练，既需要程序员编写的代码，也需要作为劳动者的使用者的大量交互性训练。对劳动的创造性与积累的需求，是科技创新无法绕开的必由之路。马克思为劳动者守住了一个反抗资本对劳动的统摄的基地，尽管资本试图在生产领域中尽可能地拆解、抽象化、简单化社会劳动，但资本永远无法剥夺劳动的主体性力量，即科技创新与资本的关系只是偶然性的连接，但科技创新与劳动的关系是必然性的锁链——需注意，这一观点本身就具有超越资本主义社会生产关系的视野和力量。

三 社会历史运动中的科技创新

如果说马克思清楚地揭示了科技创新与资本和劳动的关联，并且说明了科技创新对劳动的直接需要，那么我们便可跟随马克思进一步思考：科技创新是否具有解放性力量？是否能够促进劳动实现对资本主义社会关系的否定？我们可以回顾马克思在《机器。自然力和科学的应用》中的判断，若科技创新是资产阶级战胜封建社会中贵族阶级的助力，是资本主义社会诞生的助力，那么科技创新是否能够再次发挥如此作用呢？我们需要展开对科技创新的唯物史观层面的考察，探究科技创新与社会历史运动的关联——这并非简单地考察具体的一项科技创新成果是否具有"轰动性"或"划时代性"，而是考察技术与社会历史的本质关联。

（一）科技创新的社会历史基础

在讲述马克思对科技创新与社会历史运动的关联之前，我们可以参考卡尔·波兰尼对工业革命的一段论述。为马克思与波兰尼所共同关注的工业革命显然是一场科技创新的盛宴，波兰尼要求对工业革命加以唯物主义的理解，即决然不能以"天才创新""灵光一闪"的方式来述说工业革命的强大力量，而是要以唯物史观的方式考察工业革命的科技创新过程的社会历史基础。波兰尼写道："工业革命仅仅是一场类似宗教狂热那样激进而又极端的革命的开始而已，可是与狂热的宗教不同，新的信念完全是唯物主义的，它坚信只要有无穷无尽的物质用品，人类所有的问题就能够得以解决。"② 可是，工业革命难道只关乎对物质产品的狂热生产吗？科技创新所带来的生产力的巨大飞跃是否有前提呢？波兰尼紧接着指出："精制机器的成本是昂贵的，所以要等到大量的商品

---

① Paolo Virno. General Intellect in: *Historical Materialism*, 2007, Vol. 15, No. 3, pp. 3-8.
② 〔匈〕卡尔·波兰尼：《大转型：我们时代的政治与经济起源》，冯钢、刘阳译，浙江人民出版社，2007，第35页。

被生产出来才能得以补偿。"① 于是波兰尼就此强调，正如马克思在《资本论》中所讲述的"惊险的跳跃"②，商品想要完成其历程，将必须面对市场，换言之，工业革命的科技创新飞跃以及生产力的爆发式增长，其前提正是资本主义市场的建立和不断扩张。脱胎于封建社会的资本主义社会革命为工业革命准备了必要的社会历史前提。

波兰尼的思考使我们能够更加清楚地认识到马克思对社会革命和科技创新之间的关联的讨论。在《共产党宣言》中，马克思和恩格斯特别强调，在无产阶级完成政治革命、掌握国家政权之后，首先要对社会进行革命，而这一革命将清算资产阶级社会的制度难题（例如私有制问题），也将为新的理想社会提供必要前景（例如思想文化的解放）。在《哥达纲领批判》中，马克思区分了共产主义的第一阶段和最高阶段，在谈论前者时马克思写道："显然，这里③通行的是调节商品交换（就它是等价的交换而言）的同一原则。内容和形式都改变了，因为在改变了的情况下，除了自己的劳动，谁都不能提供其他任何东西，另一方面，除了个人的消费资料，没有任何东西可以成为个人的财产。至于消费资料在各个生产者中间的分配，那么这里通行的是商品等价物的交换中通行的同一原则，即一种形式的一定量劳动同另一种形式的同量劳动相交换。"④ 通过对劳动和劳动所依托的社会关系的改变，劳动者取得了新的社会环境，而这也构成了科技创新的新土壤。

诚然，科技创新并不只是社会变革的附庸，它将在社会变革的前、中、后各个阶段都发挥积极的作用，但显然正如在资本主义市场扩张之前便早已有了促进工业革命发展的技术诞生一样，科技创新与社会变革的轨迹是不断交织的，后者将促进前者的推进，而前者伴随后者始终。在《哥达纲领批判》中，马克思还指出："我们这里所说的是这样的共产主义社会，它不是在它自身基础上已经发展了的，恰好相反，是刚刚从资本主义社会中产生出来的，因此它在各方面，在经济、道德和精神方面都还带着它脱胎出来的那个旧社会的痕迹。"⑤ 所谓旧社会的痕迹并不是"旧社会的糟粕"，而是旧社会当中的积极因素将促进新社会的诞生并在新社会中继续表现出更大的活力，科技创新正是如此。

（二）当代技术批判中的科技创新

据上文可知，马克思对科技创新的讨论所关注的核心问题在于对科技创新

---

① 〔匈〕卡尔·波兰尼：《大转型：我们时代的政治与经济起源》，冯钢、刘阳译，浙江人民出版社，2007，第36页。
② 《马克思恩格斯文集》第5卷，人民出版社，2009，第127页。
③ 指共产主义社会。
④ 《马克思恩格斯全集》第19卷，人民出版社，1963，第21页。
⑤ 《马克思恩格斯全集》第19卷，人民出版社，1963，第21页。

的本质的揭示，这一揭示的重点并非为技术框定一个概念性的规定，而是为我们提供具有唯物史观高度的方法：将科技创新或技术与其所嵌入其中的社会关联起来进行考察，分析科技创新或技术与社会主体的关系，探讨科技创新或技术与客观社会运动的关联。当我们把握住这一点，也便能够知晓，天真地认为马克思没有看到今天的技术成果（例如电脑、手机、人工智能等），判定马克思的科技创新理论可能是落后于时代的，无非没有理解马克思的科技创新思想的内核。换言之，我们必须注意到，马克思的科技创新思想正是我们分析今日技术发展的重要思想资源。

今日的技术批判需要马克思的科技创新思想，这主要表现在两个方面。

一方面，对新技术的直接考察和批判。对高精尖技术工具、网络数字技术和人工智能的考察，不只是一般科学领域的简单问题，而是关乎社会生活的问题。仅以人工智能技术为例，如果认为其只是数字代码的积累，便无法展开对数字资本主义的真实批判。以马克思的视角观之，人工智能技术的发展意味着被对象化在算法中的一般智力已经达到能够模拟人类的程度，但是，人决然不能将一般智力作为自身献给资本增值的祭品。对近乎"工具性人类"的人工智能的创造应守住限度，这需要对劳动、社会关系的深度思考，也需要对资本主义世界中的强制性力量的批判性思考。

另一方面，对技术与社会关系的批判。与人工智能技术的发展相伴共生的热点话题是当下西方资本主义世界特别关注的"全民基本收入"（Universal Basic Income，UBI）的问题。这一问题的关切在于，如果人工智终将实现对人类劳动的大规模替代，则马克思意义上的"产业后备军"[1]不仅将大量存在于社会之中，而且还将因其无法取得正常工资收入而使社会陷入危机状态之中，而这与20世纪70年代以来的新自由主义浪潮正相冲突——如果新自由主义奉行劳动者必须在劳动力市场中获得收入、国家和社会没有必要守护劳动者的生活的观点，那么在人工智能时代的劳动者生活问题便会变得不可解决。因此"全民基本收入"问题被提出：是否要为社会中每一位成员提供基本生活保障，使其即便不劳动也能得到基本生活资料来源？在西方资本主义社会中，这一看似颠覆性的思索的实质，非但不是对劳动者的经济问题、社会生活问题的关心，所暴露的恰恰是其社会的根本性矛盾。在马克思的启发下我们可以对"全民基本收入"理论的支持者进行反问：如果资本的增值依赖劳动和知识，但又不依赖每一位社会成员，那么资本是否仍然能够维持其增值所需的平稳的市场和社会环境？于是，对于新技术的批判终将引向对资本主义社会关系的批判，乃至对今日新自由主义的资本主义的批判，这正是马克思的科技创新思想的当代活

---

[1] 《马克思恩格斯文集》第5卷，人民出版社，2009，第742页。

力之所在。

综上所述，马克思的科技创新思想特别关注了资本主义社会条件下的社会生产，考察了科技创新与生产力、生产关系的内在关联，同时也揭示了科技创新对劳动者既否定又依赖的矛盾性结构，于是马克思将我们引向了对科技创新和社会历史运动的关系的考察。这提示我们：对科技创新的真正重视和有效推进，不仅仅是科学的事业，更是社会的事业，科技创新需要良好的社会环境，并且也终将在友好的制度体系中促进社会生产力的迅速腾飞，这是我们在新时代畅想并实践科技创新所需要把握的方法论启示，也是马克思科技创新思想宝贵的当代财富。

科技伦理的柔性治理：模式锚定、制度特征与实施路径*

李 凌 邝光耀**

【摘 要】 随着多项科技伦理治理软法规范实施，我国初步建立具有敏捷性和灵活性的科技伦理柔性治理模式。科技伦理的柔性治理模式承袭马克思主义科技伦理思想，彰显中国特色社会主义制度优势，符合现代科技创新活动基本规律，顺应国际社会科技伦理治理潮流。科技伦理柔性治理吸纳党委、政府、科技团体、高校与科研机构、企业、媒体和社会公众等多元主体，针对科技创新前沿问题采取伦理审查、协商对话、教育培训、舆论监督等柔性治理手段，是典型的软法之治。当前我国仍处于科技伦理治理的挑战与机遇期，亟待进一步发挥德法兼治的制度优势，落实伦理审查监督机制，完善公共协商沟通机制，畅通社会公众参与机制，构建科技伦理教育机制，推进柔性治理深化落实，以负责任与向善的科技创新推动高水平科技自立自强。

【关键词】 科技伦理；柔性治理；伦理审查；制度优势；德法兼治

科技活动是伦理价值内嵌的社会化生产实践活动，必然蕴含善好的道德追求与合规的伦理要求，科技伦理治理是现代科技创新的应有之义与必然应对。[①] 党的十八大以来，随着国家科技伦理委员会的成立，《关于加强科技伦理治理的意见》《科技伦理审查办法（试行）》等政策文件的出台，我国逐渐建立起以多元主体柔性治理为主要特征、具有相当敏捷性与灵活性的现代科技伦理柔性治理模式，以负责任与向善的科技创新推动高水平科技自立自强。科技伦理柔

---

* 本文系 2023 年上海市社科规划一般课题 "历史唯物主义视域下城市数字化转型风险预警与治理研究"（项目号：2023BKS006）阶段性成果。

** 李凌（1983~ ），伦理学博士，复旦大学马克思主义研究院青年副研究员，中国人民大学伦理学与道德建设研究中心研究员，主要研究方向为新闻传播学、伦理学研究；邝光耀（1999~ ），复旦大学马克思主义学院博士研究生，主要研究方向为马克思主义哲学研究。

① 葛海涛：《以科技伦理治理推动实现高水平科技自立自强》，《科技中国》2023 年第 9 期。

性治理，与依托硬法、强制管控、令行禁止的刚性治理相对，指以党委、政府为主导的包括科技团体、科研机构、科研工作者、企业主体、社会公众等在内的多元治理主体，秉持增进人类福祉、尊重生命权利、坚持公平公正、合理控制风险、保持公开透明的科技伦理原则，依托"两办"政策、政府规章、行业倡议等软法规范和商谈伦理、科研道德、内心信念等伦理规范体系，采取伦理审查、沟通协商、社团自治、理性对话、协同合作、教育培训、舆论监督等柔性治理方式，对科技活动的伦理风险、道德问题进行引导、监督和治理的模式。科技伦理的柔性治理，强调科技伦理治理的制度化、公共性、多元化、价值感、灵活性等特征，体现科技伦理治理的本质属性。这既是与统筹发展和安全的中国国情相适应的现代化治理，又是与国际社会相接轨的突出包容性、参与性和开放性的前沿治理模式，更是与现代科技创新发展规律相一致的科学治理方式。在加快实施创新驱动发展战略的新时代背景下，进一步坚持科技伦理柔性治理的基本模式，明确科技伦理柔性治理的内涵特征，辨析科技伦理柔性治理的价值优势，探讨科技伦理柔性治理的具体路径，对于加强科技创新价值引领、完善科技创新体系、加快实现高水平科技自立自强具有重要理论和实践意义。

一 科技伦理柔性治理的模式锚定

科技活动尤其是科技创新，是人类向着世界状态、存在样态和知识形态边界探索迸发的一类特殊的生产实践活动，具有行动的目的性与专业性、结果的未知性与不确定性、规律的客观性与必然性、过程的颠覆性与不可逆性等典型特征，因而成为人类文明发展最具变革性的关键力量。马克思"把科学首先看成是历史的有力的杠杆，看成是最高意义上的革命力量"[①]，不仅盛赞火药、指南针、印刷术预告了资本主义社会的必然登场，而且将"蒸汽、电力和自动走锭纺纱机"视为"甚至是比巴尔贝斯、拉斯拜尔和布朗基诸位公民更危险万分的革命家"[②]。正是科技创新蕴含如此翻天覆地、一锤定音的革命力量却又在根本上难以捉摸预测的特征，决定了科技活动的价值引领、科技创新的伦理治理必须采取兼具灵活性、规范性和协商性的柔性治理机制，既保护好科技活动的专业性、积极性与创新性，又有效预防规避科技失控带来的风险性、颠覆性甚至毁灭性，实现多重价值的平衡。

（一）科技伦理柔性治理符合现代科技创新活动基本规律

科技创新面向未知、未然和未来而展开，具有显著的开拓性、试错性和创

---

① 《马克思恩格斯全集》第19卷，人民出版社，1963，第372页。
② 《马克思恩格斯文集》第2卷，人民出版社，2009，第579页。

新性，在生产力、生产关系与意识形态的社会结构之中处于生产力这一具有基础性、决定性的关键地位和作用。这就使科技创新活动与作为意识形态的科技伦理之间存在难以同步的内在张力。① 一方面，科技创新日新月异、开拓向前、先行先试，不仅领先于科技伦理价值观念的变革，而且从根本上为科技伦理提供现实性的治理目标和对象，因此科技伦理的治理调适明显滞后于科技活动与科技创新，科技伦理治理是一种被动反馈式而非前瞻引领式的调节规范机制。另一方面，科技伦理作为依附于生产基础而难有自主性和超越性的意识形态体系，往往因其固有的消极性与保守性而表现为否定、反对与阻碍科技创新的力量，对科技创新的方向、范围、底线更多的是提出约束性、规范性要求而非包容性、激励性措施。这一内在张力，突出表现为英国技术哲学家大卫·科林格里奇提出的技术控制两难困境：如果由于担心潜在风险与不良后果而对某项科技过早控制，则可能将其抹杀在萌芽状态，使其幼年夭折、难以爆发；但是如果控制过晚，则有可能由于木已成舟、尾大不掉而走向失控，对已经产生的社会后果的控制将成本巨大甚至根本无能为力。② 这便是科林格里奇困境，其实质上反映的正是作为生产力的科技创新与作为意识形态的科技伦理之间的矛盾对立关系。

人们为摆脱科林格里奇困境提出从工具主义、人文主义到交往主义乃至存在论的解决路径，包括建构性技术评估、技术道德化设计③、扩展化的行动者网络④、预知性技术伦理设计⑤、与创新同步化的动态规制思维⑥等。从历史唯物主义论之，这些五花八门的科技伦理治理进路都体现了柔性治理的思路，即协调、缓解科技创新与科技伦理之间不同步的紧张关系，使伦理治理的节奏、强度与幅度能够适应科技创新的节奏与要求，进而使两者同频共振、相得益彰，既不至于由于治理过早过快过强而扼杀了创新的可能性，也不至于因太晚太慢太被动而根本无法有效发挥作用。因此，通过伦理审查、协商共治、教育培训而进行的柔性治理，是与拓展边界、动态变化和不断试错的科技创新最相宜、

---

① 董雯静：《科技伦理治理法治化的现实困境与规范建构——以科技发展与科技伦理的相互关系为切入点》，《自然辩证法研究》2023年第11期。
② 贾向桐、胡杨：《从技术控制的工具论到存在论视域的转变——析科林格里奇困境及其解答路径问题》，《科学与社会》2021年第3期。
③ 陈凡、贾璐萌：《技术控制困境的伦理分析——解决科林格里奇困境的伦理进路》，《大连理工大学学报》（社会科学版）2016年第1期。
④ 顾益、陶迎春：《扩展的行动者网络——解决科林格里奇困境的新路径》，《科学学研究》2014年第7期。
⑤ 文成伟、汪姿君：《预知性技术伦理消解AI科林格里奇困境的路径分析》，《自然辩证法通讯》2021年第4期。
⑥ 宋亚辉：《数字经济创新中的"科林格里奇困境"及其规制》，《武汉大学学报》（哲学社会科学版）2023年第3期。

最同步也最协调的治理方式。

（二）科技伦理柔性治理承袭马克思主义科技伦理思想

在马克思主义看来，科技活动是人的本质力量的显现与发展，体现人的自我生成、自由发展和日臻完善，因而并不是价值中立或价值无涉的活动，而是科学性与人文性辩证统一、具有鲜明价值指向的生产实践。[1] 马克思曾指出："科学绝不是一种自私自利的享乐，有幸能够致力于科学研究的人，首先应该拿自己的学识为人类服务。"[2] 科技创新的这种价值指向性，决定科技活动绝不只是科技前沿的探索与拓展，也不只是理性知识的客观应用，而是内在地蕴含人类所追求的真善美等价值目标，是合乎理性与和合目的性辩证统一、知识创新与价值实现齐头并进的过程。从人的自由全面发展出发，科技活动在其整体之中必然同时囊括并恰当融合科技创新这一专业性的求真活动和科技伦理治理这一规范性的向善活动，能够在遵循科技自身发展规律大胆求真的同时根据人类自身发展需要适当地调整约束以确保"科技向善"。正如习近平总书记指出："科技是发展的利器，也可能成为风险的源头。要前瞻研判科技发展带来的规则冲突、社会风险、伦理挑战，完善相关法律法规、伦理审查规则及监管框架。"[3] 科技伦理治理内嵌于科技活动结构体系之中，与科技创新同步运行、共同进退，这既是推动科技创新顺利实施的必然要求和应有之义，也是确保科技创新始终符合人类整体福祉、始终运行在正常轨道的有效手段。

科技伦理治理本身构成科技活动的重要组成部分，与科技创新具有内生性、一致性与整体性，因而所采取的治理模式就不能是外在主义的"先破后立"或者"休克疗法"，而必须是循序渐进、"先立后破"的柔性方式。特别是在中国特色社会主义的语境中，科技的资本主义运用带来的劳动异化与人的异化已被所有制关系与生产结构的公有制逐步克服，科技的社会主义运用改变了既往资本主义存在的科技创新与科技伦理、人文价值及人类自由相抵触、相对立的状态，开创人类利用和驾驭科技追求美好生活的新路径新境界，更应该依循科技创新与科技伦理治理的内在路径，更多地发挥科学共同体的自治功能，更多地借助伦理审查、协商对话、教育培训等柔性手段，使科技创新与科技伦理治理在同一体系内同频共振、相互促益、相得益彰。

---

[1] 操菊华等：《关注人的发展：马克思科技伦理思想及当代中国现实考察》，《中南民族大学学报》（人文社会科学版）2013年第1期。
[2] 转引自习近平《在中国科学院第十七次院士大会、中国工程院第十二次院士大会上的讲话》，人民出版社，2014，第20页。
[3] 《习近平谈治国理政》第4卷，外文出版社，2022，第201页。

(三) 科技伦理柔性治理彰显中国特色社会主义制度优势

德法兼治是习近平新时代中国特色社会主义思想的重要观点，也是中国特色社会主义制度的鲜明特点和显著优势。① 其承袭中华优秀传统文化5000年来礼法合治、德刑相辅、儒法并用的优良传统和马克思主义意识形态理论关于道德与法律同源分殊最终又融合同归的辩证关系原理，强调"以道德滋养法治精神，以法治体现道德理念"②，为当下国家和社会治理现代化，特别是"法治领域突出问题的道德考量"和"道德领域突出问题的综合治理"③ 提供了强有力的价值引领和行动指南。在中国特色社会主义制度体系中，德法兼治的突出表现就是借助融合软法规范与伦理规范的柔性治理机制，"不依靠国家强制力，借助舆论、媒体、道德等社会影响力，以及自律、互律机制的运用来实现其效果，试错成本更小、适应性更强、执行效率更高"④。特别是近年来兴起的非正式却制度化、不强制却有效力、非典型却普遍化⑤的软法规范机制，以倡导性法律、政策意见、规章条例、纲领协议、章程守则、建议指南等为具体表现形式，涵盖"政法惯例、公共政策、自律规范、合作规范、专业标准、弹性条款等六种基本类型"⑥，"通过个人、组织的自我约束和相互约束以及舆论约束和利益机制而实现规范人们行为，调整社会关系"⑦，这已成为与现代政治协商民主、参与民主日渐兴盛，现代经济有为政府与有效市场有机结合，现代科技社会快速变革、虚实融合等趋势最相匹配、愈受青睐的公共治理模式，以至于姜明安明确提出："今天的法治在很大程度上应该是软法之治。"⑧ 软法之治具有"制度变革的回应性、创制过程的协商性、制度安排的合意性、实施方式的温和性"⑨ 等显著优势。

科技伦理柔性治理就是具有突出中国特色的软法之治。面对科技创新日新月异、动态变化，新鲜事物层出不穷，法律关系日益多元化、复杂化与变动化的社会现实，仅靠以往传统的专业化、部门化、体系化、长周期的硬法机制与

---

① 李志强：《论习近平的德法兼治观》，《大连理工大学学报》（社会科学版）2021年第5期。
② 《十九大以来重要文献选编》中卷，中央文献出版社，2021，第229页。
③ 李志强：《论习近平的德法兼治观》，《大连理工大学学报》（社会科学版）2021年第5期。
④ 罗豪才、周强：《法治政府建设中的软法治理》，《江海学刊》2016年第1期。
⑤ 姜明安：《软法的兴起与软法之治》，《中国法学》2006年第2期。
⑥ 罗豪才、宋功德：《认真对待软法——公域软法的一般理论及其中国实践》，《中国法学》2006年第2期。
⑦ 姜明安：《完善软法机制，推进社会公共治理创新》，《中国法学》2010年第5期。
⑧ 姜明安：《完善软法机制，推进社会公共治理创新》，《中国法学》2010年第5期。
⑨ 罗豪才、宋功德：《认真对待软法——公域软法的一般理论及其中国实践》，《中国法学》2006年第2期。

刚性治理，很明显难以跟上科技变革的脚步①，难以及时解决科技创新出现的新问题、新风险。亟待充分发挥中国特色社会主义"德法兼治""软法之治"的制度优势，通过灵活高效的伦理审查机制及时调节和规范前沿科技探索行为，以广泛参与的利益相关者协商机制形成价值共识，以向内监督的共同体自治机制化解潜在专业风险，以自我驱动的教育培训和奖励表彰机制促进自觉自愿服从，这既能提高科技伦理治理的灵活性与适应性，又将显著增强科技伦理治理与科技创新的同步性和协调性，还会进一步降低科技伦理治理成本，形成多位一体、刚柔并济、软硬兼施的科技伦理治理体系。

（四）科技伦理柔性治理顺应国际社会科技伦理治理潮流

在国际社会上，科技伦理治理肇始于生命科学研究伦理的讨论，特别是20世纪70年代围绕DNA重组技术的争议，起初表现为科学共同体内部的讨论与自治，后来经公众参与、舆论监督和政府引导而成为社会议题，到世纪之交，欧美从管理、统治向治理转型而进一步形成吸纳多元主体参与、协商互动达成共识以及揽括正式与非正式制度等治理理念，因此从一开始，科技伦理治理就形成多元主体协商共治的制度化发展路径和柔性治理基本范式。②进入21世纪以后，"负责任的研究与创新"③逐渐成为欧美科技伦理治理的流行话语与主流范式，通过"技术设计、中游调节、预期治理、科技评估、公众参与、创新转型"④等治理路径，进一步凸显柔性治理的理念与价值。到21世纪第3个10年，在全世界范围内，科技伦理治理进入充分调动政治、经济、法律、伦理、媒介舆论乃至文化等各种资源与手段进行综合多元治理的阶段，政府、科技团体、大学、企业以及公众普遍参与⑤，自上而下与自下而上相结合成立伦理委员会，推动伦理审查、风险预警、伦理互动、伦理监管的常态化，并且探索将经过多年积累、业已固化成熟的治理机制转化为立法，进一步促进科技伦理治理法治化。随着政治、经济力量开始主导治理，科技伦理治理呈现一定的从软及硬、由柔向刚的立法化、正式化、强制化倾向，但是整体上仍然处于"从更多依靠科学界自我规范向强调多元参与、协同共治"⑥转变的柔性治理模式，注重治理的灵活性、适应性、合意性与温和性。

我国科技伦理治理体制机制的建立完善，一方面顺应与承接了国际社会科

---

① 姜明安：《软法的兴起与软法之治》，《中国法学》2006年第2期。
② 樊春良：《科技伦理治理的理论与实践》，《科学与社会》2021年第4期。
③ 赵延东、廖苗：《负责任研究与创新在中国》，《中国软科学》2017年第3期。
④ 廖苗：《负责任（研究与）创新的概念辨析和学理脉络》，《自然辩证法通讯》2019年第11期。
⑤ 葛海涛：《以科技伦理治理推动实现高水平科技自立自强》，《科技中国》2023年第9期。
⑥ 中国科学技术发展战略研究院"科技伦理治理研究"课题组：《我国科技伦理治理的核心议题和重点领域》，《国家治理》2022年第7期。

技伦理治理趋势与机制，因而与国际社会特别是欧美等发达国家处于基本同步稍晚的阶段，诸如伦理委员会建设、负责任创新话语等理论范式、话语体系、治理路径都具有明显的借鉴痕迹；另一方面由于近年来"基因编辑婴儿"等重大科技伦理事件的发生，以及欧美国家将科技伦理规范"武器化"从而实施"伦理倾销"[1]的压力，我国科技伦理治理逐渐从被动响应转向主动自觉建构，开始探索基于中国国情、突出中国特色的柔性治理道路。在中国共产党的坚定领导下，依托软法规范体系，我国科技伦理治理多元主体的参与积极性显著增强，诸如纲要、倡议、章程、意见、办法、指南等非正式制度供给日益增多，伦理审查、舆论讨论、教育培训等多元手段被充分运用，从而形成具有"一定的开放性"、相当的"动态敏捷性"和社会主义中国独特性与引领性的治理体系，既"不能将科技创新'关进笼子'丧失动力，更不能让科技创新如'脱缰野马'不受管控，最后伤害国家安全和人民的生命福祉"[2]。

二　科技伦理柔性治理的制度特征

科技伦理柔性治理吸纳党委、政府、科技团体、高校与科研机构、企业、媒体和社会公众等多元主体，针对科技创新领域的前沿问题开展协商共治，采取伦理审查、协商对话、教育培训、舆论监督等柔性治理手段，是典型的软法之治，具有高度的灵活性、敏捷性、包容性、平衡性，体现了"德法兼治"的制度优势。

（一）多元社会主体参与的治理

现代科技活动尤其是科技创新，不再是科技工作者闭门造车的封闭行为，"后常规科学"情境下科技创新不确定性与风险性的增加和科技与社会的深度耦合[3]，加快了专业知识民主化与科学开放的进程，扩大了科学治理的利益相关群体，使政府、企业、媒体和社会公众等更多主体参与科技伦理柔性治理之中。一是党委领导和政府主导责任得以凸显。党的十八大以来，中国共产党领导科技伦理治理的自觉性、主动性和引领性显著增强，特别是2022年中共中央办公厅、国务院办公厅联合印发《关于加强科技伦理治理的意见》，标志着科技伦理治理从科学共同体自治转向政党意志、国家行动，形成以习近平新时代中国

---

[1] 周吉银、刘丹：《伦理倾销对中国的危害与防范对策》，《中国医学伦理学》2019年第12期。
[2] 谢若愚、孟云：《中国特色社会主义科技伦理政策演进研究——基于政策文本的量化考察》，《科技与管理》2022年第6期。
[3] 胡娟：《专家与公众之间："后常规科学"决策模式的转变》，《自然辩证法研究》2014年第8期。

特色社会主义思想为指导的中国科技伦理治理的顶层设计①，开启中国特色社会主义科技伦理治理之路。二是高校、科研机构、企业及科技工作者的主体责任得以夯实。通过制定《科技伦理审查办法》《负责任研究行为规范指引（2023）》等软法规范，夯实高校、科研机构、企业的科技伦理治理主体责任，发挥科技社团参与科技伦理治理的"组织动员者、探索研究者、标准制定者、监督约束者及宣传教育者"角色作用②，推动科技伦理委员会制度建设与能力建设，普遍建立科技伦理审查和监督管理机制，为科技活动设置不可逾越的底线与红线③。三是互联网赋能之下的媒体传播评价责任凸显。数字技术赋能的现代社会是数字交往的媒介社会，媒体在信息生产与传播中居于枢纽地位，在科技伦理柔性治理之中承担越来越重要的信息公开、交往互动、舆论监督责任。发挥媒体的评价、监督与公开作用，建立重大科技活动信息公开与传播机制④，提高科技创新活动的透明度和公开性，对存在重大争议和重大风险隐患的科技活动开展舆论监督，有助于提高科技伦理治理的实效性⑤。四是"后常规科学"时代社会公众的参与责任得以被强调。社会公众对科学伦理治理的主要责任不再局限于简单、被动、可有可无的补充性"关注、了解、参与"⑥，而是伴随民主的进步、科学的普及、高等教育的大众化进入真正的"开放科学""众包科学"阶段，"这意味着突破专业知识的规范性承诺和前提性预设，赋予公民智慧与科学专家以能力上的平等地位，在开放、多元的参与情境中实现公众与专家的共同磋商"⑦。

（二）针对前沿科技问题的治理

科技创新本身是逐步突破、范式迭代、自我演进的过程，科技这一自我进化的特性，使科技伦理治理总是跟随科技创新步伐处于动态调整之中：一方面，在科技发展成熟领域，科技伦理的引导、调节、控制等治理手段也会日臻完善，形成与科技活动相适应的规范性伦理法则，甚至固化为具有强制性的法律条款；另一方面，在科学创新带来的新旧范式交替过程中，基于旧科学范式而形成的伦理法则和法律条文已无法解释、支撑或调节新范式下的科技创新，而新的伦

---

① 谢若愚、孟云：《中国特色社会主义科技伦理政策演进研究——基于政策文本的量化考察》，《科技与管理》2022年第6期。
② 张润强等：《科技社团参与科技伦理治理：功能、角色与路径》，《自然辩证法研究》2023年第11期。
③ 周吉银：《科技伦理审查要走好"平衡木"》，《健康报》2023年11月21日。
④ 陈勇、郭玉松：《论科技伦理责任的构建与实现的社会机制》，《道德与文明》2008年第2期。
⑤ 李玲、樊春良：《关于新兴科技伦理与社会问题新闻报道的研究——以国内主流媒体为例》，《科学学研究》2012年第3期。
⑥ 梁红秀：《论科技伦理责任的三种主体》，《理论月刊》2008年第12期。
⑦ 刘然：《跨越专家与公民的边界——基于后常规科学背景下的决策模式重塑》，《科学学研究》2019年第9期。

理法则和法律条文由于科技创新的未知性与不确定性无法及时形成，这就要求与呼唤在前沿科技探索的过渡阶段，特别建构一种具有灵活性、适应性的柔性治理机制，通过多元主体临时的协商、交往与互动达成规范性共识与承诺，用以指导具体的科技创新活动。因此科技伦理的柔性治理是专门针对前沿科技探索而形成的治理机制，其以高度的包容性、敏捷性与合意性规避和应对前沿未知领域的伦理风险，这样就能有效克服"事前难预测、事后难控制"的科林格里奇困境，兼顾科技创新的可能性与规范性。目前，无论是欧美国家还是中国，都非常重视通过柔性手段加强新兴技术研发与应用的伦理指导、审查和监管。人工智能科技拥有领先优势的美国，并没有急于在全国层面出台人工智能治理法律[①]，而是将其融入国家战略、施政纲领、政府工作报告、地方法规展开科技伦理的柔性治理；欧盟近年来虽然特别注重对人工智能伦理治理的法治化，甚至出台《人工智能法案》《通用数据保护条例》等法案，但欧盟层面的大多数立法本身是协商性、原则性的软法规范[②]，仍有待于成员国的实质落实与遵守；我国 2023 年底出台的《科技伦理审查办法》，建立多层次的伦理审查机制，特别是针对新物种合成、侵入式脑机接口、自动化决策系统等新兴科技的研发与应用，建立伦理审查复核清单制度，体现对新兴科技伦理问题的重点关注、柔性治理原则。

（三）以制度协商重叠共识的治理

科技创新与科技伦理的内在张力既体现在科学共同体内部关于事实认知与价值追求的冲突上，更体现为科技与社会深度耦合之后，多元社会主体围绕科技创新的事实认知与价值追求的博弈与争论。如果说前者停留在专业内部因而已然存在程序性、制度化的路径，可以"依赖专家技术理性"[③] 予以一定程度的解决，那么随着科技创新深度嵌入"社会机制和政治安排"，社会对科技的伦理治理则由于"科技与社会关系的不确定性""开放决策考虑维度的难题""伦理立场的多元性与变动性"[④] 等而面临更多的争议与分歧，不仅显著增加协商共治的成本，而且提高科技伦理柔性治理的难度，降低有效治理的可能性。不过，解决这些难题的办法并非从柔性转向刚性、从软法变为硬法。面对内蕴于生产力与意识形态矛盾之间的科林格里奇困境，缺乏弹性、灵活性与协调性的刚性硬法治理，只会让科技创新与科技伦理的对立冲突更加严峻。搭建制度化、体系化的科技伦理协商对话平台，寻求科技工作者、政府、利益相关者、

[①] 王少：《中外科技伦理法规政策比较研究》，《兰州学刊》2020 年第 7 期。
[②] 罗豪才、毕洪海：《通过软法的治理》，《法学家》2006 年第 1 期。
[③] 赵鹏：《科技治理"伦理化"的法律意涵》，《中外法学》2022 年第 5 期。
[④] 赵鹏：《科技治理"伦理化"的法律意涵》，《中外法学》2022 年第 5 期。

伦理学法学专家与社会公众的"重叠共识",仍是促成科技伦理柔性治理的不二选择。根据交往理性理论,对话商谈本身具有合理性与和合目的性的功能价值①,因此事前存在分歧与争论并不是难题,关键在于有没有制度化的协商程序与合理化过程,为形成价值与规范的最大公约数提供可能性。不管是在理想层面还是在现实生活层面,无论是针对具体科技活动的伦理审查还是针对公共政策、行业规范或倡议的决策,都有这样的可能性:"通过座谈会、研讨会、听证会、审议会、论证会等形式不断地组织讨论、辩论,使相应决策、方案逐步由共同体少数人接受扩展到多数人接受,由多数人接受扩展到全体人接受……审议的过程同时也是一个不断修改原决策、原方案的过程,使最终的决策、方案能平衡和照顾到方方面面的利益。"② 从表面上看,这种互动协商似乎增加了谈判成本、延长了治理周期,但基于利益机制和重叠共识的柔性治理显著降低了运行成本,这正是协商式、审议式程序正义的玄妙价值所在。

需要强调的是,科技伦理柔性治理提倡灵活与弹性,并不是脱离制度理性与程序正义的随意而为,而是在正式或非正式制度保障基础上的协商对话,因而也属于广义上的法治范畴。科技伦理柔性治理需要通过公共政策、自律规范、专业标准等软法框架建构具体治理机制,形成决策、咨询、协调、商议、审查、监督与公众参与的规范做法与制度体系。③

(四)富有实效的柔性手段治理

科技伦理柔性治理的柔性渗透到治理的全周期各环节,主要表现为创制方式的柔性、制度安排的柔性、具体实施的柔性,但是这样的柔性并不会影响科技伦理治理的实效性与约束力,因此科技伦理治理是手段柔性却富有实效的治理。首先,其与硬法治理、刚性治理的创制遵循严格的法定程序不同,科技伦理柔性治理的制度建构富有弹性与灵活性,党委、政府政策法规主要通过协商制定,生成方式更机动也更快速;行业规范、专业标准则源于共同体的协商共识,体现的是成员间的共同追求与相互信任;一些具体的规则惯例则是约定俗成或教育培训的结果,这使科技伦理柔性治理能够灵活快速地回应科技变革的需要。其次,其与硬法治理、刚性治理依靠明确性、具体化的法律条款或强制手段不同,科技伦理柔性治理的制度安排更加弹性与柔性,"或者较为笼统,重在兼容并包;或者较为抽象,对行为方式的种类、数量、幅度未加明确规定;或者较为原则,不做具体的权益分配;或者较为模糊,允许出现多种合理性解释;或者较为灵活,给公共主体博弈留有回旋余地与调整空间;或者较为柔和,

---

① 〔德〕哈贝马斯:《交往行为理论》第1卷,曹卫东译,上海人民出版社,2018。
② 姜明安:《完善软法机制,推进社会公共治理创新》,《中国法学》2010年第5期。
③ 樊春良:《科技伦理治理的理论与实践》,《科学与社会》2021年第4期。

重在指导与建议，未作硬性规定"①，这使科技伦理柔性治理能够有针对性地、具体地化解前沿探索过程中未知的不确定性风险。最后，其与硬法治理、刚性治理明确责任与惩罚并且借助国家强制力予以追责不同，科技伦理柔性治理更多借助自律、行业互律与社会他律发挥作用，在负面效应上主要依靠舆论监督、同行评议、机构审查、行业监督等他律或互律产生的社会压力驱使科技工作者遵守伦理法则与软法规则，在正面效应上主要借助教育培训、激励表彰、履行承诺、遵守规则等自律或自觉机制产生引导与规范效力，因此形成的是"软约束力"②。科技伦理的柔性治理，不借助于暴力或强制力，但并不等于没有约束力。如果违反或者破坏科技伦理治理规则，仍然会"遭到舆论的谴责，纪律的制裁，甚至被共同体开除，不得不被迫离开相应共同体"③。正是由于创制方式、制度安排与具体实施方面的灵活柔性，科技伦理柔性治理在防范科技伦理风险或应对科技伦理突发事件方面，相比稳定明确的硬法治理，有着更高的敏感度与灵活性。④

尽管科技伦理柔性治理与硬法治理、刚性治理的法治化有着显著区别，但其却是灵活柔性的德法兼治的典范领域，并且构成从德法兼治转向更具普遍性、确定性、稳定性和强制力的法治化的制度试错与适宜过渡。从立法和现代化治理的普遍经验来看，确实存在将"具有高度共识、形成常态化行为准则或者涉及重大伦理挑战而需要暂时性管制"⑤的软法规范、柔性治理机制转化为硬性法律规定与刚性治理举措的案例。以人类基因编辑技术的科技伦理治理为例，目前立法总体处于柔性倡导、原则宣示阶段，新出台的《民法典》对与人体基因、人体胚胎有关的医学或科研活动采取的是"'二阶'形式的双重兜底规定"⑥，侧重于宣示这类行为的伦理、安全与法律底线，不过针对"基因编辑婴儿"等重大伦理危机事件，新修订《刑法》却及时作出了回应性调整，设置专款明确刑事责任与惩治方式⑦。再如以往法律要求的伦理审查评估主要局限于医学研究领域，但是新出台的《个人信息保护法》，针对人工智能、认知与神经科技的兴起及其对人类自由、安全与可持续发展造成的潜在风险，逐步建立起

---

① 罗豪才、宋功德：《认真对待软法——公域软法的一般理论及其中国实践》，《中国法学》2006年第2期。
② 罗豪才、宋功德：《认真对待软法——公域软法的一般理论及其中国实践》，《中国法学》2006年第2期。
③ 姜明安：《软法的兴起与软法之治》，《中国法学》2006年第2期。
④ 董雯静：《科技伦理治理法治化的现实困境与规范建构——以科技发展与科技伦理的相互关系为切入点》，《自然辩证法研究》2023年第11期。
⑤ 赵鹏：《科技治理"伦理化"的法律意涵》，《中外法学》2022年第5期。
⑥ 董雯静：《科技伦理治理法治化的现实困境与规范建构——以科技发展与科技伦理的相互关系为切入点》，《自然辩证法研究》2023年第11期。
⑦ 王志刚：《完善科技伦理治理体系 保障科技创新体系》，《求是》2022年第20期。

了针对个人生物、行为敏感信息的风险防控与伦理审查机制,体现了从柔性软法治理到刚性硬法治理的必然转向与治理升级。

总的来说,中国特色科技伦理治理体系针对前沿科技问题逐渐形成多元主体参与、强调制度协商与重叠共识、涵盖多重柔性手段却富有实效的柔性治理机制,具有灵活敏捷、循序渐进、兼容并包、平稳可控、权衡中正、程序正义等治理优势,树立了用伦理与法治相结合的综合手段解决科技领域突出重大问题的"德法兼治""德法互彰"[1]标杆,充分体现中国特色社会主义制度优势,对于贯彻落实习近平法治思想和习近平文化思想,推进国家治理体系和治理能力现代化,具有重要实践价值。

三 科技伦理柔性治理的实施路径

随着《科技伦理审查办法(试行)》等软法细则的颁布实施,我国科技伦理柔性治理从顶层设计走向规则细化、从制度设计走向落地执行、从理念倡导走向能力建设,初步构建起中国特色科技伦理软法治理、柔性治理模式。不过由于我国科技伦理治理处于"新兴技术快速发展期、经济社会高质量发展期、国际秩序深度调整期'三期叠加'"[2]的特殊阶段,仍面临体系建设滞后、能力建设不足、伦理意识较弱、公众参与较少、国际贡献不够等多重挑战[3],亟待进一步发挥德法兼治、德法互彰的制度优势,推进柔性治理的深化落实。

(一)落实伦理审查监督机制

基于科技伦理委员会的科技伦理审查机制建设,是发挥科研机构与科研人员主体责任、防范科技伦理风险和推进负责任创新的"重要防线"[4],也是落实科技伦理柔性治理的"最后一公里"[5]。《科技伦理审查办法(试行)》就科研机构伦理(审查)委员会和伦理审查制度建设提出56条具体化软法制度,明确将涉及人、动物、伦理风险挑战、依法依规需进行科技伦理审查的四类科技活动纳入伦理审查机制,规定一般程序、简易程序、专家复核程序、应急程序四类伦理审查程序,特别是实行纳入伦理审查复核的科技活动清单动态管理,建立科技伦理(审查)委员会和科技伦理高风险科技活动登记制度,形成体系

---

[1] 李志强:《论习近平的德法兼治观》,《大连理工大学学报》(社会科学版)2021年第5期。
[2] 中国科学技术发展战略研究院"科技伦理治理研究"课题组:《我国科技伦理治理的核心议题和重点领域》,《国家治理》2022年第7期。
[3] 中国科学技术发展战略研究院"科技伦理治理研究"课题组:《我国科技伦理治理的核心议题和重点领域》,《国家治理》2022年第7期。
[4] 李建军:《如何强化科技伦理治理的制度支撑》,《国家治理》2021年第42期。
[5] 葛海涛:《以科技伦理治理推动实现高水平科技自立自强》,《科技中国》2023年第9期。

化、标准化、规范化、责任化和可操作性的伦理审查监督制度供给。在建章立制之后，当下最紧迫的问题转变为有没有足够的资源与能力推进伦理委员会和伦理审查机制建设。中国科协 2021 年一项调查显示，多达 58% 的科技工作者不知道所在单位是否存在科技伦理审查机构①；科研机构伦理委员会缺乏足够资源与能力应对前沿科技领域的伦理问题②，除起步较早的医学研究领域之外，新兴科技行业普遍缺乏既懂科技创新又懂科技伦理的复合型人才；新兴科技特别是人工智能科技领域的伦理委员会与伦理审查监督机制建设处于观望状态、动力不足③，甚至出现成立后再撤并的倒退④；此外还存在科研机构、企业的伦理委员会与伦理审查被置于机构内部，缺乏外在维度的客观制约等问题。因此《科技伦理审查办法（试行）》的出台只是"万里长征第一步"，下一步需要更为综合系统的赋能，不能仅依靠科技界自身的资源配置能力，而要引入政治、经济等领域的外部主体作增量变革，建设区域、行业与第三方伦理审查委员会或中心，借助市场或竞争机制发展伦理审查咨询机构与智库，帮助科研机构、企业提高伦理审查监督能力与质量。

（二）完善公共协商沟通机制

公共协商沟通机制是最能够体现柔性治理协商性、合意性、包容性、灵活性等价值优势的治理机制，于科学共同体内部而言，它意味着公共价值、社会价值与专业价值理应获得同等地位的考虑，于社会而言，它意味着不同利益群体之间即使相互冲突、无法兼容也互相不可替代而应有合乎理性的多元价值的平等性，因此公共协商沟通机制便是在罗尔斯所言的合理多元主义的事实基础上达成一致意见、协调行动的过程⑤。公共协商沟通机制既形成一种惯例或制度，也构成一个行动者网络，更是一种具有内在价值的程序；既包括正式的伦理委员会，即国家、地方、行业及科研机构、企业成立的由具备相关科学技术背景的同行专家，伦理、法律等相应专业背景的专家组成的伦理（审查）委员会，其本身就是公共协商沟通机制的重要组成部分，也包括非正式的论坛、对话、协商、研讨机制；既存在于科研机构、企业或行业内部，也广泛存在于社会领域，发挥澄清问题、凝聚共识、伦理审查、跨界对话、学习提升、协调行动等具体职能。首先，对问题的澄清异常重要。科林格里奇困境反映出作为生产力的科技创新与作为意识形态的科技伦理发展不同步带来的关系的紧张，过

---

① 转引自葛海涛《以科技伦理治理推动实现高水平科技自立自强》，《科技中国》2023 年第 9 期。
② 李建军：《如何强化科技伦理治理的制度支撑》，《国家治理》2021 年第 42 期。
③ 张娟娟等：《AI 企业伦理（审查）委员会建设现状、经验及启示》，《科技中国》2023 年第 8 期。
④ 陈昌凤、李凌：《算法人文主义：公众智能价值观与科技向善》，新华出版社，2021。
⑤ 童世骏：《关于"重叠共识"的"重叠共识"》，《中国社会科学》2008 年第 6 期。

早或过晚介入、认知求真与规范求善的失衡、问题聚焦把握的失误，都存在潜在风险，都会导致科技创新或科技伦理治理的失败，因此需要科技、伦理、法学专家，政府部门及社会公众，开诚布公地澄明讨论，问题与真理总是越辩越明。其次，对信息不对称的减少与消除至关重要。现代知识生产的分工化导致科学与人文之间、科学内部各学科之间形成严重的知识壁垒和信息茧房，这既是产生科技伦理问题的知识发生学根源，也是引发不同个体或群体之间误解、分歧的知识论基础，公共协商沟通机制存在的内在价值之一，就是通过跨界对话、学习提升、协商研讨等方式打破信息与知识壁垒[①]，促进科学与人文之间、跨学科之间、科学与社会之间的信息流通与分享，尽可能减少与消除信息不对称，更加客观、全面、准确、公正地把握科技活动。最后，公共协商机制的终极目标在于加深理解、相互包容以消除分歧、凝聚共识。这固然是艰难的过程，不过恰当的制度设计、固定的协商对话平台、有效的道德激励、多元文化的立场与视角、适当的退让或强制以及对利益需求的调动与满足等，都将有利于协商目标的达成。

（三）畅通社会公众参与机制

科技活动特别是科技创新的专业化是现代化的产物，其反映和体现的是知识生产与传播在人类发展某一阶段，特别是资本主义生产方式下的理性化、专门化与精细化程度，与之相适应的上层建筑包括专业资质、身份门槛、科学共同体壁垒、知识产权制度等，一方面保护、助推知识生产并带来知识生产的大爆炸与大繁荣，但另一方面也存在阻碍"万众创新"的可能性，特别是在数字技术与人工智能技术驱动万物互联、高等教育大众化带来学术普及、专业知识生产门槛进一步降低的情况下，科学专业主义的基石岌岌可危，因此要辩证地分析看待科技创新与科技伦理治理专业化的问题，顺势推动"公众参与科学""开放科学""众包科学"，这既是对科技活动以人为本、服务于人的初心回归，也是推动科技伦理柔性治理的必要之举。一方面要促进公众参与科技伦理柔性治理。从以往作为科技活动的外在他者或被动第三方转变为在科技社会深度耦合体之中深受科技创新影响的利益相关者、风险承担者，因而也就是主动治理者。公众必然会关注评估科技创新的内在机理、社会影响和潜在风险，并通过舆论监督、伦理审查、科学传播、公共协商等方式反馈给科技共同体与科技工作者，从而能够提高科技伦理柔性治理效能。另一方面则要更进一步地促进公众直接参与科学创新。不只是传统意义蜻蜓点水式地参与、关注、了解和传播

---

① 鲁晓、王前：《科技伦理治理中"科技"与"伦理"的深度融合问题》，《科学学研究》2023年第11期。

普及，也不只是前述为了自身利益或发表意见的监督参与，而是逐渐从边缘到核心、从周边到中心，通过知识共生产模式输出"贡献专识、互动专识和归与专识"①，形成实质性参与贡献。由于现代社会演进到数字交往的互联网社会，公众参与科技伦理治理或科技创新的主要渠道逐渐从传统的书面媒体、电子媒体转向具有高度连接性、自动化与沉浸式的社交媒体、智能媒体或元宇宙媒体，由此进一步促进了科技普及和科技平权，提高了公众参与的技术可及性与可能性，但这既可以是科技自身带来的赋能，也可能成为值得警惕的科技伦理风险源头。较之于科学共同体与专业科技工作者，非专业的公众更不具备驾驭某些前沿科技的专业能力与伦理精神，缺乏必要的规范，因此很有可能变为科技失控的肇事者或共谋者。

（四）构建科技伦理教育机制

立足长期主义，科技伦理柔性治理不能止步于当前伦理治理体系建设和科技伦理问题的解决，还要通过科技伦理教育赋能科学家精神、风险意识、人文精神的培养，形成科技伦理柔性治理文化。科技伦理教育既包括学历教育体系对大学生也即未来的科技工作者的科技伦理教育，也包括对当前科技工作者、科技伦理委员会成员的专业培训。《关于加强科技伦理治理的意见》对上述两类科技伦理教育培训都作出了部署安排，但从具体落实来看，两类教育培训都不仅缺乏强有力的顶层设计，而且缺乏具体化的执行、评估与激励机制②。教育管理部门对高校科技伦理教育课程建设、教材建设与人才培养进行专项部署，但是仍然停留在通识教育、交叉学科层次或者渗透到专业课程的课程思政模块之中，系统性和体系化不足，定位层次较低，远不能满足加强科技伦理治理、促进科技事业健康发展的需要，需要提升价值定位到以马克思主义为指导的"思政课程"和"课程思政"的高度，一方面，利用将科技伦理教育纳入思政课程体系的有利条件，以马克思主义学院为主阵地，分门别类地开好专门的科技伦理课程，逐步将科技伦理教育纳入思政课程体系；另一方面，要贯彻课程思政理念，将科技伦理意识、素养和规范融入相关专业课程和实践课程，探索建构适应中国特色社会主义具体国情和科技创新发展需要的科技伦理教育和课程体系。科技主管部门对科技人员的科技伦理培训、对科技伦理委员会成员的履职培训都尚未大规模启动，亟待建立相应的促进、激励和评估考核机制，切实将科技伦理培训纳入科技活动过程，引导科技工作者遵守科技伦理法则，开

---

① 张立、王海英：《走向混合论坛的科学治理——公众参与科学的进路考察》，《江苏大学学报》（社会科学版）2011年第3期。
② 鲁晓、王前：《科技伦理治理中"科技"与"伦理"的深度融合问题》，《科学学研究》2023年第11期。

展负责任的研究与创新。此外，还要借助社会媒体做好面向公众的科技伦理培训，提高社会公众的科技伦理精神与素养。

科技伦理与科技活动是两面一体、同频共振的紧密耦合体，灵活高效的科技伦理柔性治理不仅不会阻碍科技创新与科技活动，而且有助于提升科技创新的"软实力"和"巧实力"。中国特色科技伦理柔性治理秉承马克思主义科技伦理思想，贯彻习近平关于德法兼治的思想，符合科技发展规律和国际治理潮流，具有灵活性、合意性、协调性等制度优势，不仅有助于化解中国本土的科技伦理问题，实现高水平科技自立自强，而且具有鲜明的软法之治、德法兼治特征，有助于向国际社会提供科技伦理治理的中国方案。

科技进步逻辑下该如何推进马克思主义时代化?
——对哈贝马斯科技观的批判[*]

刘伟兵[**]

【摘　要】科技进步为马克思主义时代化带来了新的挑战与机遇。哈贝马斯面对第三次科技革命浪潮,敏锐地捕捉到了科技进步逻辑已经成为一种新型的意识形态。由此出发,他认为马克思劳动价值论、生产力与生产关系理论、阶级矛盾与阶级斗争理论和国家理论都需要进行新的阐释。但是究其根源,哈贝马斯仅抓住了历史发展的现象,忽视了这种现象恰好是对马克思所揭示的唯物史观的证明。因此,只有对哈贝马斯科技观进行系统全面的批判,才能有利于我们在面对第四次工业革命浪潮时,更好地在马克思主义话语权、意识形态工作创新、阶级意识培育与寻求社会共识方面推进马克思主义时代化。

【关键词】科技进步逻辑;哈贝马斯;马克思主义时代化;意识形态

党的二十大报告首次将科教兴国战略单独作为一个独立篇章进行汇报,体现了中国共产党治国理政对科技作用的重视。这是因为,每一轮科技革命都会带来科学、技术、生产的深刻变革,形成生产方式革命性变化的工业革命。马克思正是通过对第一、二次工业革命之交形成的社会大生产以及所带来的社会现象的研究,形成了自己的理论体系。在面对第三次科技革命带来的新影响和新现象时,西方马克思主义者们作出了科技异化和科学技术是意识形态的新判断,并在解释新现象的过程中试图对马克思主义理论中的部分理论进行新的阐释。其中,相较于马尔库塞单纯地将科技看作意识形态和奴役人的新的工具,哈贝马斯则客观地评价了科学技术对人的发展的两重性,即除了成为一种新的意识形态外,还表现为第一位生产力的作用。正是对科学技术的这种认识,哈

---

[*] 本文系国家社会科学基金青年项目"人工智能时代意识形态风险防范机制创新研究"(23CKS053)的阶段性成果。

[**] 刘伟兵(1994~　),法学博士,复旦大学马克思主义研究院讲师,主要研究方向为马克思主义整体性、意识形态与文化。

贝马斯在新的时代条件下，自主地对一些马克思主义理论作了新的时代"解答"，以便更好地解释由科技进步带来的新现象。但是，这种阐释，究其本质是对马克思主义的误释，需要我们进行深入的批判。正确评价哈贝马斯的科技观，有利于我们在以人工智能为核心的第四次工业革命中、在坚持马克思主义理论的基本立场上，结合时代的新情况推进马克思主义时代化，也有利于证明当今依旧处于马克思主义所指明的历史时代。

一 哈贝马斯科技观的建构与对马克思主义的"发展"

哈贝马斯面对第三次科技革命带来的全域性变革，认识到科技已经成为时代新的坐标系。正是这种认识，使哈贝马斯深入现代资本主义社会的新变化和新现象的探究中，把握科技进步逻辑对现代社会的重构，试图重建历史唯物主义。在此路径上，哈贝马斯建构起一幅科技进步逻辑下现代资本主义社会的历史图景。

首先，从合理性到统治合法性是哈贝马斯科技观的逻辑起点。韦伯将合理性区分为价值理性与目的理性两种类型，并认为随着资本主义现代化进程的是价值理性的衰落和目的理性的兴起。这一观点也被西方马克思主义者们所接受。其中，统治的合理性就是合法性。这是每一个社会都要面临和解决的问题。哈贝马斯区分了传统社会和文明社会的合法性区别。在他看来，传统社会表现为三个特征："1. 有一个中央集权统治这个事实（即有一个不同于部落组织的国家统治组织）；2. 社会分裂为社会经济的阶级（即，分配给个人的社会负担和补偿是按照他的阶级属性，而不是根据亲缘关系的标准）；3. 任何一种重要的世界观（神话、文明社会中的宗教），其目的都在于使统治的合法性产生效力。"[1] 因此，哈贝马斯认为传统社会的"制度框架是建立在对整个现实——宇宙和社会——所作的神话的、宗教的或形而上学的解释的毋庸置疑的合法性基础上的"[2]。由此，在传统社会的生产方式基础上，目的理性活动就始终处于传统社会的合法性框架内，体现为传统社会制度框架的"优越性"。

但是，资本主义的生产方式具备能够使劳动生产率持续增长的有机规律，从而能够保证"目的理性活动的子系统不断发展"[3]，这动摇了传统社会以价值理性为主导的合法性。哈贝马斯把"'劳动'或曰目的理性的活动理解为工具

---

[1] 〔德〕哈贝马斯：《作为"意识形态"的技术与科学》，李黎等译，学术出版社，1999，第51页。
[2] 〔德〕哈贝马斯：《作为"意识形态"的技术与科学》，李黎等译，学术出版社，1999，第52页。
[3] 〔德〕哈贝马斯：《作为"意识形态"的技术与科学》，李黎等译，学术出版社，1999，第52页。

的活动，或者两者的结合"①。工具的活动的内在逻辑，就是以经验知识为基础的技术规则，其遵循的是问题的解决与目的的实现。如此一来，传统社会向现代社会转变的过程，就是原来依靠神话、宗教和形而上学世界观等符号语言相互作用的制度框架合法性解体，目的—手段—关系的合理性确立的过程。因为资本主义生产方式"不仅提出了统治的合法性问题，而且也解决统治的合法性问题"②。相比较于传统社会从文化传统中的天国获取合法性，资本主义社会则"从下"，即从社会劳动的根基上获得统治的合法性。因为"财产私有者赖以交换商品的市场机制（包括那些没有私有财产的人们把他们的劳动力当作唯一的商品拿去交换的市场在内），确保着交换关系的公平合理和等价交换。这种资产阶级的意识形态，用相互关系的范畴，甚至还把交往活动的关系变成了合法性的基础"③。可见，随着生产方式的不断确立和完善，资本主义社会一方面使目的理性活动不断发展，另一方面在社会劳动基础上建立经济合法系统，并不断适应和推进目的理性的发展。

其次，现代资本主义社会④出现合法性危机，使科学技术作为意识形态出场具有了历史条件。正是因为资本主义的生产方式，公平交换成为资本主义生产方式的合法性基础。马克思正是通过对西方的等价交换的合法性基础进行批判，用劳动价值理论揭开了西方自由的虚假性。而随着资本主义社会的发展，现代资本主义出现了两种趋势："第一，国家干预活动增加了；国家的这种干预活动必须保障（资本主义）制度的稳定性；第二，（科学）研究和技术之间的相互依赖关系日益密切；这种相互依赖关系使得科学成了第一位的生产力。"⑤这两种趋势破坏了自由资本主义社会的原有格局，也使马克思批判的公平自由交换的意识形态基础"消失"了。这是因为，自由资本主义社会的意识形态基础就是避免国家权力对市场进行干预，"把自身从统治中解放出来，以及使政权中立化"⑥。而这一点在现代资本主义社会为了经济发展稳定而逐渐增加国家干预活动的过程中被解构了。原有的自由交换意识形态的合法性瓦解，使资本主义社会统治需要新的合法性。

这种新的合法性就是补偿纲领。"补偿纲领的依据不是市场体制所造成的社

---

① 〔德〕哈贝马斯：《作为"意识形态"的技术与科学》，李黎等译，学术出版社，1999，第49页。
② 〔德〕哈贝马斯：《作为"意识形态"的技术与科学》，李黎等译，学术出版社，1999，第54页。
③ 〔德〕哈贝马斯：《作为"意识形态"的技术与科学》，李黎等译，学术出版社，1999，第54页。
④ 有学者翻译为晚期资本主义社会。笔者认为，晚期一词具有一种价值判断，不太符合资本主义社会发展的事实。现代资本主义社会一词则能够更加中立地表述资本主义社会发展到成熟阶段，也更符合马克思的现代社会思想的表述。
⑤ 〔德〕哈贝马斯：《作为"意识形态"的技术与科学》，李黎等译，学术出版社，1999，第58页。
⑥ 〔德〕哈贝马斯：《作为"意识形态"的技术与科学》，李黎等译，学术出版社，1999，第58页。

会后果，而是对自由交换的功能失调进行补偿的国家活动的社会后果。"[1] 如此一来，政治就不再是以美好生活等实践目的作为自己的导向，而是呈现为一种解决技术问题的导向。政治便从一个实践问题转化为技术问题，而"技术问题的解决不依赖于公众的讨论"[2]。因为在目的理性下，技术的问题要交给专业人士解决。而群众就在国家政治中被边缘化、非政治化了。

再次，科技成为第一位生产力后，科学技术逐渐成为一种新型意识形态。群众之所以能接受自身的非政治化，就是因为科学技术在现代资本主义社会成为一种新型的意识形态。科学与技术是两个不同的范畴，但是在现代资本主义社会中，技术的科学化趋势越来越明显。在这一过程中，生产力越来越取决于科学技术的发展，而不是生产关系。科学技术就成为第一位的生产力。如此一来，科技进步就成为一种独立的坐标体系，包括经济增长等变量都与科技进步产生了勾连。人们就会产生一种错觉，即"社会系统的发展似乎由科技进步的逻辑来决定"[3]。由此，科技就成为一种新型的隐性意识形态，其具有更强的遮蔽性和隐匿性，能够以一种理性的思维方式和科技进步的逻辑实现对人们的同化，从而使统治的合法性得以确证。

科学技术的意识形态已经丧失了原有意识形态的旧形态，意识形态性较少。因为科学技术的发展实实在在地促进了生产力发展，提高了人们的生活水平。而且科技意识形态范围更为广泛和更加难以抗拒，因为"它在掩盖实践问题的同时，不仅为既定阶级的局部政治作辩解，并且站在另一个阶级一边，压制局部的解放的需求，而且损害人类要求解放的利益本身"[4]。由此看来，人们通过科技发展切实取得了比以往更好的生活和更多的利益，也通过补偿原则弥补了在市场交换中受损的部分利益，这极大地提高了人们对政治的合法性认同。人们就真正地失去了对这一现实的反思批判，而在利益补偿中形成了利益共同体。

最后，哈贝马斯认为，科技的进步使马克思主义理论在现代需要一定程度的"发展"。尤其是科学技术成为第一位生产力后，已经成为一种独立的力量和"独立的剩余价值来源"[5]。在他看来，随着生产方式愈加科学化，人们的直接劳动大量减少，机器取代人的生产现象将更加普遍。人们不再劳动，也不直接与劳动对象接触，因此马克思的劳动价值论成立的条件也就不存在了。不仅如此，哈贝马斯认为生产力已经不再是解放的潜力。因为生产力的发展越来越取决于科技进步，而不是其与生产关系的适应。而科技进步逻辑就是科技越来

---

[1] 〔德〕哈贝马斯：《作为"意识形态"的技术与科学》，李黎等译，学术出版社，1999，第60页。
[2] 〔德〕哈贝马斯：《作为"意识形态"的技术与科学》，李黎等译，学术出版社，1999，第61页。
[3] 〔德〕哈贝马斯：《作为"意识形态"的技术与科学》，李黎等译，学术出版社，1999，第63页。
[4] 〔德〕哈贝马斯：《作为"意识形态"的技术与科学》，李黎等译，学术出版社，1999，第69页。
[5] 〔德〕哈贝马斯：《作为"意识形态"的技术与科学》，李黎等译，学术出版社，1999，第62页。

越成为统治合法性的力量。生产力在科技的裹挟中,从原来解放的潜力变成为合法性辩护的力量。生产力越发展,人们就越认同现代生产方式。因此生产力的发展不再谋求对生产关系的改变或者合法性的批判。

由此可得,在现代资本主义社会中,生产力与生产关系的矛盾也已发生变化。在哈贝马斯看来,因为国家干预的出现,生产关系能够一直确保目的理性活动的子系统不断发展,增强发展的合理性,促进生产力的发展。生产力与生产关系的矛盾问题在现代资本主义社会中得到了解决。同样,科技进步和补偿纲领的实现,阶级斗争问题也已经发生改变。科技进步所带来的全人类生活水平的普遍提高,使人们的需求得到了极大的满足。即便在现代社会中被定义为失败的人群,也能够通过补偿纲领获得一定程度的补偿。因此,对资本主义制度的忠诚是全方面的,不同阶级都在这一制度中成为利益共同体。即便阶级对立依旧潜伏,但是阶级斗争的动力已经被科技进步逻辑所取代,所有人都认同依靠科技进步来实现每一个人的生活水平提高。由此带来的是马克思国家理论的重构。国家不再是统治阶级统治的工具,而是成为调和各个阶级利益、进行利益再分配的力量。如此一来,哈贝马斯几乎重构了马克思劳动价值理论、生产力与生产关系理论、阶级与阶级斗争理论和国家理论。那么,这种对马克思主义的"发展"是否是正确的呢?还是一种在新的时代条件下对马克思主义的解构呢?我们只有回到马克思自身的语境中,才能一窥究竟。

二 对哈贝马斯"发展"马克思主义的揭露与批判

行文至此,我们基本清楚哈贝马斯在面对第三次科技革命出现的新情况和新挑战的背景下,构建自己的科技观并在其科技观基础上试图重建部分马克思主义理论的尝试。可以见得的是,哈贝马斯正确地看到了时代的发展变化,对科技进步逻辑所引发的新型意识形态等的判断都是正确的。从科技进步逻辑看待马克思主义时代化也是哈贝马斯的一大理论贡献。但是,这种"发展"与"重建"却是在对马克思主义的一些基本原则的背弃和马克思主义的一些基本原理的误释基础上形成的。因此,我们应该回到马克思主义自身的内容体系上,对哈贝马斯"发展"马克思主义的本质进行揭露,对其错误观点进行批判。

首先,哈贝马斯关于科技已经成为独立的剩余价值来源、马克思劳动价值论过时的判断是错误的。这是因为,一方面随着科技进步,生产过程中出现越来越多无人化的现象,人们的直接劳动被大量代替。但另一方面则是生产力越来越依赖于科技进步,出现人们的直接劳动大量减少与财富大量增加的矛盾现象。这种悖论,促使哈贝马斯宣告马克思劳动价值论的过时。可是,当我们回到马克思的劳动价值论的内容,联系现代资本主义生产过程时就会发现,劳动价值论并没有过时，仅仅只是劳动形式出现了多样化的变化。马克思自己就曾判断道，财富的创造越来越"取决于科学的一般水平和技术进步，或者说取决于这种科学在生产上的应用"①。那么，机器取代人的劳动，是否就意味着劳动不再是创造价值的唯一来源了呢？答案是否定的。这是因为，无论科技如何进步，机器发展得如何高级，甚至出现完全智能的机器人，也无法使机器创造价值。这是因为机器只是人的对象化劳动②，仅仅只是将人们在其身上对象化凝结的价值，在生产中转移到商品上去。

那么，如果创造价值的来源依旧仅是人的活劳动，那又为何在现代生产过程中伴随着"无人化"生产的普及，却出现价值量大量增加的现象呢？这是因为创造价值的是人的抽象劳动，而不是具体劳动。直接劳动仅仅只是人的具体劳动的一种形式。随着社会化生产和劳动工具的发展，人们可以间接地作用于劳动对象，并不需要直接接触劳动对象，"只要成为总体工人的一个器官，完成他所属的某一种职能就够了"③。因此，"资本通过使用机器而产生的剩余价值，即剩余劳动，——无论是绝对剩余劳动，还是相对剩余劳动，并非来源于机器所代替的劳动力，而是来源于机器使用的劳动力"④。

此外，科技进步实现价值量的大量增加还和复杂劳动与劳动生产率有关。通过科技进步实现的机器生产等种种生产方式都是劳动复杂化的体现。复杂劳动"只是自乘的或不如说多倍的简单劳动"⑤，体现为在单位时间内生产更多的价值量，因此也可以称之为较高级的劳动。此外，科技进步能够通过提高生产力水平的方式，提高劳动生产率。但是，"不管生产力发生了什么变化，同一劳动在同样的时间内提供的价值量总是相同的。但它在同样的时间内提供的使用价值量是不同的"⑥。这是因为决定商品价值的是抽象劳动的社会必要劳动时间。而生产率提高则表现为单位时间内生产出更多的使用价值，从而创造出更多的财富。由此可见，马克思劳动价值论并没有随着科技进步而破产。相反的是，科技进步恰好证明和体现了马克思的劳动价值论。

其次，哈贝马斯关于生产力和生产关系矛盾消弭的判断也是错误的。哈贝马斯认为科技进步逻辑成为现代资本主义社会的合法性基础，而生产力发展又越来越依赖于科技进步，这就使生产力从对生产关系的合法性批判的力量转为维护生产关系的力量。可见，哈贝马斯这一判断基于其认为随着科技进步，资本主义社会的生产关系能够不断适应生产力发展。那么，哈贝马斯基于目前的

---

① 《马克思恩格斯全集》第31卷，人民出版社，1998，第100页。
② 也有翻译为物化劳动。
③ 《马克思恩格斯文集》第5卷，人民出版社，2009，第582页。
④ 《马克思恩格斯全集》第47卷，人民出版社，1979，第371页。
⑤ 《马克思恩格斯文集》第5卷，人民出版社，2009，第58页。
⑥ 《马克思恩格斯文集》第5卷，人民出版社，2009，第60页。

判断是否真的颠覆了马克思对生产力和生产关系矛盾运动的判断呢？答案很明显也是否定的。

马克思对资本主义生产关系不适应生产力发展有两个判断。其一是由社会化生产和生产资料私人占有的矛盾造成的周期性经济危机；其二是平均利润率下降，资本主义社会不再有动力投资固定资本追求剩余价值。如果现实正如哈贝马斯所言，生产力已经不再有解放的潜力的话，那么马克思这两个判断就应该失灵了。但是现实恰好相反，这两个判断依旧有效，依旧是资本主义社会自身难以克服的生产关系与生产力的矛盾。因为生产力虽然随着科技进步取得了快速发展，但是生产资料依旧仅是资产阶级占有，并且这一趋势还在不断扩大。由此，市场盲目生产导致的产能过剩和绝大部分人消费能力不足就成为资本主义周期性发作的内在顽疾。即便国家干预能够延缓经济危机发作的时间和减轻威力，但是却无法从根本上消除经济危机产生的原因，因此也就不可能消灭经济危机。

同时，资本主义社会在这一时段产生科技进步逻辑并以之为自己的合法性基础，是剩余价值规律运行的必然结果。资本家们认识到通过科技可以缩短自己生产的必要劳动时间，从而在与社会必要劳动时间的竞争中获得超额剩余价值。因此，每一个资本家都会争先恐后地投资机器、科技等固定资本，不断减少可变资本，从而客观上造成生产该商品的社会必要劳动时间的减少，使剩余价值增多。但是，这一剩余价值规律同时也造成了资本主义社会的内部矛盾，即随着可变资本减少的同时是机器等固定资本的增多。这就会出现"随着可变资本同不变资本相比的日益相对减少，使总资本的有机构成不断提高，由此产生的直接结果是：在劳动剥削程度不变甚至提高的情况下，剩余价值率会表现为一个不断下降的一般利润率"①。

然而，发展生产力并不是资本的目的，因为资本的目的就是不断获得剩余价值实现自己的增值。因此，一旦固定资本的投入高于资本获得的剩余价值，资本就不再有动力去继续发展生产力了。那么科技进步逻辑就不可能一直成为资本主义社会的合法性基础，生产力也就不可能一直与资本主义生产关系相适应。由此可见，资本主义生产关系永远不可能真正克服生产力的绝对限制，消弭生产力的潜在解放力量。这种局限性恰恰证明资本主义生产方式的历史性、阶段性的特征。因此，哈贝马斯所宣称的生产力与生产关系矛盾在科技进步逻辑中消弭也是站不住脚的。

最后，哈贝马斯认为阶级矛盾和阶级斗争在科技进步中被利益共同体取代了也是不完全正确的。哈贝马斯认为国家干预手段实现了"一个阶级主体把另

---

① 《马克思恩格斯文集》第 7 卷，人民出版社，2009，第 237 页。

一个阶级主体作为可以同自己相等同的集团来看待"①,利用对个人需求的补偿"平息了阶级冲突"②。如此一来,在现代资本主义社会系统中,"那些同维护生产方式紧密联系的利益,不再是阶级的利益,它们不再带有'明显的(阶级)局限性'"③。此外,哈贝马斯还承认阶级对立依旧存在,但是主要表现在特权集团与非特权集团之间,表现在生活方式的基本问题上,并且丧失了政党和组织的冲突渠道。

那么哈贝马斯这一判断是否正确呢?不可否认的是,哈贝马斯的确抓住了现代资本主义社会通过补偿政策消弭无产阶级内在的否定性,通过利益补偿的形式获得大多数人对资本主义社会的忠诚的现象。但是,究其本质而言,现代资本主义社会阶级矛盾与阶级斗争只是被科技进步逻辑所形成的新型意识形态所遮蔽了,并没有像哈贝马斯所说的那样是被利益共同体的方式取代了。把阶级矛盾转换为"钱包的大小"和把阶级斗争转换为"行业之间的争吵"的这一行为,恰好是马克思所要反对的,是一种"粗俗的"人的理智。这是因为阶级的形成并不是由收入、文化等因素决定的。

马克思主义认为,从唯物史观出发,由于人的个体差异以及生产力的不充分发展,在生产劳动中必然地出现了分工,而由于剩余产品与剩余劳动不能满足社会全部成员的需要,私有制就诞生了。所有制既包括生活资料也包括生产资料。而划分阶级的标准并不在生活资料的多寡,而在对生产与再生产具有决定意义的生产资料的占有上。

因此,阶级的形成表现为在对不同生产资料占有的基础上形成了特殊利益集团。阶级与阶级之间的矛盾体现的是生产资料占有的矛盾,是由生产方式所决定的。所以哈贝马斯宣称阶级矛盾通过生活资料领域的再分配的补偿方式被化解了是站不住脚的,其并没有从对生产资料占有上分析现代资本主义社会的阶级矛盾变化。其实随着科技进步,垄断生产发展会越来越明显,生产资料会越来越集中掌握先进技术的大集团手中,越来越多的人会滑入无产阶级阵营里。即便这些新的无产者在收入上很富有,但是由于不掌握生产资料,在生产过程中依旧是被剥削的个体。

此外,哈贝马斯所宣称的传统阶级冲突已经被平息的理论也需要具体地看待。公开的、对制度具有破坏性的阶级斗争在现代资本主义社会里的确很少出现了。在国家干预下,生活水平提高了的人们关注的更多已经变成经济发展、社会问题甚至是娱乐话题,等等。但是,阶级斗争存在的条件并不由人们的关注点所决定,而由阶级矛盾决定。只要阶级矛盾激化,阶级斗争就具有了爆发

---

① 〔德〕哈贝马斯:《作为"意识形态"的技术与科学》,李黎等译,学术出版社,1999,第67页。
② 〔德〕哈贝马斯:《作为"意识形态"的技术与科学》,李黎等译,学术出版社,1999,第65页。
③ 〔德〕哈贝马斯:《作为"意识形态"的技术与科学》,李黎等译,学术出版社,1999,第66页。

的可能性。而除了历史必然性外，阶级斗争的爆发还需要阶级意识的形成，需要从自在阶级向自为阶级的转变。只有这样，无产阶级才能够在瞬息万变的历史面前抓住机会进行阶级斗争。因此，哈贝马斯关于阶级矛盾和阶级斗争已经平息的观点，恰恰是科技进步逻辑所代表的新型意识形态发挥作用的结果。

三 科技进步与马克思主义的真正发展

行文至此，我们已经清楚哈贝马斯在面对第三次科技革命时，敏锐地捕捉到科技进步作为生产力的革命对马克思主义时代化的深刻性意义。如今，我们又来到了一个新的历史关口，第四次工业革命正逐渐兴起。相比较于哈贝马斯等人所面对的第三次科技革命而言，第四次工业革命的科技进步出现更多新内容，包括人工智能、基因改造、虚拟现实等。这些新的变革既对马克思主义提出了新挑战，也为马克思主义时代化提供了新条件。"由科技进步带来的一系列变化，成为当下时代的新课题。"① 正如恩格斯所言："随着自然科学领域中每一个划时代的发现，唯物主义也必然要改变自己的形式。"② 因此，我们在对哈贝马斯科技观进行系统性批判后，要回答一个新的时代课题，即第四次工业革命下科技进步逻辑对马克思主义的影响，以及如何实现马克思主义的真正发展。

第一，增强马克思主义在新问题上的话语解释力，创新马克思主义话语体系，加强马克思主义的话语权建设。科学技术作为第一位生产力，随着自身的不断发展，带动了整个社会发生变化，出现了许多新现象与新问题。但是究其根源，这一变化并没有突破马克思原有的历史唯物主义范式，依旧是对马克思"两个必然"与"两个决不会"的历史证明。因此，科技革命改变的是历史现象，而恰好证明了马克思对历史本质的揭露。马克思主义的发展就是要在对历史本质的把握的基础上解释历史现象的新变化，增强对历史现象的话语解释力。许多"庸俗"思想家总是从身边的经验性认知出发，以一种感性直观的方式建构自己的思想体系，与马克思主义争夺在新问题上的话语权。毋庸置疑的是，这些"新"的解释尽管违背事物发展的本质和历史客观规律，但是由于符合当时的历史现象，总是更容易被人们接受。

因此，在科技进步逻辑下，马克思主义时代化首先要做的就是将马克思主义的一般原理与具体的历史条件相结合，通过本质的把握来解释现象，从而在新问题、新领域上建立话语领导权。例如，第四次工业革命以来，社会上许多人再次产生对劳动价值论的迷惑，如当机器人被大规模地生产和投入劳动时，

---

① 刘伟兵：《科技进步与自由时间的获得性悖论》，《自然辩证法通讯》2023 第 4 期。
② 《马克思恩格斯文集》第 4 卷，人民出版社，2009，第 281 页。

人的劳动还是不是创造价值的唯一来源？还有的人通过市场经济的运行，主张生产要素也创造价值，为资本证明合法性等。这些物化劳动创造价值论和生产要素价值论都是当年马克思所大加批判的庸俗经济思想，但是却在科技进步带来的新问题中，披着"科学解释"和"发展"的外衣再次死灰复燃。因此，马克思主义时代化首先要与这些错误思想在新问题上作话语斗争，争夺话语的领导权。此外，在第四次工业革命中生物科技、人工智能、基因改造等带来新的伦理问题与伦理诉求。这些新的技术创造了人们新的需要，丰富了人们新的关系，因此也需要马克思主义理论能够及时在这些新的领域建构自己的话语体系，回答时代赋予的新问题。

第二，注重意识形态领域的新变化，创新加强意识形态工作。哈贝马斯敏锐地捕捉到科技进步逻辑表现为生产关系，只要能够不断促进科技进步，就能够实现生产力长久地发展，持久发展的生产力又能够成为为生产关系辩护的合法性力量。因此，我国加强意识形态工作时，要注意意识形态认同已经与科技进步逻辑相合流的现象。当前，国内意识形态工作研究基本从意识形态与文化、社会主义核心价值观等视域出发，围绕意识形态领导权、管理权、话语权进行对意识形态的感染力、引领力、凝聚力的研究。如今，面对第四次工业革命浪潮，如何利用哈贝马斯所揭露的科技进步逻辑这一新型意识形态现象开展意识形态工作成为可以深化研究的重要生长点，也是马克思主义意识形态理论的重要创新点。

一方面，我们要创新意识形态工作，将意识形态具象化为科技进步的体验，让人们在日新月异的科技进步中感受制度的先进，在逐渐提高的生活水平中增强对意识形态的认同。如此一来才能真正做到在科技进步逻辑下，使意识形态工作因势而谋、应势而动、顺势而为。另一方面，我们也要警惕在市场经济下科技进步逻辑与资本逻辑合谋的趋势，避免出现资本逻辑宰制科技进步逻辑的现象。在现代资本主义社会里，资本增值是科技进步的内在动力，也是科技进步逻辑的深层体现。因此在西方社会中，实践问题转化为技术问题成为一种历史必然，这是资本量化最大化以及工具理性思维所导致的。但是，中国建设的是社会主义市场经济，人民对美好生活的向往这一实践问题是中国共产党的奋斗目标。因此，中国的科技发展不能仅是资本导向、利益导向，更要体现人民导向。而其基本途径就是加强党对中国科技进步的控制与引导，对一些资本难以收获利润但又事关人民生活福祉的领域进行投资。如此一来，中国的意识形态工作就不仅是宣传思想文化工作，而是与中国的经济工作融为一体。也只有这样，我们才能真正做到在道路自信、理论自信、制度自信基础上确立文化自信。

第三，注意培养阶级意识，寻求社会共识。科技进步为马克思主义阶级理论也带来了新的挑战与发展的可能。正如哈贝马斯等西方马克思主义者所发现的那样，科技进步带来的全人类生活水平的普遍提高，为人们构造起了依靠科技进步就能实现人类解放的美好愿景。在这种思维下，现代资本主义社会中许多无产阶级内在的否定性已经被社会发展所赎买，人成为单向度的人。无产阶级在现代资本主义社会里已经成为制度的拥护者而不是潜在的解放力量。这一现象的产生，正是科技意识形态强大遮蔽功能的体现。在这种挑战下，马克思主义阶级理论的发展路径就表现为在对阶级意识的培育基础上寻求社会共识。

对阶级问题的重视，历来是中国共产党的经验传统与理论自觉。从革命、建设到改革时期，中国共产党通过对社会主要矛盾的认识与把握一直自觉地培育无产阶级的阶级意识，这表现为工作中心的转变。改革开放后，中国共产党对无产阶级的阶级意识培育就是主动地与科技进步逻辑相融，即通过解放和发展生产力，达到共同富裕。因此，中国共产党一直在通过驾驭科技进步逻辑为社会主义现代化建设服务，也一直自觉地培育无产阶级的阶级意识，避免其在市场经济中被资本逻辑所侵蚀。这也是中国共产党一直强调意识形态工作，坚决与各种社会思潮作斗争的根源所在。此外，通过对社会各阶级的分析与把握，建立统一战线争取最广泛力量的支持是中国共产党治国理政的经验与智慧。在当前中国，阶级问题主要为中国的社会主义现代化建设服务，因此现代中国的阶级策略就是从不同阶级的立场出发，寻求全社会最大的共识。"中国共产党人的初心和使命，就是为中国人民谋幸福，为中华民族谋复兴。"[①] 可见，人民的美好生活需要与中华民族的伟大复兴是目前最大的社会共识。因此，通过科技进步逻辑将不同阶级的利益、阶级意识整合在一起，凝聚社会各阶级力量为社会主义现代化建设服务，成为以科技进步逻辑发展马克思主义阶级理论的关键。

总之，科技进步带来了一系列新的变化，促使我们要自觉地对马克思主义进行时代化的发展。不可否认的是，哈贝马斯在面对第三次科技革命带来的新变化时，敏锐地捕捉到了科技进步逻辑对马克思主义的重要影响。在批判继承哈贝马斯科技观的基础上，我们更应该站在第四次工业革命的历史关口，以马克思主义对历史本质的揭露为基础，尝试性地对历史现象进行新解释，科学、客观地站在马克思主义基本立场上发展马克思主义。这才是 21 世纪马克思主义与当代中国马克思主义的题中应有之义。

---

① 习近平：《决胜全面建成小康社会 夺取新时代中国特色社会主义伟大胜利——在中国共产党第十九次全国代表大会上的报告》，人民出版社，2017，第 1 页。

相对剩余价值的生产、国际分工体系和中国技术进步*

赵君夫**

【摘　要】相对剩余价值的生产是市场经济促进社会生产力进步的主要机制，该规律在国际层面的展开则维持高度不平等的国际分工体系和劳动时间的国际不平等交换。20世纪90年代以来，尽管中国在不平等交换中始终处于劳动时间的净流出状态，但其在国际分工体系中的相对位置一直在改善，反映了中国社会生产力的快速进步。美国在国际分工体系中的相对位置则出现了一定程度的跌落，构成了美国发动贸易战、遏制中国技术进步的主要背景。近10年来中国经济的利润率出现了下降趋势，导致投资增速和劳动生产率增速减缓。国家通过动员和组织创新力量加快实现高水平科技自立自强和推动产业升级是根本出路。

【关键词】技术进步；相对剩余价值的生产；国际分工体系；利润率

中国特色社会主义进入新时代以来，我国经济工作把创新摆在了前所未有的高度。党的二十大报告强调："完善科技创新体系……加快实施创新驱动发展战略……加快实现高水平科技自立自强。"[①] 中国经济经过长期的快速发展，过往的一些增长条件已不复存在，原先的规模速度型粗放增长方式必须转向新的质量效率型集约增长方式，需要以创新、协调、绿色、开放、共享的新发展理念为指导，推动经济高质量发展，其中科技创新是关键之一。与此同时，当今世界正处于百年未有之大变局，在激烈的国际竞争中，美国为维持自身对国际政治经济秩序的支配地位而试图遏制中国的科技发展。笔者将从马克思主义政

---

* 本文受上海市浦江人才计划资助（项目名称：新发展格局与劳动收入份额的关系研究，项目号：22PJC025）。

** 赵君夫（1993~   ），经济学博士，复旦大学马克思主义研究院讲师，主要研究方向为政治经济学。

① 习近平：《高举中国特色社会主义伟大旗帜为全面建设社会主义现代化国家而团结奋斗——在中国共产党第二十次全国代表大会上的报告》，人民出版社，2022，第35~36页。

治经济学的理论视角出发，围绕我国的技术进步，考察我国经济外部条件和内部条件的变化，阐明加快实现高水平科技自立自强和推动产业升级的重要意义。

一 市场经济条件下技术进步的政治经济学

（一）技术进步与相对剩余价值的生产

历史唯物主义强调生产力和生产关系的矛盾运动对人类历史发展的决定性作用。推动社会生产力发展的技术的进步以及与之相适应的劳动关系和所有关系的调整，向来处于马克思主义政治经济学视野的核心位置[1]。特别地，描述和分析资本主义的兴起、发展和灭亡离不开对它的生产方式及其演进的研究。在《资本论》第一卷中，马克思详尽论述了资本主义生产方式从简单协作、工场手工业到机器大工业的发展，展现了资本主义生产组织和阶级关系随技术进步的变迁过程[2]。资本主义的历史合法性在于资本之间的市场竞争迫使每一个资本家不得不将其控制的剩余价值用于资本积累，从而扩大社会生产力[3]，由此，"资产阶级在它的不到一百年的阶级统治中所创造的生产力，比过去一切世代所创造的全部生产力还要多，还要大"[4]。然而，社会化生产与生产资料的私人占有之间的矛盾会使得资本主义生产关系越来越成为社会生产力进一步发展的桎梏[5]。在历史上，率先取得社会主义革命胜利的国家是处于帝国主义链条薄弱环节、生产力相对落后的国家，解放和发展生产力、在激烈的国际竞争中赶超发达国家则是其社会主义建设的重要任务。

生产力的发展依赖于生产技术的改进、劳动组织的调整、社会分工的扩大等，表现为劳动生产率的增长、生产规模的扩大、新产品的出现等。在市场经济中，价值规律发挥着配置社会总劳动、调节相对价格、激励技术进步的作用，而相对剩余价值生产的规律则指明了市场竞争促进社会生产力提高的机制[6]。在市场经济中，商品的价值是凝结在商品中的社会必要劳动时间，由于同一生产部门的不同企业可能拥有不同的劳动生产率，在不同企业生产同样一件商品可能会花费不同的劳动时间，这些企业生产的商品可能具有不同的个别价值。但

---

[1] 孟捷、张雪琴：《从生产力两重性到生产关系两重性——平心和张闻天对历史唯物主义研究的贡献》，《教学与研究》2022年第11期。
[2] 参见《马克思恩格斯文集》第5卷，人民出版社，2009，第363~580页。
[3] 参见《马克思恩格斯文集》第5卷，人民出版社，2009，第683页。
[4] 《马克思恩格斯文集》第2卷，人民出版社，2009，第36页。
[5] 参见《马克思恩格斯文集》第9卷，人民出版社，2009，第287页。
[6] 孟捷：《剩余价值与中国特色社会主义政治经济学：一个思想史的考察》，《学术月刊》2021年第2期。

是,"商品的现实价值不是它的个别价值,而是它的社会价值"①,所以在市场竞争中率先进行技术创新和组织创新以提高劳动生产率的企业能够降低本企业所生产商品的个别价值,并以低于社会价值但高于个别价值的市场价格出售商品,从而获得超额剩余价值。换句话讲,超额剩余价值为市场经济中企业进行技术创新和组织创新提供了物质激励。进一步地,迫于市场竞争的压力,新的技术和组织模式会在整个生产部门甚至整个经济体中扩散,从而提高整个部门乃至整个经济体的劳动生产率。当劳动生产率的提高扩散到生活资料部门从而降低了工资品的价值时,劳动力的价值也随之下降,用于弥补劳动力价值的必要劳动时间降低,在工作时长不变的情况下剩余劳动时间则相应延长,造成马克思所描述的"相对剩余价值的生产"②。

关于相对剩余价值的生产,有以下三点需要进一步说明。第一,在市场经济中,成功的技术创新和组织创新可以带来超额剩余价值,使企业占有的可用于生产性投资和资本积累的剩余价值量提高;同时,技术进步一般依赖于生产性的投资,后者可用来更新机器厂房、探索和实施新的技术方案等。马克思主义政治经济学认为,私人投资的决策一般取决于预期利润率,而关于未来利润率的预期很大程度上受到当前实际利润率的影响③,因此,决定实际利润率水平的技术、环境和制度等因素都会影响相对剩余价值生产规律的展开。

第二,根据孟捷的观点,马克思的相对剩余价值生产理论构成了市场经济的理论参照系,这同样适用于解释社会主义市场经济④。在有利于积累的经济环境中,超额剩余价值主要是通过技术进步而取得的,而且私人占有的剩余价值主要被用于生产性投资和创新,服务于社会的长远利益和整体利益,由此私人剩余价值生产就转化为社会剩余价值生产⑤。但这一过程的充分实现依赖于良好的积累条件,即有利于维持较高利润率水平的技术、环境和制度等方面的条件。如果相对剩余价值生产的机制能够有效运行,劳动生产率能够较快提高,那么,实际工资水平也就有较快提升的空间。

第三,类似于相对剩余价值生产理论中的企业个别价值,当在参与国际市场竞争的生产部门中拥有先进技术的企业集中于某些国家,而其他国家缺乏相应技术时,也会形成不同的国别价值。在世界市场上,技术先进的国家生产的商品所包含的国际价值量将大于其国别价值。马克思在《资本论》第一卷中指

---

① 《马克思恩格斯文集》第5卷,人民出版社,2009,第369页。
② 《马克思恩格斯文集》第5卷,人民出版社,2009,第363~364页。
③ Anwar Shaikh, *Capitalism: Competition, Conflict, Crises* (New York: Oxford University Press, 2016), p. 66.
④ 孟捷:《相对剩余价值生产与现代市场经济——迈向以〈资本论〉为基础的市场经济一般理论》,《政治经济学报》2020年第2期。
⑤ 孟捷:《作为方法的中国特色社会主义政治经济学》,复旦大学出版社,2023,第99页。

出：" 只要生产效率较高的国家没有因竞争而被迫把它们的商品的出售价格降低到和商品的价值相等的程度，生产效率较高的国民劳动在世界市场上也被算做强度较大的劳动。"① 因此，一定数额的技术先进、生产效率较高的国民劳动量在世界市场上会被算作更多数额的劳动量，其生产的商品可以交换到凝结了更多劳动时间的他国商品。

（二）相对剩余价值的生产与国际分工体系

上述最后一点为分析国际分工体系、国际不平等交换以及它们与技术进步的关系提供了可能性。不平等交换指互相交换的商品中凝结了不同量的劳动时间，尽管交换双方短期内都有可能从交换得到的商品的使用价值中获益②。马克思在《资本论》第一卷第二篇"货币转化为资本"中证明了剩余价值不能从流通中产生③，它只能从资本主义劳动过程中被创造出来。但是，在市场交换中是存在一方以较小的价值量（或劳动量）交换另一方的较大价值量（或劳动量）的可能性的，尽管价值总量（或劳动总量）不变。这也同样适用于一国生产者与另一国生产者之间的交换④。在这种不平等交换中，价值从凝结了较多劳动时间的商品生产者那里转移到了凝结了较少劳动时间的商品生产者手中，这使后者相对于前者可以节省出更多的时间来发展自己，从而维持双方的差距并再生产出不平等交换的条件。

在《资本论》第三卷中，马克思讨论了在商品价值转化为生产价格时资本有机构成不同的生产部门之间的价值转移⑤。伊曼纽尔将马克思的分析拓展到了国际贸易层面，论证了当国际层面出现利润率均等化从而形成国际生产价格时，会出现国际不平等交换，资本有机构成较低、实际工资较低的落后国家需要用较多的劳动量与资本有机构成较高、实际工资较高的发达国家的较少劳动量交换⑥。此外，垄断、供求的变动等因素都可能引起价格与价值的偏离，导致不平等交换的结果。马克思指出："利润可以低于剩余价值，也就是说，资本可以通过交换获得利润，然而并没有在严格的意义上实现价值增殖……一国可以不断攫取另一国的一部分剩余劳动而在交换中不付给任何代价。"⑦

---

① 《马克思恩格斯文集》第 5 卷，人民出版社，2009，第 645 页。
② Samir Amin, *Unequal Development: An Essay on the Social Formations of Peripheral Capitalism* (Sussex: The Harvester Press, 1976), pp. 133-135.
③ 参见《马克思恩格斯文集》第 5 卷，人民出版社，2009，第 192 页。
④ Samuel Bowles, "Class versus World-Systems Analysis? Epitaph for a False Opposition", *Review* (Fernand Braudel Center), Vol. 11, 1988, No. 4.
⑤ 参见《马克思恩格斯文集》第 7 卷，人民出版社，2009，第 177 页。
⑥ Arghiri Emmanuel, *Unequal Exchange: A Study of the Imperialism of Trade* (New York: Monthly Review Press, 1972).
⑦ 《马克思恩格斯全集》第 31 卷，人民出版社，1998，第 284 页。

在国际分工体系中，不同国家专业化于不同的生产部门或生产环节，导致所交换商品的劳动生产率很难被直接比较①，劳动时间的国际不平等交换需要寻求更精细的理论解释。一般地，在国际分工体系中，发达国家在某些可贸易的生产部门或生产环节占据垄断位置，发展中国家无法进行这些生产活动或者从事这些生产活动的劳动生产率相对过低，因而只能专业化于具有高度竞争性的生产活动。因此，在国际分工体系中，由于进入壁垒的差异，前一类生产活动可以获得高附加值和超额利润，而后一类生产活动则只能获得低附加值和较低的利润。最终，在国际贸易背后就形成了劳动时间的不平等交换，也形成了各国对全球经济资源和全球劳动的支配能力差异②。对于那些不能参与国际贸易的服务生产，比如驾驶、理发、教学、餐厅服务等活动，发达国家和发展中国家的劳动生产率似乎没有显著差别，但这些从业者的收入却存在较大的国别差异。造成这种现象的部分原因在于发达国家在国际分工体系中占有优越位置，从而通过产品市场和劳动力市场等渠道抬升了本国非贸易部门的收入水平③。

马克思主义的帝国主义理论和世界体系分析对资本主义时代的国际分工体系做了大量的研究。当前的国际分工体系是高度等级化的，以美国为代表的发达国家通过国际金融活动、全球生产网络的形成以及对高科技和知识产权的垄断等来占有其他国家的剩余价值④。国际分工体系的等级性也反映在一些常用经济指标上，例如，衡量各国收入水平的人均国内生产总值差异很大，有学者认为这个指标只代表了各国在全球生产网络上攫取价值的能力，而不是创造价值的能力⑤。

在世界体系论中，那些能够带来超额剩余价值、具有垄断性质的生产活动被称为核心生产活动，而不能带来超额剩余价值、竞争程度强的生产活动被称为外围生产活动⑥。核心生产活动集中于核心国家，外围生产活动集中于外围国家，在半外围国家则两类生产活动以相当的比例并存，由此就构成资本主义世界体系的"核心—外围"等级结构，这所指的便是不平等的、金字塔形状的国

---

① Minqi Li, *Profit, Accumulation, and Crisis in Capitalism* (New York: Routledge, 2020), p. 95.
② Jason Hickel, Christian Dorninger, Hanspeter Wieland, and Intan Suwandi, "Imperialist Appropriation in the World Economy: Drain from the Global South through Unequal Exchange, 1990-2015", *Global Environmental Change*, 2022, Vol. 73.
③ 类似于"鲍莫尔现象"的产生机制。参见 William J. Baumol, "Macroeconomics of Unbalanced Growth: The Anatomy of Urban Crisis", *The American Economic Review*, Vol. 57, 1967, No. 3。
④ 谢富胜：《当代帝国主义研究的三种范式》，《马克思主义研究》2020 年第 11 期；程恩富、鲁保林、俞使超：《论新帝国主义的五大特征和特性——以列宁的帝国主义理论为基础》，《马克思主义研究》2019 年第 5 期。
⑤ John Smith, "The GDP Illusion: Value Added versus Value Capture", *Monthly Review*, Vol. 64, 2012, No. 3.
⑥ Christopher Chase-Dunn, *Global Formation: Structures of the World-Economy* (Oxford: Basil Blackwell, 1989), pp. 205-206.

际分工体系。价值和剩余价值从外围和半外围国家转移到核心国家。这也导致核心国家的人口在世界体系总人口中只占有较小的比例，一般不超过20%[①]。正如列宁在考察帝国主义问题时所指出的："资本主义现在已经划分出极少数特别富强的国家（其人口不到世界人口的1/10，即使按最'慷慨'和最夸大的计算，也不到1/5）。"[②]

技术进步和相对剩余价值生产的规律在国际分工体系的动态演进中发挥着重要作用。核心国家的一些企业由于技术和组织的先进而在世界市场上占有超额剩余价值，但这是暂时的。对利润的追逐和市场竞争的压力会引起其他国家的企业对世界上先进企业的模仿，国与国之间的竞争也会促使一些后起国家有意识地调整生产关系和推动生产力进步以攀爬国际分工的阶梯。因此，原先被核心国家企业垄断的生产环节会面临越来越激烈的市场竞争，这些生产环节的超额剩余价值会逐渐消散。核心国家的企业需要持续的产品创新和技术创新以维持其在国际分工体系中的位置[③]。在核心国家，更高的收入和工资水平导致对产品的需求更为多样化，且有使用机器替代劳动的动力，此外，生产者与市场之间可以便捷沟通的特征也使核心国家在研发新产品上更具优势[④]。这些因素导致核心国家在攫取超额剩余价值上往往处于领先地位。

二 全球化时期中国和美国在国际分工体系中相对位置的演进

资本主义世界体系的一个关键特征是"核心—外围"等级结构，即金字塔形状的、导致劳动时间不平等交换的国际分工体系。如前文所言，"核心—外围"等级结构也有能够维持自身再生产的内在机制。然而，这并不意味着该结构的形状十分坚固，不会发生少许变动，也不意味着个别国家无法提升或降低在该结构中的位置。"核心—外围"等级结构的维持和变化都是动态的，这由世界市场上对利润的追逐和相对剩余价值生产的规律所决定。

本节着重考察"核心—外围"等级结构中个别国家相对位置的升降，这反映了个别国家在国际分工体系中总体技术水平的相对变动。那么，如何衡量一个国家在国际分工体系中的相对位置呢？笔者认为，可以从劳动时间的国际不

[①] Sahan Savas Karatasli, "The Capitalist World-Economy in the Longue Duree: Changing Modes of the Global Distribution of Wealth, 1500-2008", *Sociology of Development*, 2017, Vol. 3, No. 2.

[②]《列宁选集》第2卷，人民出版社，2012，第581页。

[③] Giovanni Arrighi and Jessica Drangel, "The Stratification of the World-Economy: An Exploration of the Semiperipheral Zone", *Review (Fernand Braudel Center)*, Vol. 10, 1986, No. 1.

[④] Raymond Vernon, "International Investment and International Trade in the Product Cycle", *The Quarterly Journal of Economics*, Vol. 80, 1966, No. 2.

平等交换入手来估计各个国家的相对位置，利用世界投入产出表可以计算隐藏于国际贸易背后的劳动时间的流动，从而为进行这种估计提供可能。

一些学者试图利用世界投入产出表来计算国际不平等交换，他们估计了各行业的国别价值、国际价值或国际生产价格等变量，并根据不同的理论观点和研究偏好，将国际生产价格与国际价值之间的偏离、国际生产价格与国别价值之间的偏离，或者国际价值与市场价格之间的偏离等视作各行业的价值转移，最后加总得到国与国之间的价值转移，即国际不平等交换[1]。这些估计方法存在一些理论和经验上的缺点，例如，国际生产价格形成的基础在于利润率在行业间和国家间的均等化，但利润率在国家间的均等化与世界资本主义发展不平衡的规律相违背[2]；此外，全球生产网络的兴起使一国产品中凝结的劳动时间也包含他国劳动投入，各国产品之间的交换无法直接反映各国劳动之间的交换；更为重要的是，这些估计方法回避了相对剩余价值生产规律在国际层面的展开以及由此产生的不平等交换，最终无法反映隐藏在国际贸易背后的劳动时间的实际跨国流动。

足迹计算法同样使用世界投入产出表，但可以直接估计实际发生的劳动时间跨国流动，从而反映国际不平等交换[3]。足迹计算法的思想如下：各国消费和投资的最终产品（即最终需求）是通过投入产出关系、由分布于不同国家的多种生产环节所共同生产的，在特定国家的特定生产环节，需要按技术要求投入一定量的劳动时间，从而满足产生最终需求的国家，这些劳动时间就从生产国流向最终需求国。利用世界投入产出表，足迹计算法就可以估计国与国之间的劳动时间流动，即世界范围内商品生产、分配、交换与消费背后的劳动交换关系和劳动支配关系。这种计算更加符合马克思在讨论商品拜物教时提出的深刻见解，即"商品形式在人们面前把人们本身劳动的社会性质反映成劳动产品本身的物的性质，反映成这些物的天然的社会属性，从而把生产者同总劳动的社会关系反映成存在于生产者之外的物与物之间的社会关系"[4]。

笔者使用的世界投入产出表来自 Eora 全球供应链数据库，它包含了 190 个国家或地区和 26 个生产部门的数据。笔者运用足迹计算法估计了 1990~2016 年

---

[1] 冯志轩：《不平等交换的历史动态：一个经验研究》，《政治经济学评论》2016 年第 2 期；Persefoni Tsaliki, Christina Paraskevopoulou, and Lefteris Tsoulfidis. "Unequal Exchange and Absolute Cost Advantage: Evidence from Trade between Greece and Germany", *Cambridge Journal of Economics*, Vol. 42, 2018, No. 4；冯志轩、刘凤义：《生态不平等交换、价值转移与发展中经济体的环境问题》，《世界经济》2019 年第 4 期。

[2] Ernest Mandel, *Late Capitalism* (London: New Left Books, 1975), p. 352.

[3] Junfu Zhao, "Investigating the Asymmetric Core/Periphery Structure of International Labor Time Flows", *Journal of World-Systems Research*, Vol. 27, 2021, No. 1.

[4] 《马克思恩格斯文集》第 5 卷，人民出版社，2009，第 89 页。

各年的国际劳动时间流动，反映了国际分工体系在新自由主义全球化时期的动态演进。因为本文主要关心中国的技术进步及其在国际分工体系中的位置变化，所以笔者将只展示中国在国际不平等交换中的得失，并使用美国作为对照，劳动时间的单位以一名劳动者全职工作一年（即一人年）为标准。

如图1所示，1990~2016年，中国付出的、用于满足他国最终需求的出口劳动时间始终数量巨大，在2007年达到最大值1.84亿人年，在1991年的最低点也有8372万人年。他国付出的、用于满足中国最终需求的进口劳动时间则始终小于出口劳动时间，但随着中国市场的扩张，进口劳动时间基本也在逐渐增长，从1990年的271万人年上升到2016年的4300万人年。中国出口劳动量与进口劳动量的比值始终大于1，表明中国在这一时期始终处于国际分工体系的劣势位置，在劳动时间的国际不平等交换中遭受损失。但这一比值在逐渐下降，从1990年的40.8减小到2016年的2.4，表明中国在国际分工体系中的相对位置一直在改善，反映了中国相对于其他国家的技术进步或生产力进步。

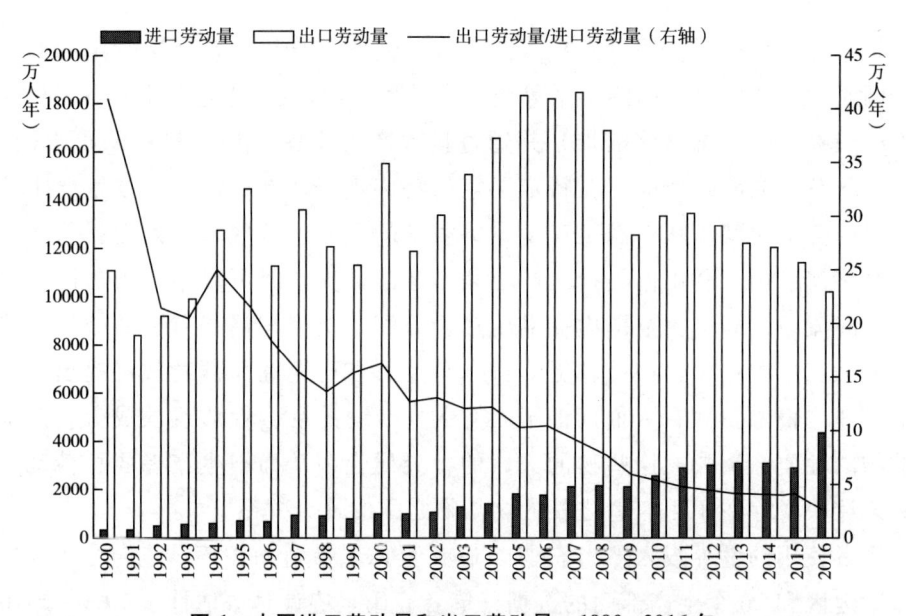

图1 中国进口劳动量和出口劳动量：1990~2016年

数据来源：Eora全球供应链数据库（https://worldmrio.com/eora26/）。

美国则在全球分工体系中占据了优越位置，支配了大量的他国劳动时间，在不平等交换中受益。如图2所示，他国付出的、用于满足美国最终需求的进口劳动时间在2006年达到峰值1.18亿劳动人年，在1991年的最低点也有4406万人年。而美国付出的、用于满足他国最终需求的出口劳动时间始终在1000万人年左右波动。1990~2005年，美国进口劳动时间与出口劳动时间的比值从4.4

逐渐上升到14.6,其后则呈逐渐下降趋势,到2016年减少至7.3。这表明自20世纪90年代以来,以2005年为界美国在国际分工体系中的相对位置经历了先改善而后衰落的过程①。这构成了美国对中国发动贸易战、遏制中国技术进步的主要背景。

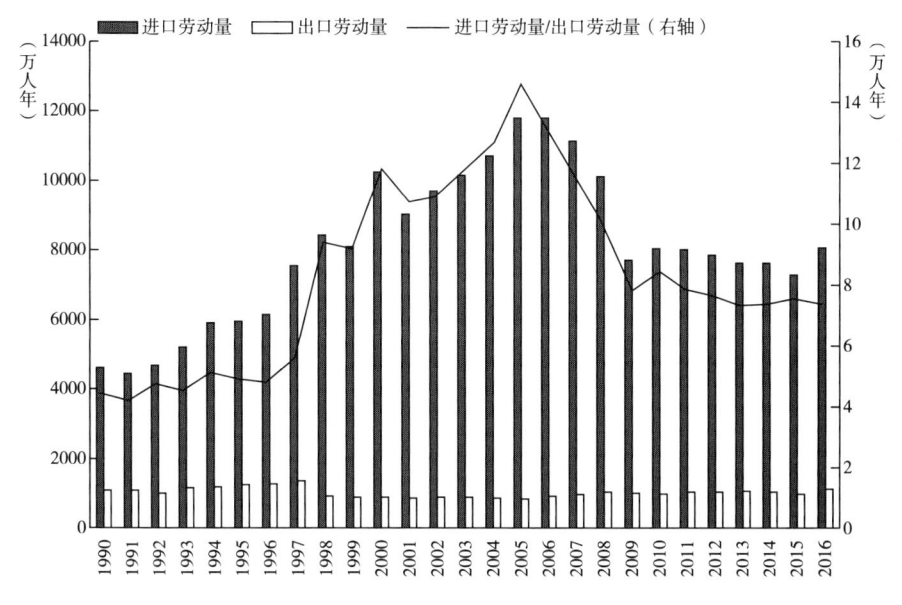

图2 美国进口劳动量和出口劳动量：1990~2016年

数据来源：Eora全球供应链数据库（https://worldmrio.com/eora26/）。

以上计算结果表明了20世纪90年代以来中国和美国在国际分工体系中的相对位置演进,反映了由技术水平或生产力水平决定的国与国之间的劳动交换关系和劳动支配关系。上升到具体的使用价值层面来看,一国的技术水平或生产力水平也应该反映在其出口商品的结构中。对于一个国家而言,生产一种产品需要多种知识和多种能力的共同运用,缺乏某些知识或某些能力会导致该国在世界市场上不具有生产相应产品的竞争力。技术水平或生产力水平较高的国家发展和积累了较多的知识和能力,因而能生产大部分种类的产品,包括那些较少国家才能生产的产品;而技术水平或生产力水平较低的国家拥有的知识和能力较少,在国际分工体系中只能专业化于众多国家都能生产的产品。基于这样的理论,一些学者分析了代表各国商品出口结构的"国家—出口产品"二分网络,计算得到了各国的经济复杂度指数,以表征各国所掌握知识和能力的多

---

① 为节省写作空间,本文没有考虑一国贸易顺逆差对劳动时间进出口比值的影响。即使考虑贸易顺逆差,该部分的基本结论也不会改变。

寡，代表各国的相对技术水平或生产力水平①。根据哈佛增长实验室的数据，在133个国家中，中国经济复杂度指数的排名从1995年的第46位逐渐攀升到2021年的第18位，而美国经济复杂度指数的排名则从2000年的第6位逐渐跌落到2021年的第14位②。这些变化趋势与劳动时间国际不平等交换的动态演进是一致的。

三　中国加快实现高水平科技自立自强的必要性

如上文所言，在最近几十年的全球化浪潮中，中国社会生产力取得了快速的进步。然而，随着中国越来越接近世界技术前沿，中国的生产率增长速度出现了放缓的迹象，中国经济面临一定的挑战，要求我们加快实施创新驱动发展战略，加快实现高水平科技自立自强。

西方主流经济学一般使用基于索洛模型计算的全要素生产率来衡量生产效率，全要素生产率的增长速度则衡量了技术进步和资源配置效率对经济增长的贡献③。根据一些学者的测算，我国全要素生产率在1987~1994年保持较快增长速度，此后逐渐回落，从2005年开始出现负增长，2005~2009年、2010~2014年、2015~2019年全要素生产率增长率分别为-0.68%、-2.95%、-1.74%，这反映了最近十几年来在持续变化的全球经济环境中我国在技术进步和资源配置效率方面面临的挑战④。然而，全要素生产率的理论含义实际上并不明确⑤，有学者论证其增长速度只是实际工资增长速度和利润率增长速度的加权平均，仅仅反映了分配关系，无法衡量实际生产中的技术变化⑥。笔者决定从马克思主义政治经济学的理论视角出发，考察我国利润率的变动和投资的变动，以说明加快科技创新和产业升级对应对我国经济挑战的重要性。

增量资本产出率是指新增一单位产出所需要的资本增量，能够衡量投资效率。如图3所示，我国增量资本产出率从2007年的3.4快速上升到了2019年的9.2，表明我国新增投资所带来的经济效益在下降。我国亟须破除技术瓶颈、进入核心生产环节、实现产业升级以使投资能够获取较高的经济收益。与此同时，

---

① Cesar A. Hidalgo and Ricardo Hausmann, "The Building Blocks of Economic Complexity", *PNAS*, Vol. 106, 2009, No. 26.
② 数据见Eora全球供应链数据库，https://atlas.cid.harvard.edu/rankings。
③ David Romer, *Advanced Macroeconomics* (*Fifth Edition*) (Dubuque: McGraw-Hill Education, 2019), pp. 6-45.
④ 范欣、刘伟：《全要素生产率再审视——基于政治经济学视角》，《中国社会科学》2023年第6期。
⑤ Duncan Foley, Thomas Michl and Daniele Tavani, *Growth and Distribution* (*Second Edition*) (London: Harvard University Press, 2019), pp. 199-205.
⑥ Anwar Shaikh, "Laws of Production and Laws of Algebra: The Humbug Production Function", *The Review of Economics and Statistics*, Vol. 56, 1974, No. 1.

相对剩余价值的生产、国际分工体系和中国技术进步

我国劳动力成本在上升。劳动收入份额衡量了经济产出中劳动者所占有的份额，同时也衡量了生产一单位产出所需支付的劳动力成本。我国劳动收入份额从2011年的46.8%增长到2020年的52.2%。这带来了我国收入分配格局的部分改善，但也导致我国在劳动密集型行业的国际竞争力有所减弱。2015年国务院印发的《中国制造2025》指出："我国制造业面临发达国家和其他发展中国家'双向挤压'的严峻挑战"①，这表明我国政府对进入高端制造环节以提高投资效率和适应劳动力成本上升的经济任务的清醒认识。

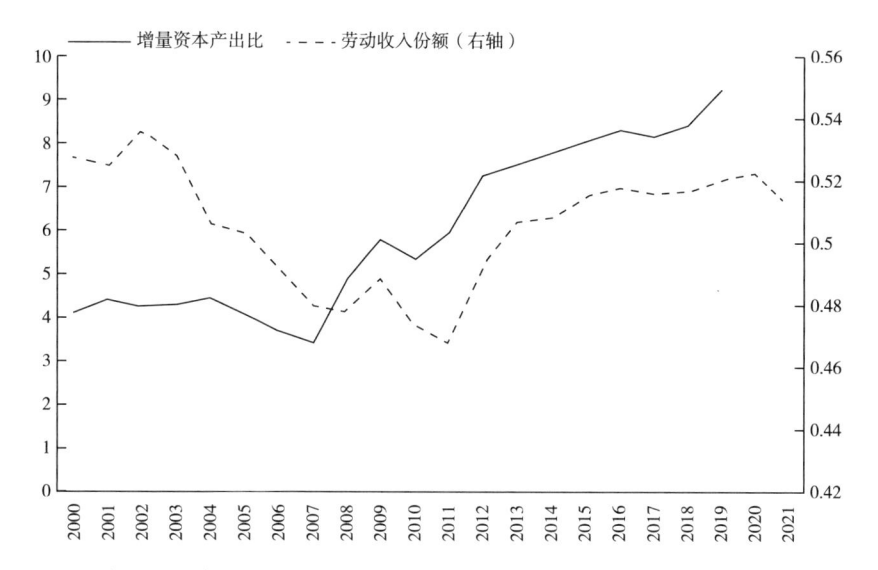

图3 中国增量资本产出比（2000~2019年）和劳动收入份额（2000~2021年）
数据来源：国家统计局。
注：计算增量资本产出比时的固定资本形成总额和国内生产总值增量均使用1990年不变价测算；劳动收入份额等于劳动者报酬除以国内生产总值。

在上述因素的影响下，过去10余年间我国利润率水平出现了下降。如图4所示，在2020年之前，我国规模以上工业企业总资产利润率从2011年的9.1%逐渐下降到2019年的5.5%。这导致我国投资增速的下降，我国固定资产投资（不含农户）增速从2010年的21%逐渐减小到2019年的5.4%，其中，我国民间固定资产（不含农户）投资增速从2013年的20.1%跌落到2019年的4.7%。②由于投资是有效需求中的一部分，同时也能用于更新技术、形成未来的生产能力，投资增速下降导致我国出现了有效需求不足的问题，也使我国全员劳动生产率增速从2010年的10.2%下降到2019年的6.4%。2020~2022年，这些情况

---

① 《中国制造2025》，中国政府网，https://www.gov.cn/zhengce/content/2015-05/19/contentp_9784.htm。
② 数据来源：国家统计局。

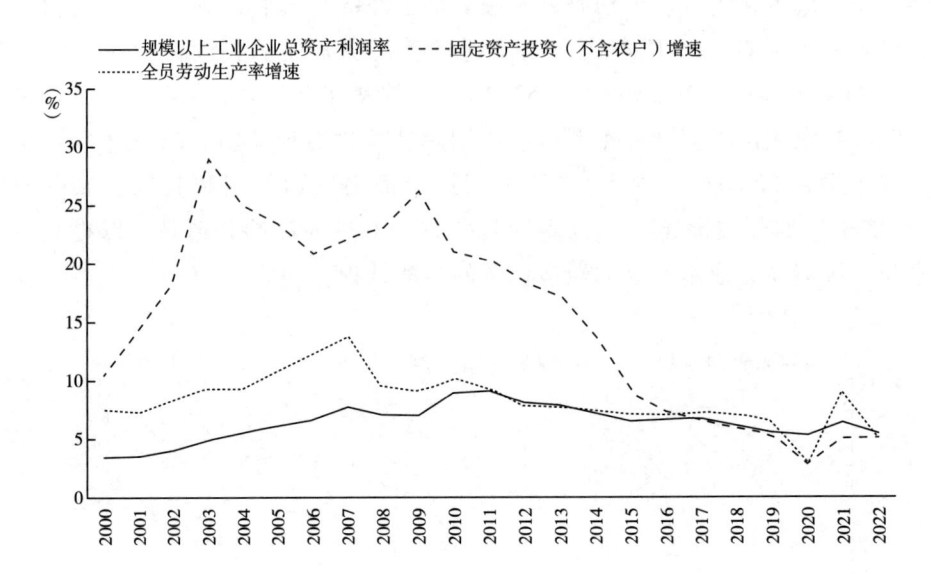

图 4　中国规模以上工业企业总资产利润率（%）、固定资产投资（不含农户）增速（%）和全员劳动生产率增速（%）：2000~2022 年

数据来源：国家统计局。

注：总资产利润率等于利润总额除以资产总计，计算该指标时未考虑 2000~2006 年、2007~2010 年、2011~2022 年的统计口径变化；全员劳动生产率等于国内生产总值（1978 年不变价）除以就业人员。

并没有出现显著好转。

在社会主义市场经济条件下，破解我国经济问题的根本出路在于创新，即加快实施创新驱动发展战略，加快实现高水平科技自立自强和推动产业升级，在国际分工体系中占据更多的核心生产环节，从而为投资提供更多的经济回报，同时适应我国劳动力成本上升的现实条件，满足我国人民日益增长的美好生活需要。

然而，在利润率水平较低的情形下，相对剩余价值生产的规律无法充分展开，给生产性投资和技术进步造成了限制①。因此，利润率较低遏制了技术进步，而技术进步又是我国提升利润率的关键所在，单纯的市场机制无法使我们走出这一似乎被锁定的困境。此时必须发挥国家在经济调节上的作用，充分动员、组织和发展分布在社会不同主体中的知识和能力，从而集合和增强自主创新力量，在关键核心技术上实现突破。正如封凯栋在研究我国自主创新企业的崛起经验时所指出的，我国"新型举国体制的关键价值就在于推动本土工业创

---

① 孟捷：《参照系与内循环：新兴政策范式的政治经济学阐释》，《复旦学报》（社会科学版）2021 年第 4 期。

新活动的'再组织化'","以'看得见'的手来形成本土不同主体之间的互动机制,从而聚焦技术薄弱环节并为其提供能力培养的平台"①。

四　结　语

2023年中央经济工作会议将"以科技创新引领现代化产业体系建设"放在了扎实做好经济工作的首位,并强调要"发挥好政府投资的带动放大效应,重点支持关键核心技术攻关、新型基础设施、节能减排降碳,培育发展新动能"②。这种政府投资一方面可以提振有效需求,另一方面也可以调动和整合创新资源,为实现高水平科技自立自强和推动产业升级的集体行动提供关键支撑条件,发挥"集中力量办大事"的制度优势。

在世界百年未有之大变局的背景下,国际分工体系正在重塑,中国的相对崛起和美国的相对衰落构成了影响世界政治经济格局发展的重要变量。目前,我国经济工作的重要任务是突破"卡脖子"技术瓶颈,加快实现高水平科技自立自强,推动产业升级,在国际分工体系中继续攀升,从而为满足人民日益增长的美好生活需要提供物质基础。我们有理由相信,在"有效市场"和"有为政府"相结合的社会主义市场经济制度的支撑下,相对剩余价值生产规律和国家有意识的经济调节可以在社会主义初级阶段有效地促进技术进步和社会生产力发展。

---

① 封凯栋:《潮起:中国创新型企业的诞生》,中国人民大学出版社,2023,第401页。
② 《中央经济工作会议在北京举行 习近平发表重要讲话》,共产党员网,https://www.12371.cn/2023/12/12/ARTI1702383319555554.shtml。

国外马克思主义研究

空间本性的实践哲学透视

——基于列斐伏尔空间思想的研究*

夏银平　赵　彤[**]

【摘　要】列斐伏尔空间思想内隐一条暗线，即实践。实践哲学贯穿其空间思想始终。作为列斐伏尔空间哲学研究的逻辑前奏的"瞬间"思想，以实践作为突破口打破了传统理性思维方式，撬动了传统哲学统一性、整体性之地基，实现了其内在超越性；列斐伏尔对生活实践的创造性阐释使其空间生产的实践逻辑得以明晰；差异性空间是基于实践对以同质化为表征的资本空间的打破，凸显了列斐伏尔空间哲学的实践智慧。

【关键词】空间思想；实践哲学；列斐伏尔

亚里士多德将人的活动区分为理论、实践与技艺三种，实践在其中拥有道德—伦理性的含义，这意味着其活动目的内在于自身因而区别于目的外在自身的技艺活动，并因将实践与人的具体生活相联结而区别于纯粹思辨的理论活动。当亚里士多德进行这样的区分时，无疑将"目的性、理性"等作为人的活动的划分指标，试图以此守护"实践"内在目的性之纯洁，在他看来，似乎技艺活动因其目的性在自身之外而不得伦理性之正名。当培根提出"知识就是力量"从而掀起一场以重视技艺性活动为核心的实践观念革新时，亦是他不满亚里士多德式的政治—伦理性实践而做的一大尝试。这一尝试诞生了《新工具》这一承载其核心思想的重要文本。如果说实践哲学与时代的问题境遇存在一种不可忽视的联结的话，古希腊时代重视伦理—道德式的生存活动而近代的培根重视其技术—生产性活动，则回应了时代与人的生存之间的问与答。然而我们的时

---

* 基金项目：国家社科基金重大项目"中国共产党领导领导中国式现代化的历程与经验研究"（项目编号：23&ZD031）。
** 夏银平（1963~　），哲学博士，中山大学马克思主义学院教授、博士生导师，主要研究方向为马克思主义基本原理研究；赵彤（1993~　），中山大学马克思主义学院博士研究生，主要研究方向为马克思主义基本原理研究。

代，正面临福柯所说的"我们时代的焦虑与空间有着根本的关系，比之与时间的关系更甚"[①]，当他以"人死了"对人的生存境遇进行宣誓时，他其实并没有将人的主观能动性进行充分考量。而当大卫·哈维提出，"空间之适当概念化的问题，是透过与空间有关的人类实践而解决的"[②]，大卫·哈维充分重视了空间在当前时代问题中的重要性，亦有将空间与实践二者进行深度研究的倾向，但我们未能从其研究中获得进一步的成果。那么有没有一种哲学既观照时代的问题症结，又能够以亚里士多德与培根的实践哲学为前鉴，进一步拓展人们对实践概念的理解呢？列斐伏尔的空间哲学为我们的问题提供了答案。那么，列斐伏尔的空间哲学是在何种意义上切中时代问题的症结的？他又是如何解答的？这一空间哲学对于我们理解我们的时代与人类生存空间又有着怎样的影响？本文正是在这些问题的基础上试图从"'瞬间'、空间生产、差异化空间"这几个层面对列斐伏尔的空间哲学进行一种新的诠释。

一 "瞬间"及其实践性

"瞬间"这一概念在列斐伏尔的文本中是一个非常重要的概念，它出现在列斐伏尔《日常生活批判》的第2卷中。实践是人们的现实生活在时间和空间中的流动，是现实的生活过程本身。分析包含人类实践活动的无数"瞬间"，能够让我们洞察社会实践本身的社会规律与人文意义，理解人与人、人与社会之间的相互作用。这是以抽象化为特征的理论表达所无法做到的。当马克思提出"人的本质不是单个人所固有的抽象物，在其现实性上，它是一切社会关系的总和"[③]时，马克思是立足于人的现实生存实践活动去定义人的本质及人所生活的世界的。而在列斐伏尔的空间哲学视域中，他不仅承继了马克思对人的现实性及生活世界的理解，并且更进一步地，他更加重视生活世界的微观领域，打破了宏大叙事对日常生活（如节日）的忽视，他让人们的现实实践活动的本性在日常生活的空间表达中得以呈现。列斐伏尔曾在其《空间的生产》的"社会空间"这一章节分析且不赞同马克思"重回主流趋势——统治阶级的趋向"[④]，他表明"任何空间都体现、包含并掩盖了社会关系——尽管事实上空间并非物，而是一系列物（物与产品）之间的关系……这种物从未完全变得绝对，也从未完全脱离活动、使用、需要和'社会存在'"[⑤]。而这种"物"正是

[①] 包亚明：《后现代性与地理学的政治》，上海教育出版社，2001，第20页。
[②] 〔英〕大卫·哈维：《新自由主义化的空间》，王志弘译，群学出版有限公司，2008，第120页。
[③] 《马克思恩格斯文集》第1卷，人民出版社，2009，第505页。
[④] 〔法〕列斐伏尔：《空间的生产》，刘怀玉等译，商务印书馆，2021，第123页。
[⑤] 〔法〕列斐伏尔：《空间的生产》，刘怀玉等译，商务印书馆，2021，第124页。

"瞬间"得以存在的呈现，"物"之关系的联结即实践。恰如他在《辩证唯物主义》一书中所持有的观点即"辩证范畴仅仅作为节点存在于历史实践之中……人类实践对不断变化着的客观性具有构成性作用"①。列斐伏尔始终从人类永恒的日常生活实践中去诠释瞬间、探索空间、理解世界。他重视将性、享受与体验等视为与人的生命存在休戚相关的生命事件，这种生命事件之重要性一如实践中人的感性活动。他认为"实践的概念预设了感性世界的复兴，以及作为对感性世界之关注的实践感的恢复。正如费尔巴哈所见，感性是所有知识的基础，因为它是存在（being）的基础。感性不仅意义丰富，它还是人类的创造"②。马克思也曾肯定过费尔巴哈对感性直观的重视，但是他依然以批判性视角给予了审视："他（费尔巴哈）没有把人的活动本身理解为对象性的活动……仅仅把理论的活动看做是真正人的活动……他不了解'革命的'、'实践批判的'活动的意义。"③列斐伏尔则在二者的基础之上，在对日常生活世界与空间生产的研究中，指出实践是感性世界的无限丰富，这种无限丰富由无数的"瞬间"组成。并且，列斐伏尔在对"瞬间"概念的考察中，亦赋予其创造性内涵，在此意义上说，瞬间与实践之间有着深层的意义勾连。

首先，"瞬间"以实践实现对传统理性思维方式的突破。"瞬间"打破了传统二元对立的理性思维传统，以人的生存实践本身为其基点，实现了实践思维方式对传统理性思维方式的变革。如果说从巴门尼德至黑格尔的西方哲学传统都致力于解决"思维与存在的同一性"这一问题的话，那么他们解决这一问题的方式其实都是以传统哲学二元对立的思维坐标系进行理论考察。但是当近代哲学家培根以"知识就是力量"进行一种实践哲学的延展时，他其实是对传统亚里士多德式的实践的反叛。自近代以来的技术理性使人们在面对自然时失去敬畏，一切都变成可计算与可考量的工具。人凌驾于自然之上，使用人类的力量对自然进行无休止的掠夺正是这一"实践"的实证。人与人之间也变得孤立与冷漠，功利主义盛行。"一切坚固的东西都烟消云散了。"面对技术的无限膨胀，海德格尔曾充满担忧地指出："一切都运转起来了。这恰恰是令人不得安宁的事，运转起来并且这个运转总是一个进步推动下一个进步运转起来，而技术越来越把人从地球上脱离开来而且连根拔起。"④ 海德格尔提出"诗意地栖居"这一概念，就是意图为人类勾勒出在技术宰制的当代依然能够拥有栖居空间的美好想象，但恰如列斐伏尔所审视到的那样，"海德格尔的'诗意栖居'思想

---

① 刘怀玉、周泉：《从认识论辩证法到生命生成本体论辩证法——列斐伏尔〈辩证唯物主义〉研究》，《社会科学战线》2022 年第 11 期。
② 〔法〕列斐伏尔：《马克思的社会学》，谢永康、毛林林译，北京师范大学出版集团，2013，第 24 页。
③ 《马克思恩格斯文集》第 1 卷，人民出版社，2009，第 503 页。
④ 〔德〕海德格尔：《海德格尔选集》，孙周兴选编，上海三联书店，1996，第1305 页。

秉持一种'右倾的''怀旧的'都市社会批判立场"①，海德格尔的诗意栖居最终成为人们永远怀念的"家"。正是在此基础上，以列斐伏尔为代表的西方马克思主义空间理论家们从政治经济学的批判视角对人的存在问题进行新的阐释。列斐伏尔"瞬间"概念的提出，就是基于实践生存视角对传统理性思维方式的打破，它要求人们在面对世界与自身的存在的过程中走出对"永恒"的迷恋，通过人类实践重视日常生活世界中的一个个"瞬间"的力量。重视"瞬间"，就是重视活生生的生命，对生命生活的重视使人们将目光聚焦于人的现实生活本身，也就是实践着的活动本身，这背后是实践思维方式对传统理性思维方式的突破，"瞬间"以其实践性实现了对生命生活本身的变革。"人类的苦难，是从把人区分为好人与坏人开始的，是从建立起'敌人'的概念开始的，是从坚定了报仇之心的那一天开始的，总之一句话，是从否定活生生的生命本身那一天开始的。"②重视瞬间就是重视生命本身，它不再是对传统理性的顶礼膜拜，也不再是对技术进步的趋之若鹜，"瞬间"作为一个时间性概念，它与人的日常生活空间相连接，使人的生命存在不再是"辩证法"链条上的粗略一环，它自身就拥有爆发性的实践力量。列斐伏尔认为，每一刻"生动的"现在都是过去与未来的相连，意味着日常生活的意义在时间延展中的绽放。列斐伏尔提出实践的三个层次：一种姿态或行动若在被决定的循环中一遍遍地重复进行，即为重复性实践；遵循诸多模式进行行动且仅在不知如何与为何的情况下才进行偶然创造的模仿而不创造的活动为模仿性实践；在最高层次的革命活动中达到的发明性、创造性实践活动为创造性实践。③ 在列斐伏尔的空间哲学概念中，"重复"是时间性与空间性的集合体，是抽象性与再生产性的融合体。它是列斐伏尔对超越其自身的可能性的找寻。正是基于此，列斐伏尔将"重复"视为一种方式，一种生产关系的生产与再生产的方式。他说："整个空间变成了生产关系再生产的场所"④，正是在这种生产关系再生产的场所，列斐伏尔发现了重复内在的空间生成动力，因而其晚期转向对节奏分析的关注印证其对主体时间与空间安排之分析探讨。而瞬间则被视为一种重复的突变，可能的创新层次的革命实践蕴含其中。

其次，"瞬间"以实践撬动了传统哲学统一性、整体性之地基。列斐伏尔将重复的突变作为一种瞬间，从而赋予了瞬间以可能的革命实践内涵。那么这样的瞬间是如何产生的？马克思在其博士论文《德谟克利特的自然哲学和伊壁鸠鲁的自然哲学的差别》一文中将德谟克利特的原子论与伊壁鸠鲁的原子偏斜

---

① Lefebvre H., *La Reuolution Urbaine* (Paris: Gallimard, 1970), p. 111.
② 尚杰：《消失的永恒与瞬间之力量——读德勒兹的〈尼采与哲学〉》，《世界哲学》2016年第3期。
③ 〔法〕列斐伏尔：《马克思的社会学》，谢永康、毛林林译，北京师范大学出版集团，2013，第35页。
④ 〔法〕列斐伏尔：《空间与政治》，李春译，上海人民出版社，2008，第38页。

理论进行比较研究。其虽然是马克思早期的研究文本，但我们依然可以从中深刻感受到马克思对伊壁鸠鲁的原子偏斜理论的感性认同与理性倾向。原子偏斜是其对预定运动轨迹的改变，是一种变奏，这种变奏中内含其内在的意志与冲动，是原子主观能动性的客观呈现，是对统一性、整体性之预设的偏离，更是原子具有实践性的体现。如果说马克思从其博士论文时期就已经将主观能动性这一重要范畴纳入其哲学体系的话，那么他能够通过《关于费尔巴哈的提纲》这一文本提出一种以实践为核心的世界观也就不足为奇了。而如果列斐伏尔与马克思之间有某种承继关系的话，那么他们以实践为链接点实现的对传统哲学统一性、整体性地基之撬动必然是其中重要的环节。"瞬间"的力量就是偶然性的力量、实践的力量。必然性遵循因果律，它是有明确的因果指向的事物发展法则，是一切在因果关系中的事物不可逃脱的特性，而"瞬间"击碎了必然性作为一种严格的事物规则的尊严。它以人的日常生活实践为本体，打破了人们对"唯一性、永恒性、整体性"等理念的坚执，而以一种生活实践的活生生涌现替代之。有学者这样指出："如何不浪费时间呢？我的回答是，全神贯注地去走神，也就是抓住某些重要的、那些刺激精神的一闪而过的念头，把这些念头激进化、彻底化，这就保证了今天的生活与昨天全然不同，因为无论人拥抱的是什么样的物质形态，人所获得的无非是一种感受、心情、心态。"① 这种"走神"也就是瞬间的力量，是不为必然性所捆绑的偶然性，它有其自身的发生逻辑，那就是以人的现实实践为根基的生活逻辑。"走神"或"瞬间"并不是一种时间的断裂或浪费，相反，它是时间发生轴上最具有革命性与实践性的力量之源。"瞬间皆是局部的总体，是对某个总体（全局性实践）的反射或折射，包括社会与其自身的辩证关系，以及社会的人与自然（即其天性和其周围的自然）之间的关系。"② 列斐伏尔正是洞察到瞬间所具有的创造性力量，因而赋予其"诗性的瞬间"这一重要内涵，这种"诗性的瞬间"就是瞬间本身的实践性。

最后，瞬间以实践实现其内在的超越性。所谓超越性，就是人作为"有限的理性存在者"始终不满足于自身的有限存在，总要在世界中找寻生命存在的意义或价值，总是对无限性与完满性持有生命意义上的趋向，而这种人的生命生存所依托的意义或价值及人本身对它的趋向即可称为超越性。在以往的哲学中，哲学家们要么将目光聚焦于理想国，要么构筑上帝之城，以此给予人类生存以美好寄托。所有的哲学都是其时代精神的精华。无论是理想国还是上帝之城都曾在古希腊或中世纪的时代之流中给予过人们以生命的价值承载与希望。

---

① 尚杰：《消失的永恒与瞬间之力量——读德勒兹的〈尼采与哲学〉》，《世界哲学》2016 年第 3 期。
② 刘怀玉：《日常生活批判的瞬间、差异空间与节奏视角——以列斐伏尔为例》，《哲学分析》2016 年第 6 期。

那么在今天，一个在尼采口中以"上帝死了"宣告信仰崩塌的时代，一个在福柯口中以"人死了"宣告权力与知识实现了对人的全面控制、人本身丧失了自身生存根基的时代，一个在马克思那里"一切坚固的东西都烟消云散了"的时代，能否重拾起人之为人或者说人作为有限的存在者这一特殊存在的生存价值与其超越性？列斐伏尔的"瞬间"概念为我们重新理解自身及所处的时代给予了答案。列斐伏尔以"诗创实践"突破了对实践所理解的生产和劳动的视角局限，他将其置于人的日常生活经验中，置于人的语言活动中，置于人的游戏活动中。在此，实践突破了传统实践概念的藩篱，而将人类生命世界中丰富的感性体验纳入其中，"爱、激情、身体、感受——充沛过剩的创造力、冲动激动与想象实践……诗创活动"[1]。尽管马克思以其感性活动的概念深刻诠释了实践不同于亚里士多德与培根的实践哲学传统，从而赋予了实践以人之存在的价值本体内涵[2]，但列斐伏尔则进一步通过对现时代人在空间存在中的实践考察，将人的日常生活视为不同于人类政治生活和经济生活的一种人类总体性实践活动。列斐伏尔将"瞬间"置于日常生活中进行考察，是其通过人类生存实践活动努力维护人的生命存在的超越性的理论尝试，从而避免日常生活全面沦为资本的同质化空间。列斐伏尔"将瞬间解释为'短促而决定性'的感觉（如狂欢、愉快、投降、反感、惊讶、恐惧、暴虐），它们在某些程度上似乎是对日常生活生存中潜伏着的总体性可能性的一种揭露与启示"[3]。比如在列斐伏尔的文本中，"节日"就拥有着"瞬间的诗意"。它不同于人们重复性的经验生活，它将人从一种平庸而麻木的日常生活中抽离出来，这是一种对线性逻辑的打断，使人拥有瞬间爆裂的激情与快感。它来源于日常生活，但却是对日常生活的诗意性颠覆，在此，"瞬间"通过人类实践获得超越性的生命内涵。

通过列斐伏尔的瞬间理论，我们可以洞悉实践的本质及其特征。实践正由无数的"瞬间"组成，每一个瞬间都包含人们现实生活中的点点滴滴——思想、感受、行为等。这些瞬间可能是微不足道的，但是聚集在一起就构成我们的实践和生活。"瞬间"概念的提出为列斐伏尔后期对空间的生产与差异化空间的思考与研究奠定了坚实的理论基础。空间的生产并不是以线性逻辑为基础的理性推演，正如列斐伏尔在探讨"瞬间"这一概念时所强调的那样，它是与人的日常生活经验深度联结并以此为其核心支点的现实实践活动。我们认为，空间的生产中蕴含一种超越传统理性逻辑的实践逻辑。

---

[1] Shields R., *Lefebvre*, *Love and Struggle*: *Spatial Dialetics* (London and New York: Routledge, 1999), p. 100.

[2] 参见徐长福《马克思的实践首先是一个价值本体概念》，《哲学动态》2003 年第 6 期。

[3] 刘怀玉：《现代性的平庸与神奇：列斐伏尔日常生活批判哲学的文本学解读》，北京师范大学出版社，2018，第 478 页。

二 空间生产的实践逻辑

列斐伏尔在其《空间的生产》一书中指出，唯有生产出新空间的革命，才是充分实现其潜力的革命；生产出新的空间也即改变生活本身，不仅改变意识形态的上层建筑、社会制度或政治设施，而且对日常生活、语言和空间也具有创造性的影响（以不定比例在不同领域），这样的新空间才会产生革命性的社会变革。① 可以说，列斐伏尔对空间生产的研究正是将日常生活、语言与空间进行深度融合的理论成果。对此，施米德解释说："列斐伏尔使用'空间的生产'这一词汇，提出了一种将空间与社会生产联系在一起的空间生产理论……空间本身并不存在，空间是被生产出来的。空间代表着社会现实的同时性与共时性秩序，时间则表征着社会的历时性秩序和社会生产的历史过程。列斐伏尔的唯物主义空间观的核心主张是，人类以其身体性与感觉性、感知与表象，思维与意识形态，通过他们的活动与实践，进入彼此的相互联系之中。"② "共时"与"历时"这对概念最早出现在索绪尔《普通语言学教程》这一语言学文本中，而列斐伏尔也提出："空间的各部分，就像话语的各部分一样，是以相互包含与相互排斥的方式结合在一起的。在语言中如同在空间中，有一个'以前'还有一个'以后'，而'现在'支配着过去与未来。"③ 不难发现，空间生产具有以下特征。

第一，在共时性秩序中回归生活世界。有研究者指出，"列斐伏尔的语言学理论前承前期理论中的生产劳动异化批判和日常生活批判思想，后启后期理论中的'空间批判'，是贯穿他整个思想历程的关键要素"④，在此联系其与语言学的关联，可以让我们更加清晰地厘清空间生产的内在特质。共时—历时是索绪尔语言学的重要概念，他的语言学思想曾被詹姆逊以肯定的态度评价道："就其彻底摆脱英美传统中根深蒂固的经验论和实体论，转向强调关系的系统这一点而言，是值得肯定的。"⑤ 索绪尔通过将一切纳入"结构"，颠覆了独立、先验的实体世界的存在，勾勒了一个无形、无机的关系世界。在那里，"关系"是始源，任何给定只有在"结构"系统中才能存在，"意义"也只有在关系项

---

① 〔法〕列斐伏尔：《空间的生产》，刘怀玉等译，商务印书馆，2021，第81~82页。
② 〔法〕列斐伏尔：《空间的生产》，刘怀玉等译，商务印书馆，2021，第15页。
③ 〔法〕列斐伏尔：《空间的生产》，刘怀玉等译，商务印书馆，2021，第191页。
④ 张艳：《重释列斐伏尔的语言学理论——从符号学批判到空间批判的内在理论》，《外国文学》2020年第2期。
⑤ 钱佼汝：《谈谈〈语言的牢笼〉》，《外国文艺研究》1994年第5期。

的对立、差异中才得以澄清。① 索绪尔的语言学在一定的历史时期产生过语言学史上的哥白尼革命。那么这种结构主义倾向是否能够说服人们接受以语言统摄文字呢？以索绪尔为代表的结构主义语言学将语言的结构性、系统性、整体性等视为具有优先性的存在。"语言和文字是两种不同的符号系统，后者的存在理由是在于表现前者。"② 因此，重视日常生活世界的列斐伏尔曾对结构主义语言学作出深刻的批判，他认为，这种语言学其实是一种"伪语言"，"伪语言"之"伪"在于其对具体生活世界的背离与脱弃，纵然它拥有纯粹抽象与清晰的语言体系，却恰如笛卡尔对概念之清楚明晰的追求而陷入泥沼，它追求在现实的"言语"之上建立其认识论地位。而这也是詹姆逊所称的语言成了一个受困于自身的"牢笼"。列斐伏尔批评说，人们只是将空间构想为功能体、链条与连接器，因而只看到了它与话语的相似性，即它们是充满符号与意义的、模糊不清的交汇点。空间被拱手让给语言哲学而牺牲了空间本身。③ 他实际是在表达：空间作为人类的实践生活世界，是充满活力与能量的。它不能仅仅被还原为日常话语，更不能只是被还原为某种文学语言。它有自身丰富的价值面向。"一旦回到某种（空间性的与表意的）社会实践的关节点上，空间的概念便充满了意义。"④ 列斐伏尔试图让我们从人的现实生活出发，在人的现实生命生产活动中把握空间。他肯定共时性秩序是因为他能够在把握空间实践的过程中阐明实践活动本身。从根本上说，并不存在任何孤立的实践活动形式，实践与实践之间总是存在一定的勾连关系。这种勾连关系从共时性横切面上看是时代境遇中的各种实践关系的关联网络；从历时性纵切面上看，则表征为过去、现在与未来的时空交织关系网。在此，人类生活世界通过生命实践活动的展开意味着将不同面向的各种关联域网进行无限勾连，这种无限勾连活动所形成的也就是人们活生生的生活世界。这个生活世界并不为结构性、整体性所遮蔽与统摄，它遵循其自身的实践逻辑。

第二，在对身体的还原中重视生产实践。如果说马克思的实践概念中包含"劳动活动、政治功能、社会各阶级的互动，分析的与逻辑的合理性，技术与官僚制度"⑤。那么列斐伏尔则在其基础上依托存在主义概念，将人的本质性体验与创造纳入实践概念中。列斐伏尔曾指出，空间并不是其构建"文本性"的背景，首先是身体，而后是身体的对应物及"他者"；空间作为身体与其对应物

---

① 参见尚欢《从符号化建制到诗意的道说——基于索绪尔语言学的"结构"之思》，《理论界》2021年第5期。
② 〔瑞士〕索绪尔：《普通语言学教程》，岑麒祥、叶蜚声、高名凯译，商务印书馆，1980，第167页。
③ 参见〔法〕列斐伏尔《空间的生产》，刘怀玉等译，商务印书馆，2021，第199页。
④ 〔法〕列斐伏尔：《空间的生产》，刘怀玉等译，商务印书馆，2021，第210页。
⑤ 刘怀玉、陶慧娟：《理解列斐伏尔：以黑格尔—马克思—尼采的"三位一体"为主线》，《山东社会科学》2018年第5期。

的交叉口，为两者皆带来益处。在此，断裂与紧张、接触与分离通过空间再次被关注。而空间也引起一系列的对照，这些对照包括脸面与屁股、眼睛与肉体等，这些对照是与形式系统或逻辑体系没有任何关系的。① 如果说"身体"在尼采的哲学中有精神特征的话，那么列斐伏尔则在其基础上给予了身体更为丰富的内涵。在列斐伏尔看来，身体虽然占据一定的物理空间，但是它并不是凝固的，正如前文所言，身体—空间并不能以逻辑或形式系统统摄之。逻辑或形式系统的统摄掩盖了身体—空间内在的能量流动，使它不能通过能量与空间产生联结关系。进一步地，列斐伏尔将空间如何被"生产"的问题转化为身体能量如何聚集与耗散的问题。"生产"在马克思那里被理解为经济学意义上的物质生活资料的生产制造，也被理解为人类社会的生产与再生产，包括精神、物质、社会关系等的全面生产。② 而人的身体活动的"生产"则由列斐伏尔进一步具体阐发，即以身体对"能量"这一流动性载体的吸收与运用为空间生产之基。列斐伏尔指出，"能量的支出只要在世界上造成了某些变化，无论多么微小，都可以被视作'生产的'"③，能量与能量之间运作方式的差异决定其"生产"出不同的空间，不同的空间形式转而影响产生不同的身体活动。刘怀玉教授在其《现代性的平庸与神奇——列斐伏尔日常生活批判哲学的文本学解读》一书中也指出，列斐伏尔的"生产"概念强调的是一种广义的身体化和生命化的生产，而不是一种物质生产，是能量的积累与消费。④ 甚至可以说，对身体和能量的重视是列斐伏尔后期由空间研究转向节奏分析的重要原因。在对节奏的分析中，他指出："在任何地方，只要空间、时间和能量消耗之间发生互动，那里就有节奏。"⑤ 对节奏的把握也就是对生活世界的能量流转的把握。因此，它并不拘泥于某一具体形式的呈现，而是以喧嚣的街道、忙碌的日常生活、各种艺术活动形式等表征其身。列斐伏尔对身体的能量的分析使我们对生产实践的理解跳出传统理念的体系框架，使我们对马克思主义的理解不再停留于抽象的意识形态批判，而是立足生命生产的实践活动，重视感性的、具体的生命世界或实践生活的世界及其生产。

第三，空间辩证法的现实生成。所谓现实生成，意味着对人的生活世界的全新把握。这种"新"旨在立足人的现实生产实践的前提下，对人的实存空间之丰富性进行动态考察。如果说尼采以"上帝之死"叩响了人作为人本身的一种强力意志的大门，那么他对世界的定义则凸显了生命意志内在的力之冲突与

---

① 参见〔法〕列斐伏尔《空间的生产》，刘怀玉等译，商务印书馆，2021，第271页。
② 参见俞吾金《作为全面生产理论的马克思哲学》，《哲学研究》2003年第8期。
③ 〔法〕列斐伏尔：《空间的生产》，刘怀玉等译，商务印书馆，2021，第179页。
④ 刘怀玉：《现代性的平庸与神奇——列斐伏尔日常生活批判哲学的文本学解读》，中央编译出版社，2006，第410页。
⑤ Lefebvre H., *Rhythmanalysis*, *Space*, *Time and Everyday Life* (London: Continuum, 2004), p.15.

对抗，这种冲突与对抗就是不同的力的生命世界产生的不同回响。列斐伏尔的空间辩证法以空间实践、空间表象与再现空间之间的相互呈现为前提，在他这里，并没有完全自立的空间问题，从这个意义上说，空间与空间的相互引征与尼采式的力之交互有可通解性。进而，我们可以发现列斐伏尔的空间辩证法对黑格尔式的思辨逻辑之扬弃。在黑格尔的辩证法中，遵循的是"肯定—否定—否定之否定"的三段论公式，这个公式保证了黑格尔辩证法体系的整全性，但是它因脱离现实的物质生产过程而遭到马克思乃至列斐伏尔的批判。列斐伏尔在其辩证法的基础上，重视活生生的人的现实生存活动，重视生命的激情与"节奏"，重视"瞬间"的力量，重视身体的能量……无论是他"诗创实践"概念的提出还是对于生产的创新性阐释，都能使人明确其空间辩证法对抽象的形而上学之摒弃和对实践与现实之鲜活性与流动性之申张。

"今天的辩证法不再拘于历史性和历史时间，也不再拘于'正题—反题—合题'或'肯定—否定—否定之否定'等时间机制。"① 列斐伏尔对共时性秩序与生活世界的重视、对身体能量与生产实践的阐释、对空间辩证法的现实生成的逻辑厘清，使我们更加明晰空间生产内在的实践逻辑。列斐伏尔正是在阐明空间生产的基础上，辨明了超越抽象空间的现实力量，这也拓展了他对更加自由的差异空间的研究。

三　差异化空间及其实践智慧

在列斐伏尔看来，"空间被各种各样的程序或过程导致的碎片化，即所有的空间都成为碎片"②。此外，数学、逻辑与战略使我们的空间变得同质，进而成为工具性空间。在其背后则是一种意识形态的体现，即抽象统一。正因如此，列斐伏尔才说，一种新型空间的诞生必定伴随其对抽象空间之同质化的超越，亦伴随其自身对差异性生成之凸显。且这种新型空间之差异性并不排斥对社会各要素、功能与环节之统一的诉求。而且，它还要终结个人的身体与人的需要、社会有机体等受到定位化或地方化的现象。③ 这种新型空间就是一种差异化空间，差异化空间是列斐伏尔以资本主义理性抽象空间为靶标，重拾被资本主义技术理性所压抑的身体体验与欲望体验，将"身体"及其欲望的生产看作差异空间的本体论前提。

首先，它是以多元性与差异化为特征的社会空间构建。"作为支配工具的抽

---

① 〔法〕列斐伏尔：《资本主义的幸存——空间关系的再生产》，米兰译，上海社会科学院出版社，2023，第14页。
② 〔法〕列斐伏尔：《空间的生产》，刘怀玉等译，商务印书馆，2021，第522页。
③ 〔法〕列斐伏尔：《空间的生产》，刘怀玉等译，商务印书馆，2021，第79~80页。

象空间，窒息了在其内部被构想出来从而也力求显现的所有东西。尽管这不是抽象空间的决定性特征，但是这种癖性决非次要或偶然。这是一个致命的空间，为了强加一种抽象的同质性，它摧毁了使它产生的历史条件、它自身的（内在的）差异性，以及任何显示出发展痕迹的差异性。"① 列斐伏尔承继尼采对于身体欲望和能量耗费的理解，承袭了尼采对自柏拉图以来西方理性主义传统对身体经验的忽视的批判，强调身体的欲望体验和感性经验，并在此基础上阐明了基于身体体验的社会主义空间之建构问题。他拒绝使生命节奏脱离自身的强力意志，从而沦为重复的、机械的、直线性的抽象空间的俘虏。他赋予差异空间以"生机勃勃的枝条"②，并且，列斐伏尔批判权力对空间的整体控制，这种控制使空间呈现碎片化、同质化和等级化的存在样态。然而，列斐伏尔借助尼采对于人的欲望的理解，将其定义为"意味着为了一个特定目的或目标而将可利用的众多能量聚集起来……欲望现在的目标被创造出来：爱、存在，或工作。"③ 所以，社会空间（空间的实践）至今已经潜在地实现了一定程度的自由，在一定程度上摆脱了量化活动的抽象空间，因此也在一定程度上摆脱了由纯粹和简单的再生产所设定的日程。④ 差异化的空间是在不断地重复性生产中形成的，如列斐伏尔指出，差异依托于重复。但是它是多元性的能量与生命力的体现。它以生活的多面性与整全性为基础，在人的政治、社会、文化等多领域的生产实践活动中不断形成自身的空间力量。

其次，差异化空间的生成是实践创造力的体现。在亚里士多德的实践哲学视野中，"实践"作为区别于理论与制作的纯粹伦理—政治性活动，它指向人类生活的纯粹道德伦理领域；而在弗兰西斯·培根的实践哲学视域中，"实践"是他在反对亚里士多德式的伦理—政治性实践概念的基础上所提出的技术—生产性活动，他将"技艺"这一概念纳入自身的实践范畴。在《新工具》中，培根写道："人类在一堕落时就同时失去他们的天真状态和对于自然万物的统治权。但是这两宗损失就是在此生中也是能够得到某种部分的补救的：前者要靠宗教和信仰，后者则靠技术和科学。"⑤ 技术性活动在培根那里被赋予了拯救人类的名誉。列斐伏尔在亚里士多德与培根的基础上，对实践作出了创造性的理解。实践不仅是伦理—道德性活动与技术—生产性活动的同一，而且它自身拥有整合一切"能量"的超越性功能。有学者称之为"诗创实践"，其中就蕴含实践自身内在的超越性。这种超越性也是实践本身产生某种可能性趋向的动力

---

① 〔法〕列斐伏尔：《空间的生产》，刘怀玉等译，商务印书馆，2021，第545页。
② 〔法〕列斐伏尔：《空间的生产》，刘怀玉等译，商务印书馆，2021，第567页。
③ 〔法〕列斐伏尔：《空间的生产》，刘怀玉等译，商务印书馆，2021，第581页。
④ 〔法〕列斐伏尔：《空间的生产》，刘怀玉等译，商务印书馆，2021，第576页。
⑤ 〔英〕培根：《新工具》，许宝骙译，商务印书馆，2009，第327页。

源泉。实践内在的能量涌动催生不同形式的活动在各个不同的时段以多种不同的方式进行联结与碰撞，从而产生新的形式的实践并生成能量与各种不同形式的关系。"原料、能源交换与流通的网络塑造空间并被空间所决定。"① 在此，"原料、能源交换与流通的网络"蕴含空间的差异性延展潜能，这也是为何他认为，艺术信赖差异：这就是所谓的"灵感"或者"推想"。② 列斐伏尔将空间与社会实践紧密结合在一起的差异空间或"空间的真理"，是一种"体系建构之外的理论"，是实践创造力的现实呈现。

最后，差异化空间中蕴含促进社会共融的实践力量。列斐伏尔指出："社会主义必须生产出自己的空间，否则就是一种空想。"③ 他曾给出这样的建议，即"可以将其构想为一种多维度的过程，在这个过程中不仅包括财富的生产与经济增长，而且包括社会关系的丰富与发展——表现为既在空间中生产各种各样的商品，也生产作为一个整体的空间，空间生产甚至可以更加有效地取用"④。在此情势下，社会发展所必然带来的城市化与人民利益之间不会产生尖锐的冲突与矛盾，不平衡发展也不会进一步加剧；与此相反，差异化空间蕴含的实践力量能够使不平衡发展趋向消失；城乡融合度提升，发展带来的城乡差距将进一步缩小。差异化空间是列斐伏尔空间生产理论中的重要一环，它旨在破除同质化壁垒，进一步释放空间发展的潜能。更为重要的是，"它是列斐伏尔拓宽和更新马克思主义历史观之辩证法内涵的最为关键的哲学经验"⑤。

通过对列斐伏尔空间哲学的实践哲学透视能够发现，他的空间思想始终将实践贯穿其中。"瞬间"不仅是时间性的瞬间，更暗含一种实践性的维度；空间生产的实践逻辑生成于列斐伏尔对实践的创造性解读；差异性空间中蕴含变革社会空间的实践智慧。在此，以实践哲学透视空间使列斐伏尔的空间思想研究能够与当下社会主义空间建设展开深度对话。

---

① 〔法〕列斐伏尔：《空间的生产》，刘怀玉等译，商务印书馆，2021，第127页。
② 〔法〕列斐伏尔：《空间的生产》，刘怀玉等译，商务印书馆，2021，第582页。
③ 〔法〕列斐伏尔：《空间的生产》，刘怀玉等译，商务印书馆，2021，第80～81页。
④ 〔法〕列斐伏尔：《空间的生产》，刘怀玉等译，商务印书馆，2021，第620～621页。
⑤ 刘怀玉：《现代性的抽象空间、矛盾空间和差异空间的生产——以黑格尔、马克思、尼采为研究视角》，《国外理论动态》2023年第1期。

青年通讯

理论传播与信仰铸就：建党前夕马克思主义在中国传播规律再审视[*]

葛世林[**]

【摘　要】 共产主义信仰是主导马克思主义在中国早期传播的"精气神"，也是考察马克思主义在中国早期传播规律的重要切入点。建党前夕，一大批进步刊物和马克思主义研究团体的相继涌现扩大了马克思主义在中国的传播阵地、丰富了马克思主义在中国的传播途径，也为共产主义信仰的形成创造出前提条件。随着马克思主义在中国进入比较系统的传播阶段，越来越多的先进知识分子开始对马克思主义做出更为系统化、体系化的理论阐释，这为更多进步青年和广大无产阶级最终选择马克思主义、确立共产主义信仰奠定了理论基础。同一时期，对实业救国论、教育万能论、无政府主义等非马克思主义社会思潮的辨析，既在总体上坚决而明确地捍卫了马克思主义的思想要义，也进一步坚定了先进知识分子对共产主义的信仰，生动彰显了马克思主义理论传播与共产主义信仰铸就的互动进程，以及中国共产党一经成立就在思想理论层面上具有的先进性。

【关键词】 中国共产党；马克思主义；共产主义信仰；知识分子

"对马克思主义的信仰，是中国革命胜利的一种精神动力。"[①] 五四运动前后，西方的各种主义、学说、社会思潮通过报纸、杂志、新学堂、社团等途径大量涌入中国。在众多的思想流派中，马克思主义从最初传入和初步传播，到成为思潮的主流受到知识分子的广泛宣传和研究，再到系统传播后成为先进分子的救国方案和信仰选择，最终被确定为中国共产党的指导思想，这不是随意发生的偶然事件，而是一个渐次深入的理论发展过程。当前，学界对于马克思

---

[*] 本文系高等学校中国共产党革命精神与文化资源研究中心重大项目"伟大建党精神形成依据研究"（21JJD710001）的阶段性成果。

[**] 葛世林（1998~　），北京大学马克思主义学院博士研究生，主要研究方向为马克思主义中国化。

[①]《邓小平文选》第3卷，人民出版社，1993，第63页。

主义在中国早期传播的特点、途径、影响、代表人物与报刊等方面的研究成果非常丰硕[1]，但在精神层面，马克思主义在中国早期传播的"总牵引"——共产主义信仰始终没有得以彰显。中国共产党人走得越远，越要重视和发掘早期理论传播与发展进程中的"精神宝藏"。系统回顾建党前夕马克思主义在中国的传播与先进知识分子信仰铸就的历史进程，有助于把握早期理论发展过程中的"精气神"，揭示中国共产党一经成立就在思想理论层面上具有的先进性，对我们今天坚定共产主义理想信念同样具有重要的现实意义。

一 传播阵地的扩大为共产主义信仰的形成创造前提条件

在中国共产党正式成立前的一段时间里，伴随着各种主义和社会思潮涌入中国社会，选择何种思想、信仰什么主义，成为中国社会和中国人民所面临的一个重要的时代课题。1921年6月，汉口地区印行的《共产主义与智识阶级》[2]中旗帜鲜明地提出，当下最要紧的就是确立"主义的信仰"，"因为主义是我们做一切事业的指南针"[3]。而在诸多"主义"之中，"只有共产主义是合科学的，不是乌托邦的理想，是解放人类的明星，为我们所不得不信仰的"[4]。从中国无产阶级革命的历史进程中看，确立坚定的共产主义信仰不仅使在半殖民地半封建的中国出现一个完全崭新的、以马克思主义为行动指南的无产阶级政党从理论层面上成为可能，也为接下来革命运动的开展提供了最初的思想指引。建党前夕，马克思主义传播阵地的扩大为共产主义信仰的孕育形成创造了前提条件。

纵观中国近现代出版史，五四运动时期可以说是杂志发行空前繁荣的时期。五四运动后，一大批进步刊物的相继涌现为马克思主义在中国的传播开辟了道路，也在中国埋下了共产主义信仰的种子。早在清末，卡尔·马克思的名字包括马克思主义在内的西方社会主义就已经被介绍到中国，但其在中国国内通常见到的刊物上进行宣传，则不得不等到1919年。五四运动的爆发让中国先进知

---

[1] 详情参见周凯《马克思主义在中国早期传播的主要特点——以〈新青年〉月刊为主的文本分析》，《中共党史研究》2013年第4期；李军林《从"五W"模式看马克思主义在中国早期传播的特点》，《湖南师范大学社会科学学报》2007年第1期；胡为雄《赴日留学生与"日本马克思主义"在中国的早期传播》，《马克思主义与现实》2015年第3期；田子渝《马克思列宁主义在中国早期传播研究的若干启示》，《湖北大学学报》（哲学社会科学版）2001年第4期；单孝虹《毛泽东与马克思主义在中国的早期传播》，《毛泽东思想研究》2006年第4期；梁大伟、茹亚辉《〈向导〉周报与马克思主义在中国的早期传播》，《党的文献》2023年第2期，等等。

[2] 《共产主义与智识阶级》是建党时期的一份重要文献。参见李冉、葛世林《〈共产主义与知识阶级〉与中国共产党的成立》，《思想教育研究》2022年第9期。

[3] 田诚：《共产主义与智识阶级》，汉口，1921，第7页。

[4] 田诚：《共产主义与智识阶级》，汉口，1921，第8页。

识分子深刻认识到无产阶级的历史作用和强大力量,他们宣传和介绍马克思主义的热情更加高涨,并开始将马克思主义这个思想武器交给工农无产阶级。1919年9月,《新青年》杂志在第6卷第5号专门设置"马克思研究"栏目,并于当期集中刊发了8篇介绍马克思主义的文章。《每周评论》、《晨报》副刊、《国民》、《建设》等进步报刊也纷纷发表宣传马克思主义的文章。据不完全统计,五四运动后一年中,全国新创办报刊400多种,其中宣传马克思主义内容或在一定程度上具有宣传社会主义倾向的刊物就达200多种①。在当时,全国各地报纸、杂志上面都在宣传、介绍和研究马克思主义,社会主义"仿佛有'雄鸡一鸣天下晓'的情景"②,这不仅有助于增强国人对于先进思想的认知,也为革命信仰的形成提供了理论前提。

随着传播马克思主义的阵地不断扩大,马克思主义在中国的传播途径也变得更加丰富。中国先进知识分子陆续开始组织学术团体,在学理上研究马克思主义。马克思主义不再被视为西方社会众多政治学说中的一种,而是被作为救亡图存、指导革命实践、改造社会的全新理论武器,先进分子对共产主义的信仰也由此开始萌芽。1920年3月,在李大钊的指导下,邓中夏、罗章龙等19人联名,在北京正式成立了"北京大学马克思学说研究会"。通过搜集马克思主义的德、英、法、日和中文各种图书,编译、刊印马克思有关著作,组织会员开展讨论和专题研究马克思主义等活动,研究会吸引了一大批知识分子学习并宣传马克思主义,推动掀起全国范围内马克思主义研究团体的成立热潮。在上海,陈独秀于1920年5月领导成立"马克思主义研究会";在湖南,1920年下半年,毛泽东等人创办"文化书社",大量出版、销售马克思主义书籍,丰盈青年的精神世界,以促进新思想、新文化的产生。此外,还有武汉的"利群书社"、济南的"励新学会",等等。这些团体对马克思主义理论的介绍和研究起了非常重要的作用,其中的骨干成员后来大都成为坚定的马克思主义者。

建党前夕,马克思主义经典原著的引进和相关翻译、研究工作的开展,也促进了中国先进分子在思想上对马克思主义的认同与接受,他们以此作为革命活动的指导思想,渐渐树立起对共产主义的信仰。1920年8月,陈望道翻译的《共产党宣言》第一个中文全译本在上海出版。初版印刷的千余本,很快便销售一空,次月又再版了一次。同年,《马格斯资本论入门》《社会主义史》等著作也陆续翻译出版。1920年11月出版的《共产党》创刊号上,还刊登了震寰(袁振英)翻译的《列宁的著作一览表》,这是在中国第一次集中介绍列宁的重要著作,涵盖《俄罗斯的社会民主党问题》《进一步退两步》《帝国主义是资本

---

① 参见龚育之等《马克思主义中国化研究——历史进程和基本经验》上卷,北京人民出版社,2009,第65~66页。
② 潘公展:《近代社会主义及其批评》,《东方杂志》1921年第18卷第4号。

主义的末日》《国家与革命》等在内，共19部。总的来看，从五四运动后到建党前短短几年中有如此多的报刊、社团和出版物介绍和宣传马克思主义，这在中国是空前的。

在马克思主义的广泛传播下，中国先进知识分子对"主义的信仰"日益清晰。毛泽东在1936年与美国记者斯诺谈话时回忆道，自"接受了马克思主义对历史的正确解释以后，我对马克思主义的信仰就没有动摇过"①。因此，"到了1920年夏天，在理论上，而且在某种程度的行动上，我已成为了一个马克思主义者了"②。1920年下半年，正在法国留学的蔡和森也通过对各种主义的"综合审缔"，认为只有社会主义是改造中国的"对症之方"③。愈益明确的共产主义信仰也促使先进知识分子宣传、动员和组织更多工农劳动者接触马克思主义，确信只有共产主义是"无产阶级的解放者"，是"解放世界的明星""解放人类的惟一主义"④。随着马克思主义与中国工人运动和中国革命的密切结合，一大批共产主义组织如雨后春笋般在全国建立起来，科学社会主义在中国也从思想传播、革命信仰迈向社会实践的新阶段。

二 系统传播与研究马克思主义为共产主义信仰的确立奠定理论基础

对马克思主义的全面认识和科学把握是确立共产主义信仰的基础和关键。作为中国共产党和中国革命的指导思想，马克思主义的真理品行既表现在它是一种科学的世界观和方法论，也表现在它是系统性、完整性的理论体系。马克思主义传入中国后，知识分子最初只是将其作为诸多进步思潮中的一种加以宣传，缺乏对马克思主义系统化、体系化的认识和阐释。1919年下半年，李大钊《我的马克思主义观》一文的发表，标志着马克思主义在中国进入比较系统的传播阶段。正如李达所说："马克思社会主义是什么？这个问题最难于简单的答复。"⑤ 建党前夕，中国先进知识分子对马克思主义的研究阐释和系统传播有力地回答了"信什么"的关键问题，这不仅促使更多进步青年和广大无产阶级最终选择马克思主义、树立起共产主义信仰，还为中国共产党的正式诞生提供了思想准备。

马克思主义在中国的传播是一个由宣传译介走向研究阐释、由分散传播走

---

① 〔美〕埃德加·斯诺：《红星照耀中国》，董乐山译，人民文学出版社，2016，第146~147页。
② 〔美〕埃德加·斯诺：《红星照耀中国》，董乐山译，人民文学出版社，2016，第146~147页。
③ 《蔡和森文集》上卷，人民出版社，2013，第56页。
④ 田诚：《共产主义与智识阶级》，汉口，1921，第3页。
⑤ 《李达文集》第1卷，人民出版社，1980，第30页。

向系统传播的过程。这也反映出中国先进知识分子的共产主义信仰并不是一开始就具有的,而是在深入学习、系统传播马克思主义的过程中逐步形成的。早在1899年,由英国传教士李提摩太和蔡尔康共同翻译完成并在上海《万国公报》第121~124期连载的《大同学》一文中,就多次提到马克思的名字。1902年,梁启超在《新民丛报》上发表的文章中也对马克思作了简要介绍[①]。此后,中国学者赵必振、朱执信、宋教仁、刘师培、钱智修等人都曾翻译和介绍过马克思和马克思主义著作。但从五四运动前马克思主义在中国的传播状况来看,缺乏系统、科学、完整的理论阐释,无疑阻碍了马克思主义在中国的广泛传播和广大先进知识分子共产主义信仰的确立。一是在传入渠道上,当时国人对马克思主义的认知和宣传,绝大部分从日本渠道获取,其他渠道的资料并不丰富;二是在传播范围上,五四运动前马克思主义在中国的传播主要集中在上海、北京地区,只是小范围的宣传介绍;三是从传播动机来看,各派知识分子介绍马克思主义的动机各不相同,大多从各自的阶级立场出发,停留于马克思主义的个别论断,以服务其政治活动的需要;四是从传播内容来看,宣传马克思主义的文章多停留于介绍俄国革命或马克思和恩格斯的生平,相较于马克思主义庞大的理论体系,所传播的内容仅为冰山一角。五四运动的爆发,标志着中国无产阶级登上历史舞台,并由此掀起了国内宣传研究马克思主义的热潮。

五四运动后,马克思主义在中国由零散片面传播逐步转向全面系统传播,这对广大无产阶级确立共产主义信仰产生了重要影响。1919年6月18日、19日,李达在上海《民国日报》副刊《觉悟》连续发表《什么叫社会主义》《社会主义目的》两篇文章,从竞争与合作、资本与劳动、私有与公有、压迫和自由四个方面初步概括了社会主义的基本原理和行动目的,对国内马克思主义的理论研究与系统传播发挥了助推作用。1919年下半年,李大钊在《我的马克思主义观》一文中强调马克思的学说"是完全自成一个有机的有系统的组织",并将马克思的社会主义理论按照过去、现在、将来分为"历史论"、"经济论"和"政策论"三部分,也称社会组织进化论、资本主义的经济论和社会主义运动论,三部分理论"不能分离不容割裂",而阶级竞争说"恰如一条金线,把这三大原理从根本上联络起来"[②]。这一时期,正在日本留学的李达先后翻译了《唯物史观解说》《马克思经济学说》《社会问题总览》等多部马克思主义著作,系统地介绍马克思主义哲学、政治经济学和科学社会主义理论,并寄回国内出版。这些马克思主义译著的出版满足了国内许多先进分子阅读外文书籍的需要,促进了马克思主义在中国的系统传播。

---

① 梁启超在1902年第18号《新民丛报》发表的《进化论革命者颉德之学说》中提到:"麦喀士(马克思),日尔曼人,社会主义之泰斗也。"
② 《李大钊全集》第3卷,人民出版社,2013,第5页。

在李达、李大钊等人的引领下，为了唤起更多民众对马克思主义的认同和信仰，越来越多的知识分子开始对马克思主义做出全面系统的理论阐释，他们自身的共产主义信仰也在这一过程中得以确立和巩固。1921年2月，在法国留学的蔡和森致信陈独秀，从历史、经济、政治三方面对马克思主义做出概括，指出"马克思的学理由三点出发：在历史上发明他的唯物史观；在经济上发明他的资本论；在政治上发明他的阶级战争说"①，三者一以贯之。同年4月，李季在《社会主义与中国》一文中通过列举赫尔德、拉威列、汪协尔等欧美学者对于社会主义的界说，指出马克思主义是从经济制度入手，在社会层面"采用阶级战争的手段"，以改造经济层面"生产及交换方法——的破绽"，从而达到在政治层面"使一阶级掠夺它阶级的事实以及工人劳动等等都归于消灭"的状况，进而向国人表明"社会主义是一种最好的学说，是救我国全体人民的惟一良策"②，为一般的劳动者和知识分子真正了解社会主义的内容提供了有益参考。6月，田诚撰写的《共产主义与智识阶级》在政治、经济、社会三方面进一步系统地阐释了共产主义的根本观念。在政治层面，共产主义要"推翻资本家的国家，建设劳农专政的政治"，消灭"一切资本家的势力"；在经济层面，要"打破私有财产制度，把一切生产工具——土地，机器，运输机关等——收归公有公用，废除工银制度，消灭剩余价值"，实现生产资料公有制；在社会层面，要"废除一切阶级"，消灭一个阶级压迫另一个阶级的现象，使劳动者不再成为"特殊阶级的牛马"。在此基础上，《共产主义与智识阶级》热切地呼吁中国知识分子"虚心下气的把马克思的唯物史观和经济学以及充满了革命精神的共产主义仔细研究一番"③，感受其中所具有的浓厚的趣味，并在马克思主义的引导下成为信仰坚定的共产主义者。

由此可见，随着马克思主义在中国进入比较系统的传播阶段，蔡和森、李季等进步知识分子通过对马克思主义的学习研究和理论阐释，已经确立起共产主义信仰，并开始向更多民众宣介马克思主义，这在当时并非个例。济南共产党早期组织代表王尽美正是在北京大学马克思学说研究会的影响下开始接受马克思主义，并在不断地学习、思考和比较中，最终确立了共产主义信仰。瞿秋白在苏俄实地考察期间，通过对苏维埃社会主义实际生活的接触和体验以及对马克思主义理论学说的研究，明确了为"共产主义之人间化"奋斗终身的志向。1921年初，周恩来也在留法期间通过对各种新思潮的综合把握和系统学习，确立了对马克思主义和共产主义的信仰。马克思主义政党的先进性，首先体现在思想理论的先进性。建党前夕，马克思主义在中国的系统传播引导了许

---

① 《蔡和森文集》上卷，人民出版社，2013，第78页。
② 李季：《社会主义与中国》，《新青年》1921年第8卷第6号。
③ 田诚：《共产主义与智识阶级》，汉口，1921，第8页。

多五四青年投身社会主义运动，逐步确立其对共产主义的信仰。这不仅为中国共产党的成立做了思想理论上的准备，也明晰了中国无产阶级革命的目标与方向。

三　在辨析非马克思主义社会思潮中进一步坚定共产主义信仰

确立共产主义信仰的过程并不是一帆风顺的，它不仅需要厘清概念上的问题，更需要和同时期各种非马克思主义甚至反马克思主义的社会思潮展开斗争，使之更明确、牢固。五四运动时期，涌入中国社会的新思潮除了科学社会主义外，还混杂着基尔特社会主义、无政府主义、工读主义，等等，它们大都打着"社会主义"的旗号，纷至沓来。传播马克思主义的队伍中，也不只是信仰共产主义的知识分子，还有资产阶级和小资产阶级的知识分子。不同的派别在当时传播马克思主义的目的与对象也大不相同，有的只是借用马克思主义的"外壳"来宣扬本阶级的政治主张，其中不免充斥一些形形色色非马克思主义甚至反马克思主义的思想观点。正是在这样的社会背景下，中国要不要走社会主义道路？到底哪一个是"真正的"社会主义？这种选择和求索，不可避免地引发思想的交锋。建党前夕，中国先进知识分子经过反复比较推求，推翻了改良主义者所主张的实业救国、教育救国的方案，与当时在中国颇有市场的无政府主义划清了界限，从而在思想论争中自觉把马克思主义作为自己认识世界和改造世界的指导思想，进一步坚定了对共产主义的信仰。

第一，反驳近代民族资产阶级一些代表人物所宣扬的"实业救国"思想，明确共产主义是合乎科学且能解放人类的"唯一主义"。在中国共产党正式成立前的一段时间里，民族资产阶级改良派所宣扬的"实业救国"的思想主张，迎合了中国许多小资产阶级渴望依托西方资本主义各国的帮助，发展实业、消极斗争，进而走资本主义道路的幻想。1920年10月，罗素在来华讲学期间极力宣传基尔特社会主义，大力鼓吹中国的出路在于发展资本主义，当务之急是"开发中国财源"①。罗素演讲后，张东荪和梁启超等资产阶级改良主义者立即发文表态支持其观点，反对在中国实行社会主义，孙东荪断言"中国的唯一病症就是贫乏"②，救治的办法只能是用资本主义的方法发展实业、增加富力，这也引发了知识分子间关于"社会主义是否适合于中国"的思想论战。在张东荪发表时评后，陈望道、李达和邵力子随即以《民国日报》副刊《觉悟》为阵地，接连发表《评东荪君的"又一教训"》《张东荪现原形》《再评东荪君底

---

① 《讲学社欢迎罗素志盛》，《罗素月刊》1921年第1期附录。
② 张东荪：《由内地旅行而得之又一教训》，《时事新报》1920年11月6日。

"又一教训"》等文，批驳张东荪先前大讲"社会主义"，现在又"排斥一切社会主义"①，真是个"无主义无定见的人"②，主张在当前的中国只有"社会主义，是真正'开发实业'底方法，是真正'使一般人都得着人的生活'底方法"③。1921年初，毛泽东在新民学会长沙会员新年大会上的发言中指出，相较于"温和方法的共产主义，如罗素所主张极端的自由，放任资本家"的做法，"激烈方法的共产主义，即所谓劳农主义，用阶级专政的方法"④更适合中国。同年2月，蔡和森在致陈独秀的信中也提到，对于"调和劳资以延长资本政治的吉尔特社会主义，以及修正派的社会主义"⑤，应该不留余地地排斥批评。陈独秀也表示，基尔特社会主义是一种"调和的理想"⑥，有着不可掩蔽的缺点。

建党前夕，随着对"实业救国"思想背后的改良主义实质的揭露，越来越多的知识分子认识到，中国作为"万国的商场"，企图依靠发展资本主义来增强国力的想法并不现实。正如李达在1921年4月撰写的《讨论社会主义并质梁任公》一文中所言，"在今日而言开发实业，最好莫如采用社会主义"⑦，必须"结合共产主义信仰者，组织巩固之团体……始终为支持共产主义而战"⑧。在中共一大召开前的一个月，田诚在《共产主义与智识阶级》中进一步明确提出，资本主义生产方式下的产业发达"必定要使产业界紊乱，造出种种罪恶"，相比之下，"共产主义更能发达产业，而且造成自由合作的社会"⑨。这进一步坚定了中国先进知识分子走社会主义道路、发动无产阶级革命的决心和信心，他们的共产主义信仰也在思想论争中愈发坚定。

第二，辩证看待"教育救国""教育万能"的观点，进一步确证只有在社会革命以后，"正当的教育事业"才能够实现。五四运动时期，民族危机的空前加剧致使中国知识分子急于寻求改造社会的救亡出路，教育救国论因其主张教育对于普遍民众的意义，在国内的呼声空前活跃起来。青年时期的向警予也曾抱定所谓"教育救国"的理想，在常德女子师范学校读书时就立誓要"振奋女子志气，励志读书，男女平等，图强获胜，以达到教育救国之目的"⑩。1920年下半年，罗素在长沙演讲时主张"用教育的方法使有产阶级觉悟"⑪，从而减

---

① 望道：《评东荪君底"又一教训"》，《民国日报·觉悟》1920年11月7日。
② 江春：《张东荪现原形》，《民国日报·觉悟》1920年11月7日。
③ 力子：《再评东荪君底"又一教训"》，《民国日报·觉悟》1920年11月8日。
④ 中国革命博物馆、湖南省博物馆：《新民学会资料》，人民出版社，1980，第23页。
⑤ 《蔡和森文集》上卷，人民出版社，2013，第78页。
⑥ 《陈独秀文集》第2卷，人民出版社，2013，第128页。
⑦ 《李达文集》第1卷，人民出版社，1980，第65页。
⑧ 《李达文集》第1卷，人民出版社，1980，第74页。
⑨ 田诚：《共产主义与智识阶级》，汉口，1921，第5页。
⑩ 《向警予文集》，人民出版社，2011，第1页。
⑪ 转引自《蔡和森文集》上卷，人民出版社，2013，第63页。

轻对无产阶级的剥削、压迫,避免兴起战争、革命流血,也不至于妨碍自由。张东荪等人随即附和宣扬"中国第一宜讲教育"①的观点。由此,引发了社会民众尤其是小资产阶级群体中出现"改造社会,必先要改造个人""单独去改造个人的心理是可以成功的"等"相信教育是万能的"这类"错误的见解"②。对此,当时正在长沙开展革命活动的毛泽东强烈批判这种"以教育为工具"的革命。毛泽东认为,"现在世界的教育,是一种资本主义的教育"③,因为教育一要有钱,二要有人,三要有机关,但在资本主义社会里,议会、政府、银行、工厂还有军队和警察等机关都掌握在资本家手中,教育的阶级性决定了处处饱受压迫的贫苦工人和农民,根本没有接受教育的自由。因此,罗素等人所主张的教育救国,理论上说得好听,事实上却难以实现。

建党前夕,马克思主义在中国的广泛传播,逐渐破除了知识分子群体中希冀通过发展教育以实现救亡图存的幻想,他们对共产主义的信仰也在反复比较、推求中得以确立。越来越多的中国知识分子开始认识到,教育救国所宣扬的是"不彻底的教育事业",它所受益的仅仅是"一班有钱人的子弟"④。相较于这种在资本主义学说影响下的教育,共产主义所倡导的社会革命运动才是改造社会的唯一方法。先前曾一直主张"教育救国"的向警予,随着对马克思主义理论的接触,以及赴法留学期间同蔡和森的多次交流,也在思想比较与推求中逐渐"开始抛弃教育救国的幻想而倾向于共产主义"⑤。客观来说,"教育救国"的思想主张在一定程度上促使国人认识到教育工作的重要性,兴办新式学校,发展留学教育、职业教育等举措推动了近代中国社会的进步,但将中国贫穷落后、遭受侵略的原因单纯归咎为国人愚昧、教育落后,也在一定程度上过分夸大了教育的功能和作用,忽视了教育与政治、经济的关系。因此,对"教育救国"的批驳与辩证认识,既为马克思主义在中国的传播创造了有利条件,也推动更多知识分子从教育救国论者转变为坚定的马克思主义者。

第三,深刻揭露无政府主义的弊病,划清与无政府主义的界限,进而确信只有合科学性的共产主义是我们所不得不信仰的"解放人类的明星"。无政府主义思潮是中国近代影响比较大的社会思潮之一,其主要观点体现为反对一切强权和集中领导,主张极端民主和无限制的自由。早在20世纪初,无政府主义者刘师培、何震等人在日本创办《天义报》,大肆批评"马氏学说之弊",认为如果"由社会主义扩张之,必达无政府主义之一境"⑥。辛亥革命以后,无政府

---

① 转引自《陈独秀文集》第2卷,人民出版社,2013,第82页。
② 田诚:《共产主义与智识阶级》,汉口,1921,第6页。
③ 中国革命博物馆、湖南省博物馆:《新民学会资料》,人民出版社,1980,第148页。
④ 田诚:《共产主义与智识阶级》,汉口,1921,第6页。
⑤ 《向警予文集》,人民出版社,2011,第342页。
⑥ 申叔:《欧洲社会主义与无政府主义异同考》,《天义报》1907年第6号。

主义打着"真正的社会主义"的旗号,依托报刊、社团等载体,在国内各地传播。1919年5月,无政府主义的代表人物黄凌霜在《马克思学说的批评》一文中指出,无政府主义才是"去除一切强权,而以各个人能享平等幸福为主"①的共产主义学说。1920年春,几个无政府主义者连续发表《我们反对"布尔扎维克"》和《为什么反对布尔扎维克》《"无强权主义的根据"及"无强权的社会"略说》等文章,公开向马克思主义发起挑战。为了肃清无政府主义在青年学生、工人群体中的不良影响,继续扩大马克思主义的传播,以陈独秀、毛泽东、李达为主要代表的早期马克思主义知识分子随即同无政府主义者展开论战。

针对无政府主义者反对一切国家权力,反对暴力革命,进而攻击无产阶级专政的谬论,陈独秀在1920年9月发表的《谈政治》中阐明,强权可恶的原因在于它的用法,而非强权本身。面对不平等的经济状况,无产阶级只有利用政治、法律的强权"把那压迫的资产阶级完全征服",才能防止资产阶级"恢复原有的势力地位",避免再受剥削与压迫,因此,不能"闭起眼睛反对一切强权"②。毛泽东也明确指出,无产阶级在革命胜利后必须建立自己的政权,否则就"不能保护革命,不能完成革命"③。因为在阶级没有消灭、帝国主义还存在的情况下,反动派是不会自动退出的,否认权力的想法在现实中是无法实现的。

针对无政府主义者所主张的自由竞争和均等分配的观点,李达从生产和分配两个方面明确予以反驳。就生产组织而言,无政府主义所主张的"将一切生产机关,委诸自由人的自由联合管理"的原则势必会造成社会"供给与需要不能相应"④。在这种情况下,资本家专注于投机,劳动者却遭受"失业的恐慌",社会生产也将陷入一种混乱的状态。在分配制度方面,无政府主义不顾及社会生产力发展水平和具体的发展状况,往往在"生产力未发达的地方与生产力未发达的时期内"就主张实行"客观的消费平等"⑤,这只会让社会经济的秩序越来越糟。1921年1月,陈独秀在广州公立法政学校演讲时也指出,无政府主义所主张的"个人或小团体绝对自由""没有强制力的自由联合",不可避免地会"发生生产过剩或不足的弊端"⑥,阻碍中国社会的发展。从社会发展和劳动者解放的角度来看,无政府主义所主张的"自由联合和小组织的"生产模式,只考虑到要使劳动者脱离资本家的羁绊、摆脱"个人压迫个人"的困苦,却忽略了在科技进步和机器化大生产的社会条件下,这种把大机器废置不用的"小组

---

① 凌霜:《马克思学说的批评》,《新青年》1919年第6卷第5号。
② 《陈独秀文集》第2卷,人民出版社,2013,第33~34页。
③ 《毛泽东书信选集》,中央文献出版社,2003,第11页。
④ 《李达文集》第1卷,人民出版社,1980,第49页。
⑤ 《李达文集》第1卷,人民出版社,1980,第51页。
⑥ 《陈独秀文集》第2卷,人民出版社,2013,第129页。

织的生产制"无法使劳动者摆脱"自然界的束缚"①。因此,在科学意义上讲,无政府主义的主张反而是一种社会的倒退,相比之下,共产主义所倡导的生产组织和分配制度更具有现实性和合理性。

针对无政府主义者鼓吹的个人绝对自由的思想,李大钊在1921年1月发表的《自由与秩序》中指出,"个人与社会、自由与秩序,原是不可分的东西"②,没有离开具体社会环境的绝对自由。真实的自由并不是扫除一切的关系,而是一种"有秩序的自由"。同一时期,陈独秀也在同无政府主义的论战中明确表示:"社会组织和生产事业,都必须有持续联合的方法,决不是一时乌合的勾当。"③ 因此,对于生活在社会之中的个人而言,社会组织的自由加入和自由退出不符合社会的秩序。

马克思主义者同无政府主义者之间的思想论战,不仅旗帜鲜明地划清了共产主义与无政府主义的界限,而且推动一大批受无政府主义影响的青年知识分子逐步转向马克思主义,在宣传社会主义思想的过程中树立起坚定的共产主义信仰。1921年5月,李达在《共产党》第4号上发表《无政府主义之解剖》,系统回顾和梳理了无政府主义的起源和派别,并对斯体奈、蒲鲁东、巴枯宁和克鲁泡特金的无政府主义进行了最为透彻、有力的批驳,奉劝相信无政府主义的朋友们"不要耗费有益的精神",若要从事革命的事业,应该选择马克思主义作为"能够作战的新势力"④。随着宣传阵地的不断扩大,马克思主义与登上中国政治舞台的无产阶级愈加紧密地结合在一起,中国共产党正式成立的思想和组织条件也已经基本具备。

四 结语

共产主义是无产阶级改变世界的不懈追求,是先进知识分子联系工农群众的政治理想,更是千万受压迫民众获得自身解放的行动向导。建党前夕,共产主义信仰的确立明确回答了中国社会需要什么主义、不要什么主义,中国知识分子和广大无产阶级应该信什么、不信什么的问题。这不仅为中国共产党的成立和中国无产阶级革命运动的开展奠定了思想上的基础,更使我们党"从它一开始,就是一个以马克思列宁主义的理论为基础的"⑤ 无产阶级的先进政党。

---

① 田诚:《共产主义与智识阶级》,汉口,1921,第7页。
② 《李大钊全集》第3卷,人民出版社,2013,第327页。
③ 《陈独秀文集》第2卷,人民出版社,2013,第181页。
④ 江春:《无政府主义之解剖》,《共产党》1921年第4号。
⑤ 《毛泽东选集》第3卷,人民出版社,1991,第1093页。

马克思恩格斯国家价值观探究

张晶晶

【摘　要】马克思恩格斯在对黑格尔理性国家的反思与驳斥中开启对国家价值的探究，并在对资产阶级国家的诘问与批判与对无产阶级专政的设想与建构中探究国家价值的"恶""善"之分。在此基础上，马克思恩格斯关于在无产阶级国家中发展生产力的国家价值实现路径、走向共同治理的国家价值追求、谋求人的解放的国家价值旨归这三重国家价值维度思想，展现了他们国家价值观深邃的理论内涵，亦是当代中国不断推进国家治理现代化的思想养料与资源。

【关键词】马克思；恩格斯；国家价值观；现代化

价值观是关于价值问题的总体观念，指的是价值主体（人）对价值客体的认识、理解、评价和反映，以及对未来发展目标和理想的追求。在此语境下，通过对马克思恩格斯国家理论的探究，马克思恩格斯国家价值观应是他们对国家价值这一概念和问题的理解与认识，以及他们对国家这一价值客体发展目标的设定。

从反思黑格尔的理性国家开始，马克思恩格斯通过对资产阶级国家的批判和对无产阶级国家的设计，不断深化对国家阶级压迫本质的认识及研究，并作出国家必然会走向消亡的科学预见。但是伴随着苏维埃社会主义共和国联盟、罗马尼亚社会主义共和国等社会主义国家的解体，部分对马克思恩格斯国家理论的质疑逐渐显现，他们质疑：马克思恩格斯在若干年前对资本主义国家价值的批判及对无产阶级国家（无产阶级专政）价值的设想还能否适应当代中国的发展需要？为回应这一质疑，我们有必要探寻马克思恩格斯的国家价值观，论证中国作为社会主义国家的国家价值。对马克思恩格斯国家价值观问题的探讨，既是对其国家理论的深化认识，也可为当代中国推进国家治理现代化提供理论

---

* 本文系教育部人文社会科学研究青年项目"政治仪式的意识形态功能研究"（22YJC710040）的阶段性成果。

** 张晶晶（1996~　），清华大学马克思主义学院博士研究生，主要研究方向为马克思主义基本原理。

指导与价值追求。

一 马克思恩格斯国家价值观的生成理路

马克思恩格斯对国家价值观的探究贯穿于其对国家问题的考察之中。以对黑格尔理性国家的反思与驳斥为起点,马克思恩格斯通过对资产阶级国家的诘问与批判,以及建构无产阶级专政国家蓝图,在对各种有关国家的观念进行多次筛选和无数次的验证后,形成了对国家价值问题的基本态度和根本看法。

(一) 在对黑格尔理性国家的反思与驳斥中开启对国家价值的探究

《莱茵报》时期,马克思对国家的看法依旧被黑格尔理性国家的光辉所笼罩,但他不是理性精神的绝对拥趸。在《〈政治经济学批判〉序言》中,马克思谈道:"1842—1843年间,我作为《莱茵报》的编辑,第一次遇到要对所谓物质利益发表意见的难事"①,其中"难事"便是普鲁士国家现实政治生活与黑格尔理性国家理论间的巨大反差。在观察新闻出版自由与林木盗窃法的辩论中,马克思意识到国家并非广大贫苦民众普遍利益的捍卫者,相反地,在特殊利益的绑架之下,国家制度会协助统治者侵占本应属于人民的公共舆论领域和赖以生存的林木资源。在对摩泽尔地区的贫困问题实地调查后,马克思揭露了行政制度的官僚主义对人民利益的漠视。随着对当时普鲁士现实国家的深入了解,马克思在对理性主义国家观的反思中突破了唯心主义的局限,他将"国家应该是政治理性和法的理性的实现"②中的受益主体置换为人民。在这一时期,马克思创造性地提出创建人民报刊、实行人民代议制、破除官僚制度等为广大民众争取利益的政治思想,凸显其在对国家制度问题思考中的人民性价值旨归,为他后来对国家价值的研究锚定了最终目标。

马克思发现了黑格尔理性国家同现实的矛盾——"观念变成了主体,而家庭和市民社会对国家的现实关系被理解为观念的内在想象活动"③,意识到"实际上,家庭和市民社会都是国家的前提,它们才是真正活动着的;而在思辨的思维中这一切却是颠倒的"④。在主动廓清了黑格尔将主客体颠倒而得到的"国家决定市民社会"的错误结论后,马克思发现黑格尔无法解决市民社会与政治国家间的根本矛盾,即追逐个人私利的市民社会如何会将代表普遍利益的国家作为自身的追求。由此,马克思通过对黑格尔国家观念的驳斥,重新确立了

---

① 《马克思恩格斯全集》第31卷,人民出版社,1998,第411页。
② 《马克思恩格斯全集》第1卷,人民出版社,1995,第118页。
③ 《马克思恩格斯全集》第3卷,人民出版社,2002,第10页。
④ 《马克思恩格斯全集》第3卷,人民出版社,2002,第10页。

"国家是从作为家庭的成员和市民社会的成员而存在的这种群体中产生"①的观念，并将对国家问题的研究眼光从思辨唯心主义的角度转换到社会经济生活。马克思反对黑格尔君主立宪制的政治设想，指出"民主制是一切形式的国家制度的已经解开的谜"②，人民才是国家制度的最终制造及制定者。基于此，马克思认为"国家的职能等等只不过是人的社会特质的存在方式和活动方式"③，国家的存在价值在于维护现实个人的社会特质，即人民的共同意志和共同利益，这也推动了马克思对国家价值探究的展开与深化。

（二）在对资产阶级国家的诘问与批判中探究国家价值之"恶"

马克思恩格斯的国家价值思想诞生且发展于资产阶级国家"突飞猛进"的时代，生产力的迅猛发展与物质财富的大量积累使资产阶级国家呈现一派繁荣的表象。马克思恩格斯并未被虚幻的表现遮蔽双眼，而是立足于广大人民立场，以诉诸实践的姿态、辩证分析的眼光，从现实层面对资产阶级国家进行诘问与批判。正如恩格斯在《家庭、私有制和国家的起源》中对国家何以产生的科学论断："国家是承认：这个社会陷入了不可解决的自我矛盾，分裂为不可调和的对立面而又无力摆脱这些对立面。而为了使这些对立面，这些经济利益互相冲突的阶级，不致在无谓的斗争中把自己和社会消灭，就需要有一种表面上凌驾于社会之上的力量，这种力量应当缓和冲突，把冲突保持在'秩序'的范围以内；这种从社会中产生但又自居于社会之上并且日益同社会相异化的力量，就是国家。"④ 在发现了国家的阶级性本质后，马克思恩格斯逐渐揭露隐蔽在资产阶级国家繁荣之下的其国家价值之"恶"——虚假性、压迫性、滞后性。

在资产阶级革命后，资产阶级国家将平等、民主、自由等价值以立法的形式确立为个人的政治权利，并表露出以"自由，平等，博爱"作为国家价值追求的姿态。但在现实的政治生活中，资产阶级国家却以私有财产为前提划分政治权利而将广大民众排除在外——"政治上的权力地位是按照地产来排列的。现代的代议制国家的选举资格，也是这样"⑤。资产阶级国家的法律和制度实际上是反映和服务于资本主义经济基础的，其通过法律手段将阶级分化和阶级差异合法化，即便在资产阶级国家中存在一些象征性的平等原则，这些原则也被实质性的阶级利益所削弱。马克思在《路易·波拿巴的雾月十八日》中对资产阶级宪法的虚伪做了充分的揭示："宪法的每一条本身都包含有自己的对立面，

---

① 《马克思恩格斯全集》第3卷，人民出版社，2002，第12页。
② 《马克思恩格斯全集》第3卷，人民出版社，2002，第39页。
③ 《马克思恩格斯全集》第3卷，人民出版社，2002，第29页。
④ 《马克思恩格斯选集》第4卷，人民出版社，2012，第186~187页。
⑤ 《马克思恩格斯选集》第4卷，人民出版社，2012，第189页。

包含有自己的上院和下院：在一般词句中标榜自由，在附带条件中废除自由。"① 由此看来，当巨大的阶级鸿沟依旧存在于社会生活和经济活动中时，资产阶级国家这个虚幻共同体所代表的价值的虚假性便显露无遗。

因此，资产阶级国家在马克思恩格斯看来"不过是管理整个资产阶级的共同事务的委员会罢了"②。资产阶级国家权力的实际运作服务于资本家阶级整体的利益而非全体社会发展，国家治理的根本目的在于维护其自身的私有财产与实现资本增值。不同于封建阶级将剥削隐藏在政治的崇拜与宗教的麻痹当中，资产阶级攫取工人劳动剩余价值的剥削更加赤裸，并毫不隐藏自己的野心，资本生产不断扩张，工人却并未因此获益，于是社会贫富差距日渐扩大，当资本家与劳动者之间的阶级对立愈发扩大时，资产阶级国家便会变成"资本借以压迫劳动的全国政权，变成了为进行社会奴役而组织起来的社会力量，变成了阶级专制的机器"③。而且随着阶级斗争的深入，当工人的自我意识觉醒并开始为自身争取权益而威胁到资产阶级的利益时，资产阶级为了继续保持自身的社会地位及剥削优势，会毫不犹豫利用国家力量对觉醒的工人阶级进行镇压，资本主义国家政权的虚伪面纱将会掉落，国家政权的纯粹压迫性质将会愈发明显地展露。

马克思恩格斯并未否认资产阶级国家在历史发展中对社会生产力的推动作用，但随着社会生产力的继续发展，以生产资料私人占有为经济基础的资产阶级国家已经"不能再支配自己用法术呼唤出来的魔鬼"④，因为对私人利益追逐的本质，资产阶级国家推动生产的目的是不断实现资本增值，而这种单一的追求无法根本解决资本主义商业危机、多次的生产过剩危机、社会阶级矛盾不断恶化、工人阶级境遇愈发悲惨这一系列问题。正如《资本论》中对资本主义生产过剩问题的剖析："这种过剩本身并不是什么祸害，而是利益；但在资本主义生产下，它却是祸害。"⑤ 随着技术的进步和生产力的提高，资本主义使生产力的发展受到狭隘的私人所有权及竞争的束缚，这制约了生产力的全面释放。因此，资产阶级私有制在面对不断发展的生产力时会变得愈发狭隘，无法实现生产力的充分发展和社会的全面进步。当社会生产力的发展超出私有制生产关系的容纳限度后，资产阶级国家便会成为阻碍社会生产力发展的寄生赘瘤，展露出其与社会发展难以协调一致的滞后性。

---

① 《马克思恩格斯文集》第2卷，人民出版社，2009，第484页。
② 《马克思恩格斯文集》第2卷，人民出版社，2009，第33页。
③ 《马克思恩格斯文集》第3卷，人民出版社，2009，第152页。
④ 《马克思恩格斯选集》第1卷，人民出版社，2012，第406页。
⑤ 《马克思恩格斯文集》第6卷，人民出版社，2009，第525页。

(三) 在对无产阶级专政的设想与建构中探究国家价值之"善"

对于更替的不同的社会发展形态,马克思恩格斯主张在批判中继承。因此他们并非在以纯粹批判的态度指出资产阶级国家的弊病后,就全盘否定其存在的历史价值,正如恩格斯在《论权威》中所言:"把权威原则说成是绝对坏的东西,而把自治原则说成是绝对好的东西,这是荒谬的。"① 作为政治共同体而存在的国家,管理公共事务和保障公共利益也是国家的职能,是国家确保自身存在及发展的必要前提。马克思恩格斯正是在撕开资产阶级国家虚假面纱,就国家的发展、本质进行研究后,才对无产阶级国家的设想与建构有了进一步理解,并在此过程中展现对国家价值之"善"——社会性、过渡性、人民性的探究。

马克思恩格斯认为国家是作为调和阶级矛盾、维护统治阶级利益的工具而诞生并存在的,维护自身统治和维持政治秩序的政治职能是国家的根本职能,但这并不意味着国家价值的展现方式只有政治职能这一单一的形式。国家也需要"执行由一切社会的性质产生的各种公共事务"②,即行使调整公共关系、维护公共生活的社会管理职能。当社会民众能够真正掌握政治权力时,资产阶级对其的政治压迫将随之消失,"这就是说,公共职能将失去其政治性质,而变为维护真正社会利益的简单的管理职能"③。在无产阶级国家中,马克思认为要以科学的态度对待从国家职能中保留下的社会职能。恩格斯则提出可以借助权威力量将社会中的个体凝聚起来,以维持国家的运转——任何组织的正常运转,都需要一个"起支配作用的意志","不论体现这个意志的是一个代表,还是一个受托执行有关的大多数人的决议的委员"④。国家的社会性价值便体现为利用国家政权镇压阶级敌人以巩固革命果实,运行国家机器发展生产力,为达到共产主义社会提供必要基础、促进社会和谐共同发展等。

马克思在《哥达纲领批判》中创造性地指出,以无产阶级革命专政形式存在的国家可以成为从资本主义社会向共产主义社会过渡的阶段,无产阶级国家在此时具有过渡性的特征,因为"在革命之后,任何临时性的政局下都需要专政,并且是强有力的专政"⑤。过渡阶段的复杂性和不确定性需要国家在社会变革中发挥关键作用。在《1848年至1850年的法兰西阶级斗争》中,马克思对过渡阶段无产阶级专政的任务做了相应总结,"这种专政是达到消灭一切阶级差

---

① 《马克思恩格斯选集》第3卷,人民出版社,2012,第276页。
② 《马克思恩格斯选集》第2卷,人民出版社,1995,第510页。
③ 《马克思恩格斯选集》第3卷,人民出版社,2012,第277页。
④ 《马克思恩格斯文集》第3卷,人民出版社,2009,第337页。
⑤ 《马克思恩格斯选集》第1卷,人民出版社,2012,第437页。

别，达到消灭这些差别所由产生的一切生产关系，达到消灭和这些生产关系相适应的一切社会关系，达到改变由这些社会关系产生出来的一切观念的必然的过渡阶段"①。这表明，无产阶级专政在过渡阶段的任务不仅仅是政治上的变革，更是对整个社会结构和意识形态的深刻改变。历史的发展是连续且承上启下的，过渡阶段的国家既是改革的主体也是被改革的对象，它在保留了资产阶级国家的部分特征基础上，被赋予了引领社会变革的责任——消灭阶级差别、资本主义生产关系、资本主义政权等，从而为实现共产主义不断积累经验。

无产阶级专政国家虽然依旧行使部分国家职能，但是它已经跳出资产阶级国家的窠臼，行使国家职能与发挥社会功能均服务于"建立自由人联合的真正共同体"这个终极目标，国家价值的根本旨归在于人民性。无产阶级通过政治革命成为国家的统治阶级，这里的"统治"并不是过去压迫性的统治，而是为了不再被压迫而进行的统治。在这个演变中，统治的主体发生了根本性的变革，由过去的资产阶级转变为人民。社会成员不再是被动的接受者，而成为国家公共事务的管理者，民主、自由的真实拥有者，这意味着每个人都有权参与国家事务的决策，都能够参与塑造国家的未来。国家则通过推动一系列政策和改革，致力于实现社会资源的合理分配、社会服务的公平提供，以确保广大人民在国家的发展中能够共享成果。国家的发展不再仅仅服务于一小部分人，而真正以广大人民的利益为出发点，促进社会的整体繁荣，从而走向共产主义社会以实现人的全面解放。

二 马克思恩格斯国家价值观的理论内涵

在对资产阶级国家价值与无产阶级国家价值的"恶"与"善"进行考察后，马克思恩格斯从三个关键维度揭示了对无产阶级国家价值的思考。这三个维度包括在无产阶级国家中发展生产力的国家价值实现路径、走向共同治理的国家价值追求、谋求人的解放的国家价值旨归，展现了他们国家价值观深邃的理论内涵。这些理论内涵不仅仅在于对资产阶级国家价值的分析和批判，更揭示了无产阶级国家应当如何在不同层面发挥价值。

(一)"劳动的解放"：推动生产力发展的国家价值实现路径

在《法兰西内战》中，马克思将无产阶级专政国家的现实载体——巴黎公社的伟大目标设定为"劳动的解放"，并提出为实现这一目标要摒弃资产阶级国家的劣性而发挥社会主义国家自身的真正价值。那么劳动该如何解放？我们

---

① 《马克思恩格斯文集》第 2 卷，人民出版社，2009，第 166 页。

可以从马克思对拉萨尔"劳动是一切财富和一切文化的源泉"的批判中窥见答案,他认为这一说法只有在"劳动具备相应的对象和资料的前提下是正确的"①。因为"劳动者在经济上受劳动资料即生活源泉的垄断者的支配,是一切形式的奴役的基础,是一切社会贫困、精神沉沦和政治依附的基础"②。因此,国家应当从废除生产资料私有制和促进人的自由联合劳动出发,实现"劳动的解放",从而促进生产力发展。在《共产党宣言》中马克思恩格斯高度概括了无产阶级国家发展生产力的关键:"无产阶级将利用自己的政治统治,一步一步地夺取资产阶级的全部资本,把一切生产工具集中在国家即组织成为统治阶级的无产阶级手里,并且尽可能快地增加生产力的总量。"③ 国家可以利用政权优势在将生产资料变为国家财产的基础上废除生产资料私有制,使劳动生产挣脱私有制的束缚,消解生产劳动的剥削性阶级属性,改变对剩余价值一味追求的情况,让人民在劳动中发展自我价值,在推动生产力发展中实现自我进步。

通过对分工产生的劳动异化现象的研究,马克思明确表示要将劳动从片面化的分工中解放出来,以个人拥有生产资料并且能够自由联合进行生产的个人所有制取而代之。由于现实条件限制,在无产阶级专政阶段还无法完全达到个人对生产资料的彻底占有,但可以通过按劳分配来实现个人对生产资料的部分占有。国家在这一阶段可以充当"一种形式的一定量劳动同另一种形式的同量劳动相交换"④ 的中介,保证分配原则是以"同一尺度——劳动——来计量"⑤,这就摆脱了资产阶级通过占有生产资料而剥削劳动者的困境。在生产资料私有制废除后,原有的生产方式也需要随之改变,应以"自由的联合的劳动条件去代替劳动受奴役的经济条件"⑥,也就是在废除分工后,人民可以依据自己的意愿、能力、兴趣,通过自由选择来组成合作社进行生产。此时,需要国家制定相应的制度与计划,在全国范围内对联合生产进行协调合作,维护生产秩序,以避免全国生产出现无政府状态和陷入周期性动荡,由国家进行劳动监督,防止生产资料的非法占有与剥削雇佣劳动的再次出现。

(二)"政权的收归":走向共同治理的国家价值追求

无产阶级在取得统治权后,必须"打碎旧的国家政权而以新的真正民主的国家政权来代替"⑦。不同于资产阶级国家这个维护统治阶级特殊利益的"虚假

---

① 《马克思恩格斯文集》第 3 卷,人民出版社,2009,第 428 页。
② 《马克思恩格斯文集》第 3 卷,人民出版社,2009,第 226 页。
③ 《马克思恩格斯选集》第 1 卷,人民出版社,2012,第 421 页。
④ 《马克思恩格斯文集》第 3 卷,人民出版社,2009,第 434 页。
⑤ 《马克思恩格斯文集》第 3 卷,人民出版社,2009,第 435 页。
⑥ 《马克思恩格斯文集》第 3 卷,人民出版社,2009,第 198 页。
⑦ 《马克思恩格斯文集》第 3 卷,人民出版社,2009,第 111 页。

共同体",无产阶级国家是在将政权收归社会后,由人民重新组建的、代表人民意志的共同体,这种"人民获得社会解放的政治形式"就是"人民群众把国家政权重新收回,他们组成自己的力量去代替压迫他们的有组织的力量"①,国家的价值追求也就体现为促进人民通过共同治理实现社会解放。实现人民对国家的共同治理是一个庞大而复杂的过程,其中真正的普遍民主和高效的政治机构是关键。国家在保障普选制的施行中可以发挥重要作用,其通过行政措施确保公职人员由人民参与选出,使"所有的公职——军事、行政、政治的职务变成真正工人的职务,使它们不再归一个受过训练的特殊阶层所私有"②,而且公职人员要随时接受人民的监督、罢免和撤换,以确保其在任期内不背离人民的期望,真正服务于广大人民的利益。无产阶级国家亦是同时兼管行政和立法的工作机关,议行合一的政权组织形式能够将代表人民共同治理意志的政策正确地付诸实践,达成"使前进成为国家制度的原则,从而必须使国家制度的实际承担者——人民成为国家制度的原则"③ 的设定。将治理国家的权力交还人民,使国家政权能够真实地服务于人民的需求,从而推动社会向共产主义的理想目标迈进。

在马克思恩格斯的视域下,国家具有政治统治与社会管理的双重职能,而且国家的"政治统治到处都是以执行某种社会职能为基础,而且政治统治只有在它执行了它的这种社会职能时才能持续下去"④。国家的社会管理功能是持续维护政治统治的基础与前提。随着无产阶级国家政权的建立,国家中统治阶级借以压迫人民的政治统治职能会随之消散,但"由于国家的一般的共同的需要而必须执行的职能"则会被创造性的保留,无产阶级国家中的社会管理职能将会由被组织起来的人民执行,其功能作用将转变为促进社会发展、推动人民参与对国家的共同治理。首先,国家可通过推行国民教育提升人民参与国家治理水平,正如"共产党一分钟也不忽略教育工人尽可能明确地意识到资产阶级和无产阶级的敌对的对立……开始反对资产阶级本身的斗争"⑤。并且无产阶级国家的教育是免费的公共教育,是惠及全体社会成员的义务教育,教育的目的是提升人民的文化水平与认知能力。其次,在废除了压迫人民的物质力量——资产阶级的常备军和警察后,国家应通过发展人民武装力量来维护国内的社会秩序和国外的国家安全。虽然推翻了资产阶级政权,但社会内部依然存在不稳定因素,可能会出现一些反动势力妄图破坏社会和平的情况。因此,建立强大而

---

① 《马克思恩格斯文集》第3卷,人民出版社,2009,第195页。
② 《马克思恩格斯文集》第3卷,人民出版社,2009,第197页。
③ 《马克思恩格斯全集》第3卷,人民出版社,2002,第72页。
④ 《马克思恩格斯文集》第9卷,人民出版社,2009,第187页。
⑤ 《马克思恩格斯选集》第1卷,人民出版社,2012,第434页。

高效的人民武装力量对于国家的长期稳定至关重要。无产阶级国家的武装力量能够深刻理解并服务于人民的根本利益，确保社会的和谐与安定。再者，我们可以根据马克思在《哥达纲领批判》中对社会总产品设置的六大扣除原则发掘出国家在社会保障中的功能作用，如应对灾害事故、增加公共设施建设、扶贫济困等。恩格斯在《论未来的联合体》中也表明，未来的联合体要将经济发展与"对共同的社会福利的关心"① 结合起来，虽然国家不是联合体的最终形态，但国家可以成为人民共同利益的捍卫者，在社会福利发展和人民权益保障方面，国家仍然可以发挥积极作用。

（三）"人的自由发展"：谋求人的解放的国家价值旨归

自莱茵报时期马克思强调"哲学是阐明人权的，哲学要求国家是合乎人性的国家"②，国家应是"相互教育的自由人的联合体"③，到1894年恩格斯被请求对未来社会主义社会进行描述时，他的表述依旧是"代替那存在着阶级和阶级对立的资产阶级旧社会的，将是这样一个联合体，在那里，每个人的自由发展是一切人的自由发展的条件"④。不难发现，在马克思恩格斯思想发展的不同阶段，其在对国家理想形态的表述中，始终贯穿对实现"人的自由发展"这一终极目标的坚持，认为国家必须符合人性的本真特征，服务于人的全面发展。因此，无产阶级国家追求的价值旨归应当在于，谋求人的解放从而实现"人的自由发展"。

介于国家的阶级性限制，无产阶级国家无法直接成为共产主义联合体，但"既然是环境造就人，那就必须以合乎人性的方式去造就环境"⑤，国家可以被改造为促进人的解放的共同体，通过对国家角色的重新定义，使其不再是剥削阶级的工具，而是为人的幸福、自由而存在的组织形式，朝着"只有在共同体中，个人才能获得全面发展其才能的手段，也就是说，只有在共同体中才可能有个人自由"⑥ 这一原则性目标努力。在真正的共同体中，人类以个体与集体两个形式存在，个体通过社会交往联合为共同体，共同体则是个体获得真正自由解放的中介；个体在共同体中自给自足，共同体不因个体的差异而分裂。⑦ 马克思恩格斯的共同体思想使无产阶级国家与个人的关系得以重新架构，国家与个人、个人与个人之间不再是二元对立，而是"在真正的共同体的条件下，各

---

① 《马克思恩格斯全集》第28卷，人民出版社，2018，第208页。
② 《马克思恩格斯全集》第3卷，人民出版社，1995，第225页。
③ 《马克思恩格斯全集》第1卷，人民出版社，1995，第217页。
④ 《马克思恩格斯选集》第1卷，人民出版社，2012，第422页。
⑤ 《马克思恩格斯文集》第1卷，人民出版社，2009，第335页。
⑥ 《马克思恩格斯选集》第1卷，人民出版社，2012，第199页。
⑦ 梁宇：《走向共同体治理：马克思的国家治理思想及其当代启示》，《社会主义研究》2018年第1期。

个人在自己的联合中并通过这种联合获得自己的自由"①,是一种良性协作、相互促进的互动模式,"个人以整体的生活为乐事,整体则以个人的信念为乐事"②。国家不再是单一权威的体现,不再是独立于个体之外的抽象概念,而是由自由的个体共同参与、共同决策的联合体,是个体自由发展的支持者和保障者,从而实现人的个体和集体的和谐发展。生产力的大力发展、共同治理的民主实践和社会保障使国家中的个人普遍参与国家事务成为现实。个人在参与共同治理的过程中发挥自身价值,并为更好地参与共同体事务而不断提高个人的综合能力。国家也会为追求"每个人的自由发展是一切人的自由发展的条件"③,充分营造互惠互利的社会氛围。在这种社会氛围中,人不再将他人视为工具,人与人之间支配或控制的关系被尊重和认可替代,民众在帮助他人实现需要和目标后,自身也获得相应的发展。参与国家治理的个人的能力不断提升将给国家发展带来正反馈效应,更富有创造力和积极性的个体参与国家建设,将为国家提供更多的创新力量和智慧。国家机构在更加和谐的社会氛围中也能够更加高效地履行职能、更好地解决社会问题,从而进一步推动整个国家走向繁荣和进步。

三 马克思恩格斯国家价值观的当代意义

马克思恩格斯的国家价值观不是纯粹抽象与思辨的理论体系,而是彰显实践价值光辉的科学理论。马克思恩格斯对国家价值观问题的关注并未停留于理论层面,而是致力于探索国家在实现共产主义的过程中所发挥的现实作用。马克思恩格斯对国家价值观问题的思考始终贯穿于对社会演变和历史进程的深刻洞察中,马克思主义理论的实践性与科学性在他们的国家价值观中得到生动展现,为新时代中国的国家治理提供了重要的理论指导。在现实背景下,领悟马克思恩格斯的国家价值观,能够让我们更好地理解国家在社会建设中的角色,进而推动国家治理能力现代化,为中国特色社会主义事业的不断发展提供科学依据。

(一)充分发挥国家在推动社会生产力发展中的作用

从"劳动的解放"来看,马克思恩格斯将发展生产力设定为无产阶级国家的先行目标,并提出一系列超越资产阶级生产关系的生产方式。自1949年新中国成立至今,我国对如何发展生产力进行了持续的探索,从"发展生产力""科

---

① 《马克思恩格斯选集》第1卷,人民出版社,2012,第199页。
② 《马克思恩格斯全集》第1卷,人民出版社,1995,第217页。
③ 《马克思恩格斯选集》第1卷,人民出版社,2012,第422页。

学技术是第一生产力""先进生产力""科学发展观""创新驱动发展"到习近平总书记最新提出的"新质生产力",我国始终将马克思主义理论与中国的最新实际相结合,体现国家在推动社会生产力发展中的关键作用。观照现实,党的二十大报告将"社会主义市场经济体制更加完善,更高水平开放型经济新体制基本形成"① 列为我国在全面建设社会主义现代化国家开局阶段的主要目标任务之一。生产力的发展需要经济制度保驾护航,因此我国应当加快转变经济发展方式,推动建设现代化经济体系。这是我国经济社会领域的一场深刻变革,需要国家发挥好领航员的作用,对发展的全面性、协调性、可持续性进行统筹把握。不同于资本主义国家发展生产力是为了追逐私利的资本逻辑,我国作为社会主义国家,需要发挥国家的管理职能,从生产关系出发,废除私有制、改革和创新社会主义公有制,确保公有制主体地位和国有经济主导地位,充分发挥市场在资源配置中的决定性作用,提升市场体系标准,促进全要素生产率提升。

此外,马克思在《哥达纲领批判》中提出的"按劳分配"原则也表明,处理好分配问题是社会主义国家必须承担的责任之一。在党的十三大报告中,首次全面阐述了社会主义初级阶段理论,并明确了"以按劳分配为主体,其他分配方式为补充"的分配原则。随着历史的发展,我国形成了以按劳分配为主体、多种分配方式并存的分配制度。单纯依赖价格机制调节资源分配,贫富差距反而容易扩大,因此需要国家在其中发挥作用,夯实多劳多得与按要素贡献分配相结合的初次分配制度,并通过税收、社会保障等再分配机制进行补充分配,以适配我国目前城乡、区域间发展不平衡的现实问题,同时规范慈善公益事业的发展,让"道义之手"更好地助力社会发展。国家对分配制度的不断改进优化,最终还是为了平衡好效率与公平的天秤,逐步建立以权利公平、机会公平、规则公平为主要内容,以共同富裕为追求目标的社会经济保障体系。

(二)充分发挥国家在推进全过程人民民主中的作用

从"政权的收归"来看,马克思恩格斯对国家中真正民主的高度重视和对人民参与社会治理的高度推崇,启示当代中国应在中国共产党的领导下切实推进全过程人民民主、不断完善现代化多元共治格局。在《黑格尔法哲学批判》中,马克思就指出"政治制度到目前为止一直是宗教领域"②。如何让民主从宗教的天国真正地踏上尘世的土地?那就是使人民真正成为国家制度的制定者与实践者。在面对14亿多人口如此庞大的民主参与基数下,关于国家如何确保"真正的民主",我国给出了"全过程人民民主"的科学答案。首先,国家逐步

---

① 习近平:《高举中国特色社会主义伟大旗帜 为全面建设社会主义现代化国家而团结奋斗——在中国共产党第二十次全国代表大会上的报告》,人民出版社,2022,第25页。
② 《马克思恩格斯全集》第3卷,人民出版社,2002,第42页。

建立与完善了一系列与全过程人民民主配套的专项制度、程序规则等，形成制度体系，勉力推动"全过程人民民主制度化、规范化、程序化水平进一步提高"①，促使全过程人民民主落地实践有切实的执行参考和规范标准，并通过国家权威保障民主实践的有序进行，使科学有效的制度安排转化为具体现实的民主实践。其次，民主理念不是天然生发于人民群众的思想之中的，需要通过改变人民的思想观念，"使人能够作为不抱幻想而具有理智的人来思考，来行动，来建立自己的现实"②。推进民主实践需要国家大力倡导全过程人民民主理念，促使民主理论真正为人民所理解，使民主理念真正在人民中入脑入心。从中央、地方到基层，从党员干部到人民群众，从传统媒体到新媒体，民主理念的层层推进必须国家参与其中，方能确保民主理念的正确性、科学性和传播的广泛性、深入性，这是民主实践的必要条件和不竭的动力。同时，国家要确保人民完整地参与民主实践，以超越西方"选举民主"是不同团体间利益斗争的基本运行逻辑，跳脱出"投票式民主"的间歇性活跃困境，鼓励并推动全体人民依法通过多种途径和形式，实行民主选举、民主协商、民主决策、民主管理、民主监督等，让人民的民主实践贯穿于国家治理的每一个环节，从立法、行政到社会生活，从政治、经济、文化等多个方面，都有人民参与的身影，真正实现"人民治理自己的国家"。

（三）充分发挥国家在推进人的现代化中的作用

从"人的自由发展"来看，马克思恩格斯坚持将人的解放作为国家的价值旨归，国家发展的最终目的是从经济、政治、文化、社会等多个方面为人的解放创造条件，这一思想昭示当代中国应坚持"人民至上"，以人民为中心，积极促进人的现代化。社会主义国家与资本主义国家最本质的区别之一就在于，社会主义国家的发展成果由全体人民共享，能够切实地保障人民自由发展所需要的物质基础及精神力量，正如党的二十大报告中指出的："坚持以人民为中心的发展思想。维护人民根本利益，增进民生福祉，不断实现发展为了人民、发展依靠人民、发展成果由人民共享，让现代化建设成果更多更公平惠及全体人民。"③ 积极促进人的现代化是通向"人的自由发展"的路径之一，而人的现代化涉及多个方面，是思想观念、文化素养、工作能力、精神境界、生活方式等多方面的共同发展。因此，在实现人的现代化的道路上，一是需要国家把握社

---

① 习近平：《高举中国特色社会主义伟大旗帜　为全面建设社会主义现代化国家而团结奋斗——在中国共产党第二十次全国代表大会上的报告》，人民出版社，2022，第25页。
② 《马克思恩格斯文集》第1卷，人民出版社，2009，第4页。
③ 习近平：《高举中国特色社会主义伟大旗帜　为全面建设社会主义现代化国家而团结奋斗——在中国共产党第二十次全国代表大会上的报告》，人民出版社，2022，第19页。

会发展方向和角度。我国的社会主义建设布局从最初的"两手抓"到"三位一体""四位一体""五位一体",都体现国家对推动社会发展的科学探索、对社会全面发展的科学认识。二是需要国家加强社会各方力量的合作和联系,实现资源整合与共享,实现资源利用效益最大化、资源分配合理化。如我国地区发展水平不同,教育资源的区域配置还存在差距,若是在资本主义以逐利为本质的发展原则下,西部地区的教育投入产出比较低,教育资源只会愈发向发达地区倾斜而忽略西部等欠发达地区,但在我国"以人为本"的核心发展理念下,政府则会加大对欠发达地区的教育投入并协调教育资源的再次分配。三是在推进人的现代化中,社会关系纷繁复杂,国家能够协调加强各社会阶层的联系,努力弥合分歧,理顺政府、社会、个体三者之间的关系,形成善治,构建国家和社会的良性互动,充分调动不同群体的活力,让人民在参与"人人有责、人人尽责、人人享有的社会治理共同体"[1]中充分利用社会资源,并在推动国家发展的路程中实现自我发展。同时,人的自由发展是一个具有阶段性的长期过程,在这个过程中,个体需要以正向反馈激励自我,国家需要通过从全能型政府转变为服务型政府,做到事事有回应、件件有着落,及时反馈,让人们真切体会到治理的参与感、成就感,从而"保证全体人民在共建共享发展中有更多获得感"[2]。

四 结语

从马克思恩格斯对国家问题的研究中,可以梳理总结出他们对资产阶级国家虚假性、压迫性、滞后性的批判,以及对无产阶级国家社会性、过渡性、人民性的设定。通过对国家性质的理解,对马克思恩格斯国家价值观的探究可以从以下三个方面开展:国家价值的实现路径应为大力推动生产力发展、国家价值的目标追求应为推动社会走向共同治理、国家价值的最终旨归应为谋求人的解放。照应现实,在马克思恩格斯国家价值观指引下,我国的国家治理亦需要不断完善经济体制、优化分配原则,以促进生产力发展;坚持推进全过程人民民主,不断完善现代化多元共治格局;以人民为中心,发挥国家力量促进人的现代化。新时代,面对世界百年未有之大变局,我们应当进一步挖掘马克思恩格斯的国家价值观思想与当代中国国家治理的耦合联系,使其成为我国不断推进国家治理现代化的思想养料与资源。

---

[1] 习近平:《高举中国特色社会主义伟大旗帜 为全面建设社会主义现代化国家而团结奋斗——在中国共产党第二十次全国代表大会上的报告》,人民出版社,2022,第54页。
[2] 《习近平谈治国理政》第3卷,外文出版社,2020,第18~19页。

Fudan Marxist Review

Table of Contents & Abstracts

Special Manuscript

The Modernization of China and the Chinese Path to Modernization　　　　Li Junru / 3

Abstract: Since the 18th National Congress of the Communist Party of China, the CPC has continuously promoted and expanded the Chinese path to modernization, and initially constructed the theory of Chinese modernization. The theory of Chinese modernization is closely linked with the history and reality of the modernization of China. The exploration of the modernization of China has always been closely intertwined with the great rejuvenation of the Chinese nation. The historical trajectory of China's modernization quest has gone through three stages: passive modernization, the ideological debate transforming passive modernization into active modernization, and active modernization. Especially, there have been three high tides of active modernization after the founding of the People's Republic of China. The concept of the "Chinese path to modernization" is generated and developed in the long-term exploration of Chinese modernization, and has gone through four stages: modernization that differs from "Europeanization" and "Westernization", "Chinese industrialization road", "Chinese-style modernization road" and "Chinese path to modernization". If we want to deepen our understanding of why China should promote the Chinese path to modernization, we need to sort out and deeply grasp the historical logic, practical logic and theoretical logic of Chinese path to modernization, so as to further promote the Party's practical and theoretical innovation and create a new form of human advancement.

Keywords: Modernization; National Rejuvenation; Chinese Path to Modernization

Research on Marxism In Contemporary China

The Grand Narrative of Scientific Socialism for Modernization　　　　Sun Li　Jiang Sheng / 21

Abstract: The emergence of scientific socialism is intricately tied to the process of modernization, constituting a significant chapter in the broader history of scientific socialism, as well as in the grand process of modernization. Marx and Engels wove their thoughts on modernization into the fabric of scientific socialism, while Leninism initiated the narrative of modernization for socialist states. With the practice within the country, the Chinese phase of scientific socialism has contributed to the socialist modernization. The 20th National Congress of the Communist Party of China, which represents scientific socialism, has provided a historic synthesis of human modernization, proclaiming the fundamental form and superiority of socialist modernization. This signifies that the modernization reflecting the righteous path for humanity inevitably guides the qualitative advancement of human civilization.

Keywords: Marxism; Scientific Socialism; Leninism; Chinese Path to Modernization

Chinese Modernization and Political Economy: A Historical Reflection

Zhou Shaodong　Chen Manqian / 36

Abstract: From the perspective of political economy, the coexistence of certain characteristics of the three social-economic forms- "relations of personal dependence," "personal independence founded on objective dependence," and "free individuality" -constitutes one of the prominent features of Chinese modernization in contemporary China. In light of this, an analysis has been conducted on the feature of "synchronicity" in terms of economic relations, ownership of the means of production, and income distribution among individuals in modern China. The conclusion is drawn that within the framework of "integrating the basic tenets of Marxism with China's specific realities and fine traditional culture," the basic tenets of Marxism expound the grand vision of scientific socialism, "China's specific realities" represent the objective reality of the socialist primary stage, and "China's fine traditional culture" reflects the historical stage of "relations of personal dependence." Therefore, embarking on the path of Chinese modernization necessitates a historical reflection on political economy centered around the concept of "two integrations." In this cognitive process, perspectives on the greater good and shared interests, the Tianxia system, the order of stratified closeness, centralization of authority, and the substantial theoretical legacy of the "first thirty years" after the establishment of the People's Republic of China provide us with invaluable intellectual resources.

Keywords: Chinese Modernization; Political Economy; Social-economic Forms; Integrating Tenets of Marxism with China's Specific Realities and Traditional Culture; "Two Combinations"

The Theoretical and Practical Innovation of "Technology-Modernization" in Chinese Modernization

Sun He / 47

Abstract: Modernization has been a collective choice of human society since the beginning of the modern era, and the technological revolution is a key variable that has influenced the process of modernization. The history of human modernization follows the evolutionary logic of "Technology-Modernization." The Communist Party of China has consistently emphasized the role and significance of technology in the Chinese modernization process, and has continuously deepened the understanding of the "Technology-Modernization" theory's scope. The party consistently promotes innovative advancements in the "Technology-Modernization" theory, giving it a distinctive Chinese character through the organic interaction of theory and practice. This effort propels Chinese modernization into a new journey to build a modern socialist country in all respects. The theoretical framework of "Technology-Modernization" not only explains the feasibility of Chinese modernization but also provides profound insights into its future. In the new journey of the new era, it is crucial to adhere to the Party's centralized and unified leadership over "Technology-Modernization," leverage the advantages of the new system for mobilizing resources nationwide, firmly occupy the commanding heights of technology, and sail Chinese modernization steadily into the future.

Keywords: Chinesemodernization; Technology-Modernization; New System for Mobilizing Resources Nationwide

From "Moderate Prosperity" to "Great Harmony": The "New Era" in the Critical Perspective of Political Economy
  — Refuting the Notion of "Dim Prospects for Communism"　　　　　　Ma Yongjun / 59

Abstract: The period preceding communist society is based on a scarcity economy, where people, for their livelihoods, are compelled to form various economic social formations, namely, the "civil society." Social life, political life, and spiritual life are all constrained by the mode of production or the means of livelihood. The entirety of human civilization, including economic, social, political, and cultural systems, is established to address scarcity issues. With the emergence of a relatively surplus economy, human history has entered a new era-the communist era. Communism is not the "end of history" but the end of the "prehistoric period of human society," the end of "civil society," and the beginning of "human society." Communism aims to address surplus issues, necessitating the establishment of a new civilization characterized by unity, solidarity, and cohesion-the new communist civilization. The entry of socialism with Chinese characteristics into a new era is marked by the new normal in the economy. Moving from comprehensive moderate prosperity to common prosperity, the economic challenge is precisely the surplus production of necessities and the difficulty in satisfying higher-quality and better-life needs. In this regard, the entry of socialism with Chinese characteristics into a new era aligns with the era of surplus economy in human history, leading towards communism. Although the communist path is lengthy, it is not "dim." Every step forward in the path of socialism with Chinese characteristics constitutes a stage or phase in humanity's progress towards communist society. Constructing a community with a shared future for humanity is not only an intrinsic requirement of the Chinese Communist Party's mission of "Four Comprehensive" but also an external manifestation of its internationalist obligations.

Keywords: Political Economy of the Working Class; History of New China; History of Human Social Development; History of International Communist Movement

Research on the Basic Principles of Marxism

Rethinking Several Issues of Marxism on the Law of the Development of Human Society　Chen Xixi / 77

Abstract: Clarifying the long-standing question-what is the law of the development of human society revealed by Marx-concerns the questions of whether historical materialism is dialectical determinism, the demonstration of the scientific basis of communist ideals, the grasp of the core essence and contemporary values of *The Communist Manifesto*, the theoretical defense of China's socialist revolution and reform and opening up, Xi Jinping's generalization of Marxism's nature and the understanding of the thought on the diversity of human civilization. Marx never proposed that the sequential development of "the five social formations" was universal in human society. Moreover, he repeatedly emphasized that his historical analysis of the origin of capitalism in Western Europe should not be misused as a general "philosophy of history". He, along with Engels, explicitly stated that the law of the development of human society is the law of the movement of social basic contradiction. The misinterpretation of the law of the development of human society revealed by Marx originated in Stalin's ideological discourse of defending the Soviet socialist model. At the present time, grasping the law of the development of human society revealed by Marx requires the application of historical dialectics, including the dialectical relationships between material and consciousness, between ideal and reality, between universality and particularity, as well as between the subjectivity of human and the objectivity of laws.

Keywords: Marx; Law of the Development of Human Society; Chinese-style Modernization

The Ultimate Concern of Marx's Theory of World History   Wu Hongzheng / 89

Abstract: In Marx's view, human beings do not pursue freedom and liberation for the sake of freedom and liberation, but rather for the permanent survival of the human species. In the idealistic worldview, western philosophy also perceives "freedom" as the ultimate value of human existence. But due to its idealistic stance, humans pursue freedom for the sake of freedom, negating the secular basis of freedom. This concept of freedom cannot guarantee the permanent survival of human species. Therefore, Marx reversed the western idealistic view of freedom and regarded "freedom and liberation" as the ultimate life value of the human species. In his view, only through "freedom and liberation" can the permanent survival of this species be achieved. Marx regarded the permanent survival of human species as the ultimate goal, and thus the process of world history is manifested as the dialectical process of human species seeking the path of permanent survival, which highlights the ultimate concern of Marx's theory of world history.

Keywords: Marx; Theory of World History; Liberal View

The Concept of Freedom in Marxist Ethics and its Three Usages   Li Yitian / 101

Abstract: "Freedom" is one of the fundamental topics of Marxist ethics. However, the normative validation or falsification of the concept of freedom must be based on the clarification of the connotation of this concept and its actual usage in the text written by Marx and Engels. For Marx and Engels, the concept of freedom includes at least three types of meanings: the rights as freedom, the emancipation as freedom, and the fulfillment as freedom. Marx and Engels expressed different normative attitudes towards those different usages, which brings about the complexity and richness of the concept of freedom in Marxist ethics.

Keywords: Marxist Ethics; Freedom; Rights as Freedom; Emancipation as Freedom; Fulfillment as Freedom

Uphold Fundamental Principles and Break New Ground: Engels' Theoretical Contributions to the Law of the Development of Human Society in His Twilight Years　　Li Guoquan　Qiu Youliang / 111

Abstract: It was challenging and complicated to insist on and develop Marxism on the law of the development of human society in Engels' twilight years. On one hand, the new generation of Marxist theorists and revolutionists came to grow up, promoted the widespread dissemination and vigorous development of the law of the development of human society. On the other hand, various incorrect arguments caused theoretical confusion inside and outside the Social Democratic Party of Germany, which led to the over-simplification and stigmatization of the law of the development of human society. Faced with these severe theoretical challenges, Engels insisted on defending and arguing for Marxism, as well as upholding fundamental principles and breaking new ground. He not only revealed in depth the dialectical essence of the movement of social basic contradiction, but also scientifically demonstrated the complexity of the realization of the law of the development of human society, as well as creatively elucidated the essence of the historical resultant force theory. In his twilight years' works, by upholding fundamental principles and breaking new ground, Engels vividly demonstrated the methodological principle of treating Marxism on the law of the development of human society, which provided important guidance for a correct understanding and treatment of the law of the development of human society.

Keywords: Engels' Twilight Years; the Law of the Development of Human Society; Marxism; Historical Materialism

Party History and Party Building Forum

On the Historical Position and Profound Significance of the Third National Congress of the Communist Party of China　　Xue Qingchao / 125

Abstract: The Third National Congress of the Communist Party of China is a key meeting at the critical moment of the development of modern Chinese history. It formally decided to establish a united front based on the cooperation between the Kuomintang and the Communist Party, and pioneered the development of the theory and practice of the united front. It is of great significance for the realization of the reunification of the motherland and the great rejuvenation of the Chinese nation in the new era of socialism with Chinese characteristics to study the historical experience of the practice of initiating the united front at the Third National Congress of the Communist Party of China.

Keywords: The Third National Congress of the Communist Party of China; KMT-CPC Cooperation; The United Front

Great Country Forum

The Theoretical Connotations and Contemporary Relevance of Marx's Theory of Technological Innovation
Zhang Runkun / 137

Abstract: In Marx's works, his thoughts on technological innovation can be summarized in three major aspects: social production, social subjects, and the social historical movement. Regarding social production, Marx elucidates the role of machinery in promoting the productivity of capitalist society. However, within capitalist relations of production, machines still play a negating role towards laborers, reinforcing exploitation and power relations in the capitalist world market. Concerning social subjects, technological innovation under capitalist conditions directly impacts laborers, leading to the abstraction of labor, increased labor intensity, and heightened class antagonism. But the essential source of subjectivity in technological innovation ensures that laborers retain agency. In terms of the social historical movement, technological innovation possesses liberating potential; technology can emancipate itself from capitalist social production and develop under new social conditions. The theoretical analysis of Marx's thoughts on technological innovation is crucial for contemporary reflections and critiques of new technologies, providing the necessary foundation for examining the social relations underpinning the emergence of new technologies.

Keywords: Technological Innovation; Social Production; Living Labor; General Intellect; Critique of Technology

Flexible Governance of Science and Technology Ethics: Model Anchoring, Institutional Characteristics, and Implementation Pathways
Li Ling Kuang Guangyao / 148

Abstract: With the implementation of multiple soft-law regulationss for the governance of science and technology ethics, China has preliminarily established a flexible and agile model for science and technology ethics governance. The flexible governance model of science and technology ethics inherits Marxist science and technology ethics, showcases the institutional advantages of socialism with Chinese characteristics, conforms to the basic laws of modern scientific and technological innovation activities, and follows the trend of international science and technology ethics governance. The flexible governance of science and technology ethics involves multiple stakeholders such as party committees, governments, science and technology organizations, universities and research institutes, enterprises, media, and the general public. It adopts flexible governance methods such as ethical review, consultation and dialogue, education and training, and supervision by public opinions to address cutting-edge issues in scientific and technological innovation, which is a typical example of soft-law governance. At present, China is still in a period of challenges and opportunities in terms of the governance of science and technology ethics. It is urgent to further leverage the institutional advantages of both morality and law, implement ethical review and supervision mechanisms, improve public consultation and communication mechanisms, facilitate public participation mechanisms, build a mechanism for science and technology ethics education, promote the deepening of flexible governance, and achieve greater self-reliance and strength in science and technology through responsible and benevolent technological innovation.

Keywords: Ethics of Science and Technology; Flexible Governance; Ethical Review; Institutional Advantages; Governing Both Morality and Law

How Should the Logic of Technological Progress Promote the Adaptation of Marxism to the Needs of Our Times?
—A Critique of Habermas' View of Science and Technology　　　　Liu Weibing / 164

Abstract: Technological progress has brought new challenges and opportunities for the adaptation of Marxism to the needs of the times. Facing the third wave of technological revolution, Habermas keenly captured the fact that the logic of technological progress has become a new type of ideology. From this, he believed that Marx's labour theory of value, productive forces and relations of production, and the theory of class contradiction and class struggle all needed to be newly interpreted. But at the root of this, Habermas has only grasped the phenomenon of the historical development, ignoring the fact that this phenomenon happens to be a proof of the materialist view of history revealed by Marx. Therefore, only a systematic and comprehensive critique of Habermas's view of science and technology can be conducive to better advancing the modernisation of Marxism in terms of Marxist discourse, innovation in ideological work, cultivation of class consciousness and the search for social consensus in the face of the fourth wave of the industrial revolution.

Keywords: Logic of Technological Progress; Habermas; Adapt Marxism to the Needs of Our Times; Ldeology

The Production of Relative Surplus Value, International Division of Labor, and China's Technological Progress　　　　Zhao Junfu / 175

Abstract: The production of relative surplus value is the main mechanism through which the market economy facilitates the development of social productive forces. The functioning of this mechanism at the international level gives rise to a highly unequal international division of labor and international unequal exchange of labor time. Since the 1990s, thanks to fast progress of its social productive forces, China's relative position in the international division of labor has been improving, despite the fact that China has kept a net outflow of labor time in the unequal exchange. The US relative position in the international division of labor has been falling to a certain extent, making up the context in which the United States initiated the trade war and attempted to slow China's technological progress. During the last decade, the rate of profit in China gradually decreased, rendering the growth of investment and the growth of labor productivity slower. The fundamental way out of this economic problem is that the state should mobilize and organize the forces of innovation to achieve greater self-reliance and strength in science and technology and speed up industrial upgrading.

Keywords: Technological Progress; Production of Relative Surplus Value; International Division of Labor; Rate of Profit

Research on Marxism Abroad

The Perspective of Practical Philosophy on the Nature of Space
　—A Study Based on the Thought of Lefebvre's Space　　　　Xia Yinping　Zhao Tong / 191

Abstract: There is a dark thread implicit in Lefebvre's space thoughts, namely practice. The philosophy of practice runs through the space thoughts of Lefebvre. The "instantaneity" thought, which is the logical prelude of Lefebvre's space philosophy, takes practice as the breakthrough point to break the traditional rational thinking mode, leverages the foundation of the unity and integrity of traditional philosophy, and realizes its internal transcendence. Lefebvre's creative interpretation of life practice clarifies the practical logic of space production. The difference space is based on the break of the capital space represented by homogenization, highlighting the practical wisdom of Lefebvre's space philosophy.

Keywords: Space Thought; Practical Philosophy; Lefebvre

Youth Communication

Theory Dissemination and Conviction Formation: A re-Examination of the Law of the Dissemination of Marxism in China on the Eve of the Founding of the Communist Party of China　　Ge Shilin / 205

Abstract: Conviction in Communism is the "spirit" that dominates the early dissemination of Marxism in China, and it is also an important entry point for investigating the law of the early dissemination of Marxism in China. On the eve of the founding of the Communist Party of China, a large number of progressive publications and Marxist research groups emerged one after another, expanding the dissemination of Marxism in China, enriching the transmission channels of Marxism in China, and also creating prerequisites for the formation of the communist conviction. As Marxism entered a relatively systematic dissemination stage in China, more and more advanced intellectuals began to make a more systematic theoretical interpretation of Marxism, which laid a theoretical basis for more progressive young people and the broad proletariat to finally choose Marxism and establish their conviction in communism. During the same period, the analysis and critique of non-Marxist social thoughts, such as the theory of saving the nation with industry, the theory of educational omnipotence, and anarchism, not only firmly and clearly defended the ideological essence of Marxism on the whole, but also further strengthened the advanced intellectuals' conviction in communism, vividly demonstrating the interactive process between the dissemination of Marxism theory and the formation of the communist conviction. And the Communist Party of China has been advanced in the ideological and theoretical sphere since its foundation.

Keywords: The Communist Party of China; Marxism; Communist Conviction; Intellectuals

The Exploration of Marx and Engels' Views on the State's Value　　　　Zhang Jingjing / 216

Abstract: Karl Marx and Friedrich Engels initiated an exploration of the value of the state through their reflection on and refutation of Hegel's rational state. They investigated the distinction between "good" and "evil" in the state's value through the critique of the bourgeois state and the conception of a proletarian dictatorship state. On this basis, Marx and Engels conducted a scholarly investigation into the state's value through three distinct dimensions: the pathway of the realizationof the state's value by developing productive forces within a proletarian state, the state's value in pursuing collective governance, and the ultimate purpose of the state's value in the quest for human emancipation. The profound theoretical connotation is also the ideological nourishment and resource for modernizing China's system and capacity for state governance.

Keywords: Karl Marx; Friedrich Engels; State's Value; Modernization

征稿启事

《复旦马克思主义评论》是由复旦大学马克思主义研究院主办的马克思主义理论学科专业学术集刊,旨在深入开展马克思主义理论多学科、跨学科交叉研究,推动习近平新时代中国特色社会主义思想学理化研究、学术化表达、体系化构建。

本集刊主要刊载反映马克思主义特别是习近平新时代中国特色社会主义思想重大理论和现实问题最新研究成果、前沿动态的文章。

本集刊常设栏目有当代中国马克思主义研究、马克思主义基本原理研究、党史党建论苑、强国论坛、国外马克思主义研究、青年通讯等,也会适时开设新栏目。

本集刊每年出版两辑。热忱欢迎各位专家学者赐稿。

附:稿件格式规范及相关要求

一 来稿格式规范

(一)论文要件及字体字号等

1. 大标题,三号黑体;副标题,四号楷体,居中。
2. 作者,小四楷体,居中。
3. 作者简介(30~50字),以当页脚注方式,注明姓名、单位、职称、职务、研究方向,小五宋体。
4. 中文摘要(300字以内)和关键词(3~5个),五号楷体,关键词用分号隔开。
5. 正文,五号宋体,默认单倍行距。
6. 英文内容,包括题目、作者姓名、摘要、关键词,置于正文前、中文摘要及关键词后。

(二)正文层次及字体字号

一级标题:一(用四号黑体);

二级标题：（一）（用小四黑体）；

三级标题：1.（用五号黑体）；

四级标题：（1）（用五号宋体加粗）。

（三）引文注释方式

参考文献统一采用当页脚注形式，每页单独排序，序号采用①②③，置于引文结束处的右上角。

页下脚注格式如下：

① 《马克思恩格斯文集》第1卷，人民出版社，2009，第211页。

② 陈先达：《哲学与文化》，中国人民大学出版社，2015，第8页。

③ 王韶兴：《现代化国家与强大政党建设逻辑》，《中国社会科学》2021年第3期。

④ 〔英〕以赛亚·柏林：《卡尔·马克思：生平与环境》，李寅译，译林出版社，2018，第99页。

⑤ 张士海：《自我革命何以成为跳出历史周期率的第二个答案》，《光明日报》2022年1月21日。

⑥ Wolfgang Streeck. "Engels's Second Theory: Technology, Warfare and the Growth of the State", New Left Review, Vol. 132, 2020, pp. 75-88.

⑦ Linda Weiss. "Globalization and State Power", Development and Society, Vol. 29, No. 1, 2000, pp. 1-15.

⑧ Yadullah Shahibzadeh. Marxism and Left-Wing Politics in Europe and Iran, Switzerland: Palgrave Macmillan, p. 35.

⑨ David M. Kotz. Socialism and Capitalism: Lessons from the Demise of State Socialism in the Soviet Union and China, In Robert Pollin (eds.), Socialism and Radical Political Economy: Essays in Honor of Howard Sherman, Cheltenham and Northampton: Edward Elgar Publishing, 2000, pp. 300-317.

引用中国古典文献，一般在引文后用夹注，如（《论语·学而》）。

（四）图表编排

1. 由于采用黑白印刷，电子制作图表时颜色不宜过于丰富。

2. 遵循"先文后图表"的方式，图表与文字对应，并注明资料来源。

3. 图表顺序编号，如图1、图2；表1、表2，并注明图表名称；图名统一放在图下中间位置，表名统一放在表上中间位置。

二 投稿方式

（一）稿件要求

1. 来稿篇幅一般不少于10000字，重复率控制在15%以内。

2. 请勿一稿多投。收到稿件后，本刊将在三个月内答复是否采用，超过三个月未回复即可自行处理。

3. 稿件一经刊出，即付稿酬，并寄送样刊2册。

（二）投稿渠道

本刊采用线下寄送或线上发送两种方式，来稿请附上作者简介及联系方式，包括手机或固定电话、E-mail、通信地址等：

1. 来稿请寄：上海市杨浦区邯郸路220号八号楼复旦大学马克思主义研究院《复旦马克思主义评论》编辑部，邮编200433。来稿必须为校对准确的打印稿。

2. 线上投稿邮箱：mkszypl@fudan.edu.cn

《复旦马克思主义评论》编辑部

图书在版编目(CIP)数据

复旦马克思主义评论.2024年.第1辑:总第1辑/李冉主编.--北京:社会科学文献出版社,2024.5
ISBN 978-7-5228-3564-8

Ⅰ.①复… Ⅱ.①李… Ⅲ.①马克思主义-发展-研究-中国 Ⅳ.①D61

中国国家版本馆CIP数据核字(2024)第080631号

复旦马克思主义评论　2024年第1辑　总第1辑

主　　编／李　冉

出 版 人／冀祥德
责任编辑／吕霞云
文稿编辑／茹佳宁
责任印制／王京美

出　　版／社会科学文献出版社·马克思主义分社（010）59367126
地址：北京市北三环中路甲29号院华龙大厦　邮编：100029
网址：www.ssap.com.cn
发　　行／社会科学文献出版社（010）59367028
印　　装／三河市东方印刷有限公司
规　　格／开　本：787mm×1092mm　1/16
印　张：15.5　字　数：292千字
版　　次／2024年5月第1版　2024年5月第1次印刷
书　　号／ISBN 978-7-5228-3564-8
定　　价／98.00元

读者服务电话：4008918866

版权所有 翻印必究